Spanish Version

새 연세한국어 듣기와 읽기 2

별책부록

Compresión auditiva y lectura del Nuevo Yonsei Coreano

연세대학교 한국어학당 편

연세대학교 대학출판문화원

Prefacio

El Instituto de Enseñanza del Lenguaje Coreano de la Universidad de Yonsei que se fundó el año 1959, fue la primera institución educativa del idioma coreano como lengua extranjera. El Instituto de Enseñanza del Lenguaje Coreano de la Universidad de Yonsei ha estado liderando la educación de la lengua coreana a la altura de su historia y reputación compilando varios libros de texto e investigaciones coreanos. Hemos enseñado coreano y cultura coreana aproximadamente a 140.000 estudiantes de alrededor de 147 países de todo el mundo. En los últimos años, hemos estado recibiendo una gran respuesta de los estudiantes no solo por las clases presenciales, sino también las clases de MOOC global. En concreto, estamos haciendo continuos esfuerzos para desarrollar nuevos métodos y materiales de enseñanza de acuerdo a un entorno educativo que cambia rápidamente.

El Instituto de Enseñanza del Lenguaje Coreano de la Universidad de Yonsei ha estado desarrollando los mejores libros de texto que corresponden a las necesidades de los estudiantes al abrir varios cursos tales como cursos regulares, cursos intensivos y cursos de lenguaje coreano para estudiantes que tienen un propósito general, así como estudiantes coreanos con fines específicos. Estos libros de texto satisfacen las diversas necesidades de los docentes y los estudiantes de los institutos de enseñanza del lenguaje coreano en Corea y también en el extranjero, y son ampliamente utilizados para una enseñanza y un aprendizaje de buena calidad.

El Instituto de Enseñanza del Lenguaje Coreano de la Universidad de Yonsei ha publicado la serie 'Nuevo Yonsei Coreano' como un nuevo libro de texto después de 'Yonsei Coreano', con niveles del 1 a 6, que ha estado recibiendo la mejor crítica. Para desarrollar este libro de texto, se han involucrado profesionales y profesores de enseñanza del lenguaje coreano con mucha experiencia en el campo de la educación del coreano y el trabajo de desarrollo se ha llevado a cabo durante mucho tiempo teniendo como base el mejor método de enseñanza de coreano y las necesidades del grupo de aprendizaje.

La serie 'Nuevo Yonsei Coreano', publicación presente, consta de 6 niveles en total, que consisten en los apartados de 'Vocabulario y gramática', 'Conversación y escritura' y 'Compresión auditiva y lectura' en cada etapa. El libro 'Vocabulario y gramática del Nuevo Yonsei Coreano' se compone principalmente de la comprensión y la aplicación del vocabulario y la gramática más importante que los estudiantes de coreano deben dominar en cada nivel. El libro 'Conversación y escritura del Nuevo Yonsei Coreano' contiene especialmente tareas de habla y escritura para que puedan realizar las funciones expresivas necesarias para una comunicación fluida en coreano. Además, el libro 'Comprensión auditiva y lectura del Nuevo Yonsei Coreano' posee contenido que ayuda a desarrollar las habilidades de comprensión adecuadas a cada nivel, centrándose en las tareas de audición y lectura. Estos tres libros de texto se pueden utilizar juntos como un paquete para desarrollar una habilidad equilibrada en vocabulario, gramática y expresión. También se pueden usar por separado dependiendo de las condiciones del entorno educativo o las necesidades del alumno. Además, en el caso de los libros de texto de 'vocabulario y gramática', se proporciona una guía por separado, que puede ser muy útil para los profesores coreanos nativos y extranjeros que tienen poca experiencia docente.

El Instituto de Enseñanza del Lenguaje Coreano de la Universidad de Yonsei seguirá haciendo todo lo posible para cumplir las expectativas y peticiones de los estudiantes de la lengua en el futuro. Esperamos que este libro sea una gran ayuda para muchos docentes que no escatiman en esfuerzos en la enseñanza del lenguaje coreano tanto dentro del país como en el exterior y para todos los estudiantes que intentan aprender coreano.
El Instituto de Enseñanza del Lenguaje Coreano Comité de compilación de libros de texto.

Centro de Investigación de la Lengua de la Universidad de Yonsei
Comité de compilación de libros de texto del Instituto de Enseñanza del Lenguaje Coreano

Introducción

1. Este es un libro para los estudiantes de coreano del nivel básico, junto con <새 연세한국어 어휘와 문법2> y <새 연세한국어 말하기와 쓰기2>.

2. Este libro está compuesto por contenidos que permiten a los estudiantes de coreano, del nivel básico, desarrollar la capacidad de entender el coreano al leer y al escucharlo.

3. Este libro tiene 20 unidades y cada unidad está compuesta por 2 lecciones; en total 40 lecciones. Además, tiene 10 lecciones de repaso para que puedan repasar cada 2 unidades. Por lo anterior, en total tiene 50 lecciones y cada lección es para una clase de 50 minutos. Cada lección de repaso contiene una presentación sobre la cultura coreana.

4. Cada lección de este libro está compuesta por 5 categorías que son: 'el título, el objetivo de la lección, vamos a preparar, vamos a escuchar, vamos a leer, vamos a repetir y vamos a resumir'.

5. El título de cada unidad es igual que en el libro <새 연세한국어 어휘와 문법 2>, mientras que en el título de cada lección se representa el contenido de la misma. Además, se puso un código QR al lado del título para que se pueda escuchar la grabación fácilmente.

6. En el objetivo de la lección se hace énfasis en lo que se va a estudiar y se describe de la siguiente manera: 'entender ~' o 'entender el contenido relacionado con ~'.

7. 'Vamos a preparar' es la parte introductoria de cada lección y es la fase de calentamiento que ayuda a entender los contenidos de lectura y audición de la misma. Está compuesto po estudios de vocabulario esencial que tienen relación con el contenido de la lección. Sin embargo, la intensión no es aprender solo el vocabulario, sino es para ayudar a entender el vocabulario aprendiéndolo en una frase o contexto, lo cual refleja la particularidad de este libro del enfoque sobre la comprensión y no la memorización.

8. 'Vamos a escuchar' es para desarrollar la capacidad de comunicación que se puede aplicar en la vida diaria a través de la lengua coloquial. En cuanto a los contenidos,

se empieza con una frase, después una conversación corta y sigue un diálogo que va en orden de la frase más corta a la más larga y de la frase fácil a la difícil.

9. 'Vamos a leer' se enfoca en desarrollar la capacidad de comunicación por escrito en la vida diaria según el objetivo de la lección del nivel básico, por lo cual está compuesto por varios tipos de escritura (nota, diario, correo electrónico, publicidad, invitación o publicaciones en un blog o internet) para leerlas y entender el contenido.

10. 'Vamos a repetir' es para practicar la pronunciación. Se presenta el vocabulario que tiene la misma regla de pronunciacion que el vocabulario que incluye alguna alteración de fonemas o el cual los estudiantes equivocan más entre el vocabulario presentado en los textos o audios de cada lección.

11. 'Vamos a hacer un resumen' es la parte para fortalecer y repasar las capacidades del uso del idioma, integrando lo aprendido en las actividades de hablar y escribir, así como escuchar y leer.

12. 'Repaso' está compuesto de dos partes; lectura y audición para practicar el vocabulario, la gramática y el contenido de las 2 unidades aprendidas anteriormente. Teniendo en cuenta los contenidos aprendidos en cada lección, se enfoca en la lectura o en la audición, para luego involucrar la que no escogió primero y de esta manera, alcanzar un aprendizaje integrado.

13. 'Cultura' se presenta con un texto y dibujo al final de la sección del repaso. Está compuesta por la información sobre la cultura de Corea, la cual ha sido seleccionada para que sea la más adecuada según el contenido de este libro.

14. 'Apéndice' contiene la respuesta de los ejercicios y el índice para consultar el vocabulario. Así mismo, se encuentran las traducciones de los textos de lectura y audición.

Mapa de contenido

Unidad	Lección	Objetivo de la lección	Expresión	Cultura
Unidad 1 Saludo y present-ación	<1> Saludos	Entender los contenidos que mandan saludos y contestan	-게[1] -어지다	Denominación
	<2> Presentación	Entender los contenidos que presentan el trabajo y la especialidad	-은 지 -으려고	
Unidad 2 Amigos y familia	<1> Mi amigo/a	Entender los contenidos que describen y presentan a un/a amigo/a	-네요 -겠다[2]	
	<2> Familia y reuión familiar	Entender los contenidos de la presentación de la familia, los parientes y la reunión familiar	-을 때 의	
Unidad 3 Ciudad natal	<1> La ciudad natal de mi amigo	Entender el contenido que explica la ubicación de la ciudad natal y su ambiente.	만에 -어 보다[1]	Casa de los coreanos
	<2> Mi hermosa ciudad natal	Entender el contenido que explica el medio ambiente natural y el estilo de vida de la ciudad natal.	-기 때문에 -는데[2]	
Unidad 4 Casa	<1> La mudanza	Entender el contenido sobre la preparación de la muzanza y la búqueda de la casa.	-었으면 좋겠다 -어야겠다	
	<2> La casa en la que vivo	Entender el contenido que presenta las tareas domésticas y la casa donde vive.	-는 중이다 -나요?	

Unidad	Lección	Objetivo de la lección	Expresión	Cultura
Unidad 5 Comida	<1> Presentación de la comida	Entender el contenido que presenta la manera de comer.	-어 보다[2] -는데[3]	Mercado de Gwangjang
	<2> Los ingredientes alimenticios y la cocina	Entender el contenido que explica los ingredientes alimenticioss y las recetas.	-은 적이 있다 에다가	
Unidad 6 Mercado	<1> La tienda	Entender el contenido que presenta los lugares para realizar compras	-을까요?[3] -을 거예요[2]	
	<2> Las tiendas por internet	Entender el contenido que recomienda los lugares de compras	-는데[4] -어하다	
Unidad 7 Compras	<1> Las cosas que quiero comprar	Entender los contenidos que explican la situación de hacer compras y describe sobre las cosas que se quieren comprar.	-어도 되다 -으면 안 되다	Regalo para la fiesta de estreno de la casa nueva
	<2> Presentación de las cosas	Entender los contenidos que explican la situación de hacer compras y describe sobre las cosas que se quieren comprar.	ㅎ동사 얼마나 -는지 모르다	
Unidad 8 Invitación	<1> La invitación a la reunión	Entender una invitación a una reunión.	-어 -을까 하다	
	<2> El regalo para la fiesta de estreno de la casa nueva.	Entender el contenido sobre la preparación del regalo y la fiesta de estreno de la casa nueva.	-어 가지고 -지 마	

Unidad	Lección	Objetivo de la lección	Expresión	Cultura
Unidad 9 Cita	<1> Decidir la hora y el lugar de la cita	Entender el contenido de hacer una cita con un/a amigo/a para un encuentro o una reunión.	-는다, -니? -을게요	Lugares famosos para citas
	<2> Cambiar la cita	Entender el contenido que habla sobre el cambio o la cancelación de un a cita.	-어라, -자 -게 되다	
Unidad 10 Favor	<1> Pedirle un favor a un amigo	Entender el contenido que habla sobre pedir un favor personalmente.	-을래요? -었다가[1]	
	<2> Pedir un favor en la oficina	Entender el contenido que habla sobre pedir un favor a una persona desconocida o en una institución pública.	-습니다만 -는지 알다	
Unidad 11 Transporte	<1> El transporte público	Entender el contenido que explica cómo usar los transportes públicos.	-다가 으로[3]	Uso de biblioteca
	<2> Mostrar el camino	Entender el contenido que explica la ruta en un taxi o buscar el camino conduciendo.	-으려면[1] 으로 해서	
Unidad 12 Vida universitaria	<1> Las clases y los exámenes	Entender el contenido que explica sobre las clases y los exámenes.	-어야 -으면 되다	
	<2> Los programas de la universidad	Entender el contenido que pregunta sobre la vida universitaria en la oficina.	-는데요 -거나	

Unidad	Lección	Objetivo de la lección	Expresión	Cultura
Unidad 13 Institución pública	<1> El banco	Entender el contenido relacionado con el uso de banco.	부터 -는 동안	Máquina para pagar las facturas de servicios públicos
	<2> La oficina de correos	Entender el contenido relacionado con el uso de la oficina de correos.	-을 건가요? 이나[2]	
Unidad 14 Teléfono	<1> El celular	Entender el contenido que explica varias funciones del celular	-는다고 하다 -냐고 하다	
	<2> El mensaje	Entender el contenido de un mensaje o nota.	-자고 하다 -으라고 하다	
Unidad 15 Reservación y pedido	<1> La reserva en un restaurante	Entender el contenido que explica como hacer una reserva de varias formas.	-어 달라고(주라고) 하다 이라서	Los medicamentos que se pueden comprar en las tiendas
	<2> El pedido a domicilio	Entender el contenido que explica como se pide comidas a domicilio y se confirma el pedido.	만 -었던	
Unidad 16 Salud	<1> El hospital	Entender el contenido que muestra cómo se explican los síntomas de dolor a un amigo o un doctor.	-는 데다가 ㅅ동사	
	<2> La farmacia	Entender el contenido que explica el tipo y efecto de los medicamentos.	이라도 -지 않으면 안 되다	

Unidad	Lección	Objetivo de la lección	Expresión	Cultura
Unidad 17 Hobby	<1> La presentación de hobby	Entender el contenido que presenta varios tipos de hobby.	만큼 -어도	Exitosa película coreana
	<2> Las actividades de hobby	Entender el contenido que explica las actividades de hobby.	-을 줄 알다(모르다) -던	
Unidad 18 Plan	<1> El plan de vacaciones	Entender el contenido que explica el planear las vacaciones y el viaje.	-던데요 이든지	
	<2> El plan después de la graduación.	Entender el contenido sobre un plan después de la graduación o plan de matrimonio en el futuro.	밖에 -을 줄 알았다	
Unidad 19 Viaje	<1> La reservación de hotel	Entender el contenido que explica sobre la reserva de un alojamiento y describe la misma.	이나[3] -은 뒤에	índice de vida diaria
	<2> El lugar que quiere viajar	Entender el contenido que comparte la información sobre los destinos de viaje y recomienda los lugares para viajar.	-기로 하다 -자마자	
Unidad 20 Tiempo y vida diaria	<1> El pronóstico del tiempo	Entender el contenido sobre el pronóstico del tiempo y las diversas condiciones climáticas.	-는다고 하니까 -지 말고	
	<2> El tiempo en la vida diaria	Entender el contenido sobre el tiempo (como fenómeno atmosférico) y las cosas que deben tener en cuenta según el mismo.	접속사 -을 테니까	

Contenidos

Prefacio / iii
Introducción / iv
Mapa de contenido / vi
Personajes / x

Unidad 1 Saludo y presentación 2
Unidad 2 Amigos y familia 14
Unidad 3 Ciudad natal 20
Unidad 4 Casa 28
Unidad 5 Comida 38
Unidad 6 Mercado 46
Unidad 7 Compras 56
Unidad 8 Invitación 64
Unidad 9 Cita 74
Unidad 10 Favor 82
Unidad 11 Transporte 92
Unidad 12 Vida universitaria 100
Unidad 13 Institución pública 110
Unidad 14 Teléfono 118
Unidad 15 Reservación y pedido 128
Unidad 16 Salud 136
Unidad 17 Hobby 146
Unidad 18 Plan 154
Unidad 19 Viaje 164
Unidad 20 Tiempo y vida diaria 172

Apéndice Respuesta modelo / 182
Índice de vocabulario / 194

Un libro separado Traducción por idioma

Unidad 1 Saludo y presentación

<1> Saludos

Objetivo de la lección: Entender los contenidos que mandan saludos y contestan

Vocabulario

잡지사 la editorial de revistas

방송국 la emisora	항공사 la aerolínea
무역 회사 la empresa comercial	
스튜어디스 la azafata	지내다 pasar
처음 al principio	즐겁다 sentir felicidad
열심히 apasionadamente	익숙하다 acostumbrarse
건강하다 estar saludable	곧 pronto
연휴 el día festivo	다녀오다 visitar
오랜만 hace tiempo que~	다니다 andar
걱정 la preocupación	잊어버리다 olvidarse
글 el texto	일기 el diario
편지 la carta	메모 el apunte

• Vamos a escuchar

1.

(1) 저는 한국에서 바쁘게 지내요.
Vivo ocupado en Corea

(2) 친구들과 재미있게 시간을 보내고 있어요.
Estoy pasando tiempo con mis amigas felizmente.

(3) 요즘 한국은 날씨가 많이 더워졌어요. 힘들게 지내요.
El clima de Corea se volvió muy caliente estos días. Estoy pasando un tiempo difícil.

(4) 처음에는 힘들었지만 이제는 한국 음식을 맛있게 먹을 수 있어요.
Ahora puedo comer comida coreana con apetito aunque fue difícil al principio.

2.

처음에는 한국 생활이 힘들었지만 이제는 즐겁게 지내요. 한국말을 열심히 공부해서 한국말이 익숙해졌어요. 한국 친구도 많아졌어요. 운동도 많이 해서 건강해졌어요. 하지만 아직 한국 음식에는 익숙해지지 못했어요.

Al principio, la vida en Corea fue difícil, pero ahora estoy viviendo feliz. Estudié coreano apasionadamente, por eso ahora me acostumbré al coreano. Ya tengo más amigos coreanos también. Me volví saludable porque hice mucho ejercicio. Sin embargo, no me he acostumbrado a la comida coreana todavía.

3~4.

노라: 리타오 씨, 요즘 어떻게 지내세요?
Nora: ¿Señor Litao, cómo ha estado estos días?

리타오: 저는 즐겁게 지내요. 노라 씨는요?
Litao: Estoy viviendo felizmente. ¿Y usted?

노라: 저는 지난주부터 중국어 공부를 시작했는데 좀 힘들어요.
Nora: Empecé a estudiar chino desde la semana pasada pero es un poco difícil.

리타오: 곧 익숙해질 거예요.
Litao: Pronto se acostumbrará.

5~7.

주앙: 모두 연휴를 즐겁게 보냈어요? 에릭 씨, 연휴에 뭐 했어요?
Juan: ¿Todos pasaron felices los días festivos? ¿Señor Eric, qué hizo en los días festivos?

에릭: 날마다 회사에서 일했어요. 바쁘게 보냈어요. 올리비아 씨는요?
Eric: Trabajé en la empresa todos los días. Estuve ocupado. ¿Y usted, señora Olivia?

올리비아: 저는 재미없게 지냈어요. 집에서 한국어 공부만 했어요. 주앙 씨는 어떻게 지냈어요?
Olivia: Los pasé aburrida. Solo estudié coreano en mi casa. ¿Señor Juan, usted cómo ha estado?

주앙: 저는 바다를 보러 부산에 다녀왔어요.
Juan: Visité Busan para ver el mar.

에릭: 부산요? 부산은 어땠어요? 저도 부산에 가고 싶었는데…
Eric: ¿Busan? ¿Cómo le pareció Busan? Quería ir a Busan también...

주앙: 경치가 아름다웠어요, 맛있는 음식도 많았고요. 여행을 하니까 기분도 건강도 좋아졌어요.
Juan: El paisaje era hermoso. También había mucha comida rica. Por el viaje, no solo me sentí mejor, sino también me volví saludable.

올리비아: 다음에는 우리 셋이 같이 가요.
Olivia: Vamos los tres juntos la próxima vez.

• Vamos a leer

10 de noviembre de 2019

Estimada Profesora Choi Suji,
¿Hola profesora? Soy Huong. Le saludo después de tanto tiempo. ¿Cómo ha estado? ¿Sigue viviendo ocupada?
Estoy viviendo felizmente en mi pueblo natal. Disfruté la comida rica de mi pueblo con mi familia y también fui de viaje con mis amigos.
¿Corea se volvió más frío, no? Tengo que volver a Corea el próximo mes y me preocupo por el clima. Además me preocupo por el coreano también. He olvidado mucho el coreano porque no lo he estudiado en mi pueblo natal durante las vacaciones.
Sin embargo, me alegro cuando pienso en volver a Corea, profesora.
Quiero encontrarme con mis compañeros de la facultad y, felizmente, volver a estudiar coreano.

<2> Presentación

Objetivo de la lección: Entender los contenidos que presentan el trabajo y la especialidad

Vocabulario

의학 **la medicina**　경제학 **la economía**
국어 국문학 **la lengua y literatura coreana**
천문 우주학 **la astronomía y ciencia espacial**
돕다 **ayudar**　별 **la estrella**
고등학교 **la escuela superior**
졸업하다 **graduarse**
신문 방송학 **el periodismo y comunicación**
전공 **la especialidad/la carrera**
컴퓨터 공학 **la ingeniería informática**
교수 **el/la profesor/a**
경영학 **la administración de empresas**
멋있다 **ser fantástico**　소개 **la presentación**
자기소개서 **la carta de presentación**
필요하다 **necesitar**　및 **así como**
학습 **el estudio**　아시아 **Asia**
관심 **el interés**　생기다 **surgir**
자세히 **en detalle**
유학 **estudiar en el extranjero**
입학하다 **entrar a la escuela**
이해하다 **entender**

• Vamos a escuchar

1.

(1) 방송국에 들어가려고 신문 방송학을 전공해요.
Hago una especialidad en periodismo y comunicación para entrar a una emisora.

(2) 컴퓨터 공학을 공부하려고 한국에 왔습니다.
Vine a Corea para estudiar ingeniería informática.

(3) 저는 대학교에 가려고 한국말을 배워요.
Aprendo coreano para entrar a la universidad.

(4) 한국어 교수가 되려고 국어국문학을 공부합니다.
Estudio lengua y literatura coreana, para ser profesor de coreano.

2.

저는 5년 전에 한국 드라마를 보고 한국어 공부를 시작했어요. 한국어를 공부한 지 4년쯤 됐어요. 그리고 작년에 고등학교를 졸업하고 한국에 왔어요. 한국에 온 지는 네 달 됐어요.
Hace 5 años vi una telenovela coreana y empecé a estudiar coreano. Han pasado más o menos 4 años desde que estudié coreano. Y vine a Corea después de graduarme de la escuela superior el año pasado. Han pasado 4 meses desde que vine a Corea.

3~4.

하늘: 존 씨는 왜 경영학을 공부해요?
Haneul: ¿Señor John, porque estudia administración de empresas?
존: 저는 무역 회사를 경영하려고 경영학을 공부해요. 하늘 씨는요?
John: Estudio administración de empresas para dirigir una empresa comercial, ¿y usted?
하늘: 저는 잡지사 기자가 되려고 국어 국문학을 공부해요.
Haneul: Estudio lengua y literatura coreana, para ser periodista en una revista.
존: 멋있군요. 하늘 씨는 좋은 기자가 될 거예요.
John: Fantástico. Usted va a ser un buen periodista.

5~7.

소개하는 사람: 두 사람이 친구가 되면 좋을 것 같아서 소개하는 거예요. 알렉스 씨, 먼저 소개 좀 해 주시겠어요?
Persona que presenta: Los presento el uno al otro porque sería bueno que los dos fueran amigos. ¿Señor Alex, podría presentarse primero?
남자: 안녕하세요? 저는 미국에서 온 알렉스입니다. 미국에서는 방송국에서 일했는데요 지금은 한국어를 공부하려고 한국어 학당에 다녀요. 한국어를 공부한 지 여섯 달 됐어요. 대학교에서는 신문 방송학을 전공했고요.
Hombre: ¿Hola? Soy Alex de Estados Unidos. Trabajaba en la emisora en Estados Unidos y ahora estoy asistiendo al instituto de coreano para estudiar el idioma. Han pasado seis meses desde que estudié coreano. Estudié periodismo y comunicación como carrera en la universidad.
여자: 만나서 반가워요. 저는 김미선이에요. 무역 회사에서 일하고 있어요. 대학교에서는 경영학을 전공했고요. 제가 무역 회사에서 일해서 회사 일로 가끔 미국에 가요. 영어가 많이 필요한데 알렉스 씨께서 도와주시면 좋겠어요.
Mujer: Encantada de conocerlo. Soy Kim Miseon. Estoy trabajando en una empresa comercial. Estudié administración de empresas como carrera en la universidad. Por trabajar en la empresa, voy a Estados Unidos a veces por trabajo. Necesito mucho el inglés, así que me gustaría que usted me ayudara.

• Vamos a leer

Carta de presentación
[Especialidad y plan de estudio]
Hice una especialidad en estudios sobre Asia en la universidad de Berlin, Alemania. Estudié sobre Asia porque me surgió el interés acerca de esta cultura después de conocer a unos amigos coreanos y chinos en la escuela superior. Y después de tomar una clase sobre la cultura coreana en la universidad, quería conocer la cultura coreana más en detalle. Por eso no solo leía libros sobre la

cultura coreana apasionadamente por mí mismo, sino también busqué las películas y programas de televisión de Corea y los ví.

Se necesita saber coreano para conocer bien la cultura coreana. Por eso vine a Corea después de graduarme de la universidad para aprenderlo. Ha pasado más o menos un año desde que estudié coreano en Corea.

Y ahora tengo intención de hacer una especialidad en estudios coreanos en la escuela de posgrado porque quiero estudiar la cultura coreana un poco más en detalle. En Alemania todavía hay mucha gente que no conoce bien la cultura coreana. Cuando entre a esta universidad, quiero estudiar la cultura coreana apasionadamente para entender bien Corea. Como resultado, voy a presentar la buena cultura coreana en Alemania.

Unidad 2 Amigos y familia.

<1> Mi amigo/a

Objetivo de la lección: Entender los contenidos que describen y presentan a un/a amigo/a

Vocabulario

잘생기다 **ser guapo/a** 날씬하다 **ser delgado/a**
똑똑하다 **ser inteligente**
목소리가 좋다 **tener una buena voz**
아나운서 **el/la locutor/a** 착하다 **ser amable**
귀엽다 **ser bonito/a** 뚱뚱하다 **ser gordo/a**
어리다 **ser pequeño**
안경을 끼다 **ponerse las gafas**
성격이 좋다 **tener buen carácter**
교육학 **la pedagogía** 경주 **Gyeongju**
지루하다 **estar aburrido/a**성
격이 밝다 **tener un carácter alegre**

- **Vamos a escuchar**

1.

(1) 이거 제 초등학교 때 사진이에요.
Ésta es mi foto cuando era estudiante de escuela primaria.

(2) 제 친구는 한국 사람인데 미국에서 10년 살았어요.
Mi amigo es coreano pero vivió 10 años en Estados Unidos.

(3) 제 동생 사진이에요. 항상 엄마 일을 많이 도와 드려요.
Es la foto de mi hermano menor. Él siempre ayuda mucho a mi mamá con el trabajo.

(4) 우리 집 강아지예요. 우리 강아지는 많이 먹는데 운동을 안 해요.
Es nuestro cachorro de la casa. Nuestro cachorro come mucho pero no hace ejercicio.

2.

(1) 저는 오전에는 한국어를 배우고 오후에는 아르바이트를 해요.
Estudio coreano por la mañana y trabajo medio tiempo por la tarde.

(2) 제 친구는 성격이 좋고 재미있어요.
Mi amiga tiene buen carácter y es divertida.

(3) 저는 어제 잠을 못 잤어요.
No pude dormir anoche.

(4) 지난 주말에 오랜만에 고등학교 친구를 만났어요.
El fin de semana pasado me encontré con un amigo de la escuela superior que hace tiempo no veía.

3~4.

에릭: 리타오 씨, 잘 지냈어요? 옆에 있는 분은 누구예요?
Eric: ¿Señor Litao cómo ha estado? ¿Quién es la persona que está a su lado?

리타오: 제 고향 친구예요. 지금 대학원에서 교육학을 공부하고 있어요. 아주 똑똑하고 성격도 좋아요. 키도 크고 예쁘지요?
Litao: Es una amiga de mi pueblo natal. Ahora está estudiando pedagogía en la escuela de posgrado. Es muy inteligente y tiene buen carácter. ¿Es alta y guapa, no?

왕샤오링: 저는 왕샤오링이에요. 리타오한테서 이야기를 많이 들었어요. 회사에서 일도 하고 공부도 해서 많이 바쁘시겠어요.
Wang Xiaolin: Soy Wang Xiaolin. He escuchado mucho de usted por Litao. Debe estar ocupado por trabajar en una empresa y estudiar también.

에릭: 조금 바쁘지만 한국어 공부가 재미있어요. 시간이 있으면 리타오 씨하고 우리 회사 근처로 저녁 먹으러 오세요.
Eric: Estoy un poco ocupado pero estudiar coreano es divertido. Cuando tenga tiempo, venga con Litao a cenar cerca de mi empresa.

5~7.

유키: 흐엉 씨, 이 사진은 지난달에 친구들과 경주에 여행 가서 찍은 사진이에요.
Yuki: Señor Huong, esta foto fue tomada cuando viajé a Gyeongju con mis amigos el mes pasado.

흐엉: 유키 씨 옆에 있는 사람이 누구예요? 눈이 크고 귀엽네요.
Huong: ¿Quién es la persona que está a su lado? Tiene ojos grandes y es bonita.

유키: 어학당 친구가 소개해 준 한국 친구 미선 씨예요. 연세 대학교 학생인데 친절하고 성격이 아주 밝아요.
Yuki: Es mi amiga coreana Miseon, que me la presentó un amigo del instituto de idiomas. Es estudiante de la Universidad Yonsei, es amable y tiene un carácter alegre.

흐엉: 그런데 여기 키가 크고 머리가 짧은 남자는 누구예요?
Huong: ¿Y quién es este hombre, alto y con pelo corto?

유키: 이번에 처음 만났는데 미선 씨의 대학교 친구 영수 씨예요. 경주 사람이어서 우리에게 경주를 소개해줬어요. 아주 재미있는 친구예요.

Yuki: Esta fue la primera vez que nos conocimos y es el señor Yeongsu, amigo de la universidad de la señora Miseon. Es de Gyeongju y por eso nos presentó la ciudad. Es una persona muy divertida.

흐엉: 한국 친구가 많아서 좋겠어요. 저도 한국 친구가 있으면 좋겠어요.

Huong: Qué bien que tenga tantos amigos coreanos. Me gustaría tener un amigo coreano también.

유키: 흐엉 씨, 다음에 제 친구들과 같이 만나는 게 어때요? 같이 한국 음식도 먹고 한국어로 이야기도 해요.

Yuki: ¿Señor Huong, por qué no nos vemos con mis amigos la próxima vez? Vamos a comer juntos comida coreana y hablar en coreano.

• Vamos a leer

Estoy buscando amigos/as.

Soy María, de Rusia. Vine a Corea hace 3 meses. Estoy aprendiendo coreano en el instituto de idiomas por la mañana, pero no tengo mucho que hacer después de la clase. Hay días que voy a la biblioteca y estudio o hay días que voy al parque y paseo. Hay momentos en que estoy un poco aburrida porque paso tiempo y estudio sola, por no tener amigos. Por eso quisiera buscar amigos/as con quien puedo encontrarme para estudiar y salir juntos después de clase.

Tengo un carácter alegre y me gusta hablar. El año pasado estudié en Japón y este año vine a Corea para estudiar. Todos los días escucho música, y voy al karaoke de vez en cuando porque me gusta la música coreana. Me gustaría hacer amigos que tengan el mismo hobby que yo, para que vayamos al karaoke juntos. Quien quiera ser mi amigo/a estudiando juntos, por favor contácteme.

└Estudió en Japón. Debe hablar bién japonés también.

└Le gusta la música coreana. Me gusta ir al karaoke también así que la llamaré.

└Yo también estoy aburrida estos días porque no tengo amigos/as. Sería divertido estudiar y salir juntas.

<2> Familia y reuión familiar

Objetivo de la lección: Entender los contenidos de la presentación de la familia, los parientes y la reunión familiar

Vocabulario

조카 **el/la sobrino/a**
외숙모 **a tía materna(la esposa del tío materno)**
이모부 **el tío(el esposo de la tía materna)**
큰어머니 **la tía(la esposa del hermano mayor del padre)**
삼촌 **el tío paterno**
외할머니 **la abuela materna**
외삼촌 **el tío materno**
이모 **la tía materna(la hermana de la madre)**
외할아버지 **el abuelo materno**
생신 **el cumpleaños**
큰아버지 **el tío(el hermano mayor del padre)**
친척 **el/la pariente**
돌잔치 **la primera fiesta de cumpleños**
장난감 **el juguete** 태어나다 **nacer**
대전 **Daejeon**
고모부 **el tío(el esposo de la hermana del padre)**
작은어머니 **la tía(la esposa del tío menor)**

• Vamos a escuchar

1.

(1) 우리 삼촌은 은행원입니다.
Mi tío es empleado de un banco.

(2) 우리 외할머니는 부산 사람입니다.
Mi abuela materna es de Busan.

(3) 내일 오전에는 맑고 오후에는 조금 흐리겠습니다.
Mañana hará buen tiempo por la mañana y estará un poco nublado en la tarde.

(4) 오늘 우리 식당에서 점심은 비빔밥, 저녁은 불고기를 준비하겠습니다.
Hoy vamos a preparar Bibimbab para el almuerzo y Bulgogi para la cena en nuestro restaurante.

2.

(1) 우리 이모부는 운동을 할 때 음악을 들어요.
Mi tío(esposo de la tía materna) escucha música cuando hace ejercicio.

(2) 우리 외삼촌은 밥을 먹을 때 텔레비전을 봐요.
Mi tío materno ve televisión cuando come.

(3) 우리 이모는 커피를 마실 때 우유를 넣어요.
Mi tía materna le pone leche al café.

(4) 우리 외할아버지는 신문을 읽을 때 안경을 쓰세요.
Mi abuelo materno se pone las gafas cuando lee el periódico.

3~4.

존: 윤아 씨, 예쁜 꽃다발이네요. 어디에 가세요?

John: Señora Yuna, qué bonito ramo de flores. ¿A dónde va?

윤아: 오늘 할머니 생신이어서 가는 길이에요. 할머니께서 꽃을 아주 좋아하셔서 생신 때 마다 장미꽃을 사요.

Yuna: Estoy yendo a la casa de mi abuela porque hoy es su cumpleaños. A mi abuela le encantan las flores, por eso siempre le compro unas rosas en su cumpleaños.

존: 할머니께서 좋아하시겠어요. 그런데 혼자 가세요?

John: A su abuela le va a gustar. Pero, ¿va sola?

윤아: 부모님은 나중에 오시고, 큰아버지와 큰어머니는 할머니 댁에 오셨을 거예요.

Yuna: Mis padres vendrán después y creo que mi

tío(hermano mayor de mi padre) y mi tía(esposa del hermano mayor de mi padre) ya estarán en la casa de mi abuela.

5~7.

에릭: 우진 씨, 주말에 뭐 하셨어요?

Eric: ¿Señor Ujin, qué hizo el fin de semana?

우진: 조카의 돌잔치에 다녀왔어요. 오랜만에 가족들과 친척들을 만나서 반가웠어요. 그런데 잘 쉬지 못해서 조금 피곤하네요.

Ujin: Fui a la primera fiesta de cumpleaños de mi sobrino. Me alegró encontrarme con mi familia y mis parientes después de tanto tiempo. Pero, estoy un poco cansado porque no pude descansar bien.

에릭: 돌잔치가 뭐예요? 처음 들었어요.

Eric: ¿Qué es la primera fiesta de cumpleaños? Es la primera vez que lo escucho.

우진: 아이의 첫 번째 생일에 가까운 사람들이 모여서 축하해주는 파티예요. 돌잔치에 갈 때 선물이나 돈을 준비해요. 아이에게 좋은 이야기를 해 주면서 즐겁게 파티를 해요. 맛있는 음식도 먹고요.

Ujin: Es una fiesta en donde se reune la gente cercana y celebra el primer cumpleaños del bebé. Se prepara un regalo o dinero cuando se va a esta fiesta. Se hace una fiesta divertida deseándole buenas cosas al bebé. También hay comida rica.

에릭: 아, 그렇군요. 우진 씨는 무슨 선물을 샀어요?

Eric: Ah, entiendo. ¿Qué regalo compró usted?

우진: 저는 조카가 운동선수가 되면 좋을 것 같아서 장난감 야구공을 샀어요.

Ujin: Le compré una pelota de béisbol porque sería bueno que mi sobrino fuera deportista.

- **Vamos a leer**

No hablo bien el coreano porque desde que tenía 2 años vivía en Brasil, aunque nací en Corea. Cuando escucho coreano es normal porque mi padre me hablaba en coreano, pero hablar es difícil. Por eso vine a Corea para aprenderlo. Han pasado 3 meses desde que vine a Corea y ya me he acostumbrado un poco a hablar en coreano.
Mi tía, tercera hermana de mi padre, se casó el fin de semana pasado. El pueblo natal del esposo de mi tía es Daejeon, por eso la boda fue allí. Vinieron mi abuelo, mi abuela y muchos parientes a la boda y hablé con ellos en coreano. Cuando no entendía algo, mi tía(esposa de mi tío menor) me ayudó. Fue un poco difícil, pero me sentí bien por poder hablar con mis parientes en coreano. Fue la primera vez que vi una boda en Corea y era diferente a la boda de Brasil y fue muy divertida.

Repaso de la Unidad 1 y 2

Unidad 1 - Unidad 2 Vocabulario

점점 poco a poco　　부탁하다 pedir

연락처 el número de contacto

I. Escuche y conteste.

리타오 : 존 씨, 오랜만이에요. 잘 지냈어요?

Litao: Señor John, hace tiempo que no nos vemos. ¿Cómo ha estado?

존: 네, 잘 지냈어요. 리타오 씨는 그동안 어떻게 지냈어요?

John: Sí. Estoy bien. ¿Cómo ha estado usted, señor Litao?

리타오: 전 좀 바쁘게 지냈어요. 한국 대학교에 들어가려고 준비를 하고 있어서요.

Litao: He estado un poco ocupado, porque estoy preparándome para entrar a una universidad en Corea

존: 그래요? 정말 바빴겠네요.

John: ¿De verdad? Debe haber estado muy ocupado.

리타오: 네, 그런데 존 씨, 제가 신문방송학을 공부하려고 하는데 저를 도와줄 수 있는 친구가 있어요?

Litao: Sí. Por cierto señor John, pienso estudiar periodismo y comunicación, y usted ¿tendrá algún amigo que me pueda ayudar?

존: 제 친구 윤아의 동생이 신문방송학을 전공하고 있어요. 성격이 밝고 착해서 잘 도와줄 거예요.

John: La hermana menor de mi amiga Yuna está estudiando periodismo y comunicación como carrera. Ella lo puede ayudar muy bien porque ella tiene un carácter alegre y amable.

리타오: 그래요? 잘 됐네요. 준비가 점점 어려워져서 힘들었는데 고마워요.

Litao: ¿En serio? Qué bien. Gracias, porque la preparación se está volviendo difícil y es duro para mí.

존: 아니에요. 다음에 윤아를 만날 때 부탁하겠어요.

John: De nada. Le voy a pedir a Yuna, cuando me encuentre con ella la próxima vez.

II. Lea lo siguiente y conteste a la pregunta.

Para	yihana@hankuk.ac.kr
De	fighting_litao@yonsei.ac.kr
Asunto	Buenos días.

Señor Litao, Buenos días. El señor John me dio su contacto para que le escriba un correo electrónico.
Mi nombre es Lee Hana. Soy estudiante de periodismo y comunicación de la universidad. Han pasado más o menos 2 años desde que estudio periodismo y comunicación. Al principio, me pareció difícil estudiar esa carrera, pero ahora se está volviendo divertido poco a poco. Por eso quiero trabajar en una emisora después de graduarme.
Señor Litao, ¿usted también piensa estudiar periodismo y comunicación como carrera en la universidad, cierto? Debe ser difícil prepararse solo. Por favor contácteme si tiene alguna pregunta. Lo ayudaré con gusto. Mi número de contacto es 010-2123-3464. Quedo a la espera de sus noticias.
Atentamente, Lee Hana.

Cultura coreana: denominación

En Corea, se usa la denominación de la familia o del pariente para nombrar a la persona que no es de su familia. Por ejemplo, el hombre llama a la persona que es mayor que él "hermano" o "hermana" cuando tiene una estrecha relación con esa persona. Así mismo llama a la madre de su amigo "madre". También podrá escuchar a menudo a la gente llamando a la persona que trabaja en el restaurante "tía". Llamar con un parentesco a una persona que no es de su familia, hace que la relación sea más cercana.

Unidad 3 Ciudad natal

<1> La ciudad natal de mi amigo

Objetivo de la lección: Entender el contenido que explica la ubicación de la ciudad natal y su ambiente.

Vocabulario

빌딩 el edificio
섬 la isla
시골 el pueblo
유명하다 ser famoso/a
위치 la ubicación
호찌민 Ho Chi Minh
노르웨이 Noruega
오슬로 Oslo
동쪽 el este
구경거리 las cosas que ver
케이블카 el teleférico
푸르다 algo que es de color azul
해산물 los mariscos
도시 la ciudad
북쪽 el norte
관광지 el destino turístico
하노이 Hanoi
남쪽 el sur
네덜란드 Los Países Bajos
속초 Sokcho
동해 el mar del este

- **Vamos a escuchar**

1.

(1) 3년 만에 할머니가 살고 계신 섬에 갔습니다.
Fui a la isla donde vive mi abuela, que hacía 3 años que no iba.

(2) 세 달 만에 시골에 가서 부모님을 만났습니다.
Fui al pueblo y me encontré con mis padres, que hacía 3 meses que no los veía.

(3) 일주일 만에 고향에 전화했습니다.
Llamé a mi ciudad natal, que hacía una semana que no llamaba.

(4) 10년 만에 초등학교 때 친구를 만났습니다.
Me encontré con mi amigo de la escuela primaria, que hacía 10 años que no veía.

2.

(1) 가: 한국에 와서 닭갈비를 먹어 봤어요?
A: ¿Ha probado el dakgalbi en Corea?
나: 네, 그런데 좀 매웠어요.
B: Sí, pero estaba un poco picante.

(2) 가: 고향에서 스키를 타 봤어요?
A:¿Ha esquiado en su ciudad natal?
나: 아니요, 우리나라에는 스키장이 없어요. 하지만 한국에서 스케이트는 타 봤어요.
B: No, no hay pistas de esquí en mi país. Pero he ido a patinar en Corea.

(3) 가: 제주도에 가 봤어요?
A: ¿Ha estado en la isla de Jeju?
나: 네, 제주도에 가 봤어요. 다음에는 부산에 가 보고 싶어요.
B: Sí, he estado en la isla de Jeju. Me gustaría ir a Busan la próxima vez.

(4) 가: 윤아 씨 동생을 만나 봤어요?
A: ¿Ha conocido personalmente a la hermana de Yuna?
나: 아니요, 하지만 윤아 씨의 고향에 가서 윤아 씨 부모님께 인사를 드렸어요.
B: No, pero fui a la ciudad natal de Yuna y saludé a sus padres.

3~4.

레오: 리타오 씨, 고향이 어디예요?
Leo: ¿Señor Litao, dónde es su ciudad natal?
리타오: 제 고향은 중국 베이징이에요. 레오 씨는 베이징에 가 봤어요?
Litao: Mi ciudad natal es Beijing, China. ¿Ha estado en Beijing, señor Leo?
레오: 아직 못 가 봤어요. 베이징은 어디에 있어요?
Leo: No, no he estado todavía. ¿Dónde está Beijing?
리타오: 베이징은 중국의 북쪽에 있는 도시예요. 유명한 관광지가 많아서 구경하러 오는 사람들이 많아요. 레오 씨도 한번 놀러 오세요.
Litao: Beijing es una ciudad que está en el norte de China. Hay muchos turistas porque hay varios destinos turísticos famosos. Venga a conocerla algún día, señor Leo.

5~7.

흐엉: 노라 씨, 오랜만이에요.
Huong: Señora Nora, hace tiempo que no nos vemos.
노라: 네, 흐엉 씨, 그동안 잘 지냈어요?
Nora: Sí señor Huong, ¿Ha estado bien?
흐엉: 네, 저는 방학에 고향에 다녀왔어요. 삼개월 만에 갔는데 가족들을 만나서 정말 좋았어요. 고향 음식도 많이 먹었고요.
Huong: Sí, visité mi ciudad natal durante las vacaciones. Hacía tres meses que no iba, por eso me encantó encontrarme con mi familia. También comí mucha comida de mi ciudad.
노라: 흐엉 씨 고향은 베트남 어디예요?
Nora: ¿Dónde queda su ciudad natal en Vietnam, señor Huong?
흐엉: 제 고향은 호찌민인데 베트남의 남쪽에 있어요. 경치가 아주 아름다운 도시예요. 노라 씨는 고향이 어디예요?
Huong: Mi ciudad natal es Ho Chi Minh y está en el sur de Vietnam. Es una ciudad que tiene un paisaje muy hermoso. ¿Dónde es su ciudad natal, señora Nora?

노라: 제 고향은 노르웨이의 오슬로예요. 들어 봤어요?
Nora: Mi ciudad natal es Oslo, en Noruega. ¿Ha escuchado de esta ciudad?
흐엉: 그럼요, 전에 텔레비전에서 봤을 때 바다가 정말 아름다웠어요.
Huong: Claro que sí, el mar me pareció muy hermoso cuando lo vi en televisión.

- **Vamos a leer**

El fin de semana pasado visité Sokcho, donde no iba hacía tiempo, para encontrarme con el señor Yeongsu. Sokcho es la ciudad natal del señor Yeongsu. Viajé felizmente porque esta vez el señor Yeongsu también me guió, por aquí y por allá. Ahora les voy a presentar los lugares que visité en Sokcho.

Sokcho está más o menos a dos horas en bus desde Seúl, hacía el este. En Sokcho hay muchas cosas que ver y hacer porque está la montaña Seoraksan y el mar del este. Cuando vaya a la Montaña Seoraksan, puede subir a pie o en teleférico. El mar del este que se ve desde Sokcho es muy azúl y limpio. En verano puede disfrutar en la playa. Puede pasear o montar en bicicleta en un lago grande que está cerca del mar. También hay muchas cafeterías bonitas por ahí. Cuando tome un café mirando el lindo paisaje, se sentirá alegre. Además, hay muchas comidas ricas, así que les recomiendo visitar sin falta los que no hayan estado en esa ciudad.

<2> Mi hermosa ciudad natal

Objetivo de la lección: Entender el contenido que explica el medio ambiente natural y el estilo de vida de la ciudad natal.

Vocabulario

그립다 extrañar/echar de menos
행복하다 ser feliz | 부럽다 envidiar
외롭다 sentirse solo/a | 이렇게 tan/tanto
특별하다 algo que es especia l
신선하다 algo que es fresco/a
풍경 el paisaje | 해운대 Haeundae
하와이Hawái | 캘리포니아 California
서쪽 el oeste | 호놀룰루 Honolulu
세계 el mundo | 물론 por supuesto
와이키키 해변 la Playa Waikiki
냄새 el/la aroma | 서핑 el surf

- **Vamos a escuchar**

1.
(1) 내일은 바닷가에 가기 때문에 기분이 좋아요.
Me siento feliz porque mañana vamos al mar.
(2) 서울에 산이 많기 때문에 등산을 자주 할 수 있어요.
Se puede subir la montaña a menudo en Seúl, porque hay muchas montañas.
(3) 오늘부터 방학이기 때문에 고향에 가요.
Voy a mi ciudad natal porque desde hoy comienzas las vacaciones.
(4) 고향에서는 일이 많았기 때문에 항상 피곤했어요.
Estuve siempre cansado en mi ciudad natal porque tenía mucho trabajo.

2.
오늘 친구가 고향을 소개해 주었습니다. 서울은 큰 도시인데 친구의 고향은 작은 도시입니다. 서울 공기는 좋지 않은데 친구의 고향은 공기가 깨끗합니다. 서울에는 산이 있는데 친구의 고향에는 바다가 있습니다. 서울 사람들은 바쁘게 사는데 친구의 고향 사람들은 한가하게 지냅니다. 친구의 고향은 살기 좋을 것 같습니다. 친구가 정말 부럽습니다.
Hoy mi amigo me presentó su ciudad natal. Seúl es una ciudad grande, pero la ciudad natal de mi amigo es pequeña. El aire de Seúl no es bueno, pero el aire de la ciudad natal de mi amigo es limpio. Hay montañas en Seúl, pero en la ciudad natal de mi amigo hay mar. La gente de Seúl vive ocupada, pero la gente de la ciudad natal de mi amigo vive relajada. Parece que la ciudad natal de mi amigo es muy buena para vivir. En realidad, envidio a mi amigo.

3~4.
노라: 레오 씨, 한국에 온 지 얼마나 됐어요?
Nora: ¿Cuánto tiempo lleva en Corea, señora Leo?
레오: 1년쯤 됐어요. 고향을 떠난 지 오래 돼서 그리울 때도 있지만 가족들과 자주 전화해서 많이 힘들지 않아요.
Leo: Llevo más o menos un año. Hay veces que extraño mi ciudad natal porque llevo mucho tiempo fuera, pero no es tan difícil porque hablo por teléfono con mi familia frecuentemente.
노라: 그런데 레오 씨는 고향에 있을 때도 이렇게 열심히 공부했어요?
Nora: ¿Por cierto, usted estudiaba tanto cuando estaba en su ciudad natal también?
레오: 아니요. 요즘은 한국어가 어려워서 공부하는 시간이 많은데 고향에서는 친구들과 많이 놀았어요. 우리 고향에는 예쁜 공원이 많기 때문에 산책도 자주 했고요.
Leo: No. Estos días estudio mucho porque el coreano es difícil, pero en mi ciudad salía mucho con mis amigas. Paseaba a menudo también porque hay muchos parques bonitos en mi ciudad natal.

5~7.
유키: 정희 씨, 점심 정말 맛있게 먹었어요. 서울에서 먹은 해산물보다 더 신선한 것 같아요. 이제 어디로 가요?
Yuki: Estaba delicioso el almuerzo, señora Jeonghee. Parece que los mariscos son más frescos que los que comí en Seúl. ¿A dónde vamos ahora?

정희: 유키 씨가 제 고향에 온 특별한 날이니까 좋은 곳으로 안내하겠어요. 경치가 정말 아름다운 곳이에요. 오늘은 맑으니까 일본까지 볼 수 있을 것 같아요.

Jeonghee: La llevo a un buen lugar porque hoy es un día especial, ya que usted visitó mi ciudad natal. Es un lugar que tiene un hermoso paisaje. Creo que podemos ver hasta Japón porque hoy hace buen tiempo.

유키: 그래요? 빨리 가서 보고 싶어요. 우리 가서 사진도 많이 찍어요. 정희 씨는 사진 찍는 걸 좋아해요?

Yuki: ¿De verdad? Quiero ir ya a ver. Vamos a tomar muchas fotos. ¿A usted le gusta tomar fotos?

정희: 보통 때는 많이 안 찍는데 여행을 가서는 아름다운 풍경이나 맛있는 음식 사진을 많이 찍어요.

Jeonghee: Normalmente no tomo muchas fotos, pero cuando estoy viajando, tomo muchas fotos de los hermosos paisajes o la rica comida.

유키: 어, 저기 바닷가네요. 사람들이 많군요.

Yuki: ¡Oh, allá es una playa! Hay mucha gente.

정희: 저기는 해운대예요. 바닷물도 깨끗하고 근처에 구경거리도 많기때문에 사람들이 많이 와요.

Jeonghee: Allí es Haeundae. Viene mucha gente porque el agua del mar es limpia y hay muchas cosas que ver a su alrededor.

- **Vamos a leer**

Yo soy de Hawái, en los Estados Unidos. Hawái es una isla que se encuentra al oeste de California, Estados Unidos, y al este de Japón. Es un lugar que tiene hermoso mar y muchas cosas que ver. Mi casa está en Honolulu, Hawái. Hay una gran cantidad de gente de muchos países que vive en Honolulu, razón por la cual, se encuentran culturas de todo el mundo y se puede comer comida de varios países, también. Por supuesto, también hay restaurantes coreanos ricos.

La Playa Waikiki, la cual es un famoso destino turístico de Honolulu, es concurrida por la gente que viene desde el extranjero. También se puede ver a mucha gente que viene de luna de miel, porque hay muchas cosas para ver y es conveniente para hacer compras. Mucha gente compra café y chocolate. El café de Hawái tiene muy buen aroma y un sabor especial.

Pasé mucho tiempo en el mar cuando estaba en mi ciudad natal. Iba a nadar y surfear con mis amigos. Cuando hice surf por primera vez tenía un poco de miedo, pero ahora se volvió fácil porque practiqué mucho. Me siento muy feliz cuando surfeo con mis amigos en el mar fresco.

Unidad 4 Casa

<1> La mudanza

Objetivo de la lección: Entender el contenido sobre la preparación de la muzanza y la búqueda de la casa.

Vocabulario

이사하다 **mudarse**
이삿짐센터 **la compañía de mudanzas**
짐 **la carga** 싸다 **empacar**
계약하다 **contratar**
불편하다 **algo que es inconveniente**
별로 **no mucho/no muy**
하숙집 **la casa de huéspedes (Hasukjib)**
트럭 **el camión** 싣다 **cargar**
에어컨 **el aire acondicionado**
잊다 **olvidar** 원룸 **el apartaestudio**
알아보다 **averiguar** 마음에 들다 **gustar**
관리비 **el costo de administración**
어둡다 **ser/estar oscuro/a** 밝다 **ser/estar claro/a**
중요하다 **algo que es importante**

- **Vamos a escuchar**

1.

(1) 저는 어제 이사를 해서 오늘 좀 피곤합니다.
Estoy un poco cansado, porque me mudé ayer.

(2) 혼자 사는 것이 심심하고 재미없습니다.
Vivir solo es aburrido y no es divertido.

(3) 저는 하숙집에 사는데 불편한 게 너무 많습니다.
Vivo en una casa de huéspedes y hay muchas cosas que resultan inconvenientes.

(4) 큰 집으로 이사하고 싶은데 돈이 별로 없습니다.
Me gustaría mudarme a una casa más grande, pero no tengo mucho dinero.

2.

(1) 제가 사는 하숙집의 방이 너무 작아서 큰 방으로 이사했으면 좋겠어요.
Me gustaría mudarme a una habitación más grande porque la habitación de la casa de huéspedes en la que vivo es muy pequeña.

(2) 이삿짐 트럭에 이삿짐을 실어서 보냈어요. 새 집에 잘 도착했으면 좋겠습니다.
Mandé la carga de la mudanza en un camión. Espero que llegue bien a mi nueva casa.

(3) 방이 너무 더워서 방에 에어컨이 있었으면 좋겠어요.
Me gustaría tener un aire acondicionado porque hace mucho calor en mi habitación.

(4) 학교와 집이 너무 멀어서 힘들어요. 좀 가까웠으면 좋겠어요.
Es difícil para mí que mi colegio está tan lejos de mi casa. Me gustaría que estuviera más cerca.

3~4.

흐엉: 리타오 씨, 이사 준비가 힘들지요? 짐은 다 쌌어요?

Huong: ¿Señor Litao, es duro preparar la mudanza, cierto? ¿Ya ha terminado de empacar?

리타오: 아니요. 제생각보다 시간이 많이 걸리네요. 모레가 이사하는 날인데 짐을 아직 다 못 싸서 걱정이에요.

Litao: No. Se tarda más tiempo de lo que pensaba. Estoy preocupado porque no he terminado de empacar y pasado mañana es el día de la mudanza.

흐엉: 그럼 빨리 짐을 싸야겠네요. 제가 좀 도와드릴까요?

Huong: Entonces tiene que empacar rápidamente. ¿Quiere que lo ayude?

리타오: 진짜요? 정말 고마워요. 이사 준비가 너무 힘들어서 빨리 이사가 끝났으면 좋겠어요.

Litao: ¿En serio? Muchas gracias. La preparación de la mudanza es muy difícil, por eso quiero que acabe pronto.

5~7.

유키: 주앙 씨, 무슨 일이 있어요? 바쁜 일이 있는 것 같아요.

Yuki: ¿Señor Juan, qué le pasa? Parece que está ocupado.

주앙: 제가 다음 주 금요일에 이사를 가요. 요즘 이사 준비 때문에 좀 바빠요.

Juan: Me voy a mudar el viernes de la próxima semana. Estoy un poco ocupado por la preparación de la mudanza.

유키: 왜요? 지금 사는 원룸에 문제가 있어요?

Yuki: ¿Por qué? ¿Tiene algún problema en el apartaestudio donde vive ahora?

주앙: 아니요. 지금 사는 집이 계약이 끝나서 학교 근처에 있는 아파트로 이사를 가요.

Juan: No. Me mudo a un apartamento que está cerca de la universidad porque se terminó el contrato de la casa en la que vivo ahora.

유키: 아! 그럼 이삿짐센터를 예약했어요?

Yuki: ¡Ah! ¿Entonces ya ha hecho la reserva en la compañía de mudanzas?

주앙: 아니요. 잊고 있었어요. 빨리 이삿짐센터를 찾아봐야겠어요.

Juan: No, se me había olvidado. Tengo que buscarla rápidamente.

유키: 네. 좋은 곳을 찾았으면 좋겠네요.

Yuki: Sí. Espero que encuentre una buena compañía.

- **Vamos a leer**

Estoy viviendo en el dormitorio de la Universidad Yonsei.
Es muy conveniente ir al instituto de coreano porque el dormitorio está en la universidad. En el dormitorio, dos personas comparten una habitación y es un poco inconveniente. Estoy buscando una casa para mudarme porque quiero vivir solo, cómodamente.

Un amigo de la clase me presentó la casa de huéspedes donde él está viviendo y la visité. La dueña de la casa es muy amable y la habitación estaba limpia. Pero no me gustó porque la habitación era más pequeña de lo que pensaba y un poco oscura.

Por eso, fui a la agencia inmobiliaria para buscar buenas casas. El señor de la inmobiliaria me mostró un apartaestudio. Ese apartaestudio era más grande y claro que la casa de huéspedes. También había un baño dentro de la habitación. Sin embargo, el costo de administración es un poco alto. Me gustaría que el costo de administración fuera un poco más barato. Si vivo en este apartaestudio, creo que mi vida sería más conveniente de ahora en adelante. Tengo que ir a la agencia inmobiliaria mañana para hacer el contrato del apartaestudio. Espero que pasen muchas cosas buenas en mi nueva casa.

<2> La casa en la que vivo

Objetivo de la lección: Entender el contenido que presenta las tareas domésticas y la casa donde vive.

Vocabulario

세탁기| a lavadora
부엌 la cocina
사용하다 usar
정리하다 arreglar
새로 nuevamente
편리하다 algo que es conveniente
동네 el barrio
찜질방 Jjimjilbang
건물 el edificio
룸메이트 el/la compañero/a de cuarto
거실 la sala
현관 la entrada
베란다 la terraza
나중에 después
미용실 la peluquería
세탁소 la lavandería

- **Vamos a escuchar**

1.

가: 이 물건은 집 안에 있나요?

A: ¿Este producto está en la casa?

나: 네. 집 안에 있어요.

B: Sí. Está en la casa.

가: 이걸 날마다 사용하나요?

A: ¿Lo usa todos los días?

나: 아니요. 가끔 사용해요.

B: No. Lo uso de vez en cuando.

가: 이 물건은 거실에서 쓰나요?

A: ¿La usa en la sala?

나: 아니요. 보통 거실에는 없는 물건이에요.

B: No. Normalmente no está en la sala.

가: 언제 필요한가요?

A: ¿Cuándo lo necesita?

나: 빨래할 때 필요해요.

B: Lo necesito cuando lavo la ropa.

2.

(1) 가: 짐 정리는 끝났어요?

A: ¿Ya ha terminado de desempacar?

나: 아니요, 아직 정리하는 중이에요.

B: No, estoy arreglando todavía.

(2) 가: 여보세요?

A: ¿Aló?

나: 지금 청소하는 중이니까 제가 나중에 전화하겠습니다.

B: Estoy limpiando, así que lo llamo después.

(3) 가: 민수 씨 이것 좀 확인해 주세요.

A: Señor Minsu, confirme esto por favor.

나: 제가 지금 꽃에 물을 주는 중이니까 잠깐만 기다려 주세요.

B: Un momento por favor porque estoy regando las flores ahora.

(4) 가: 지금 다른 전화를 받는 중이니까 조금 이따가 전화하겠습니다.

A: Estoy en la otra línea en este momento así que le llamaré un poco más tarde.

나: 네. 알겠습니다.

B: Sí, por supuesto.

3~4.

노라: 여보세요? 유키 씨, 이사는 잘 끝났나요?

Nora: ¿Aló? ¿ Señora Yuki, ha teminado bien su mudanza?

유키: 네. 노라 씨! 지금 짐을 다 정리하고 청소를 하는 중이에요. 집을 청소하는데 생각보다 오래 걸리네요.

Yuki: Sí, señora Nora. Terminé de desempacar y estoy limpiando la casa pero me estoy demorando más tiempo de lo que pensaba.

노라: 새로 이사한 집은 어떤가요?

Nora: ¿Cómo es su nueva casa?

유키: 원룸 안에 필요한 게 다 있어서 아주 편리해요. 밖에 경치도 좋고요.

Yuki: Es muy conveniente porque hay de todo lo que uno necesita en el apartaestudio. Tiene buena vista también.

5~7.

존: 올리비아 씨! 어디에 가요?

John: ¿Señora Olivia, para dónde va?

올리비아: 아! 존 씨, 저는 지금 마트에 가는 중이에요.

Olivia: ¡Ah! señor John, estoy yendo al supermercado.

존: 이 근처에도 마트가 있나요?

John: ¿Hay supermercado cerca de aquí?

올리비아: 가까운 곳에는 없고, 좀 걸어서 옆 동네까지 가야 해요.

Olivia: No hay supermercado por aquí por eso tengo que caminar un poco hasta el otro barrio al lado del mio.

존: 아. 그렇군요. 이사 온 지 얼마 안 돼서 이 동네를 잘 몰라요. 올리비아 씨는 이 동네에서 산 지 얼마나 됐어요?

John: Ah, entiendo. No conozco muy bien este barrio porque me mudé hace poco. ¿Cuánto tiempo lleva usted en este barrio?

올리비아: 저는 이 동네에서 산 지 1년쯤 됐어요. 이 동네에는 공원하고 미용실 그리고 찜질방이 가깝게 있어서 편해요.

Olivia: Llevo viviendo en este barrio más o menos un año. Es conveniente porque, entre otros, el parque, la peluquería y el jjimjilbang están cerca en este barrio.

존: 혹시 이 근처에 세탁소도 있나요? 겨울옷을 세탁해야 해서요.

John: De casualidad, ¿también habrá una lavandería por aquí? Necesito lavar la ropa de invierno.

올리비아: 그럼요. 저기 보이는 미용실 건물 2층에 세탁소가 하나 있어요.

Olivia: Por supuesto. Hay una lavandería en el segundo piso de la peluquería que está allá.

• Vamos a leer

<¡Quiero conocerla pronto!>

¿Es difícil para usted no poder cocinar en el dormitorio? ¿La comida de la señora de la cada de huéspedes no es buena? ¿Entonces, cómo le parecería preparar una deliciosa comida junto con su compañera de cuarto que cocina bien?

¡Hola! Soy Yuki, de Japón. Estoy buscando una compañera de cuarto para compartir mi apartaestudio. Vivir sola en el apartaestudio es un poco aburrido y no me divierto, por eso estoy buscando una compañera de cuarto.

Mi apartaestudio está cerca de la universidad y se tarda 5 minutos a pie hasta allá. Es conveniente usar la lavandería y la peluquería que están cerca de mi apartaestudio. Además la habitación es grande y el baño es limpio. También es cómodo porque hay aire acondicionado y lavadora. Puede cocinar cómodamente porque tiene una cocina pequeña.

Cocino bien y me gusta cocinar, por eso no hay problema si mi compañera de cuarto no cocina. Sin embargo, me gustaría que a mi compañera de cuarto se le dé bien limpiar, porque no soy buena para el aseo. Por favor envíeme un correo electrónico quien quiera comer rico y pasar feliz conmigo.

Correo electrónico: kliyuki@yonsei.ac.kr

Repaso de la Unidad 3 y 4

Vocabulario

만리장성 Gran Muralla China

발표 la presentación　　서재 el estudio

편의 시설 las comodidades

I. Escuche el diálogo y conteste.

윤아: 리타오 씨, 지금 뭐 해요?

Yuna: ¿Señor Litao, qué está haciendo?

리타오: 숙제를 하는 중이에요, 윤아 씨. 다음 주에 학교에서 고향 이야기 발표를 해야 되기 때문에 지금 고향을 소개하는 글을 쓰고 있어요.

Litao: Estoy haciendo una tarea, señora Yuna. Estoy escribiendo la introducción de mi ciudad natal porque tengo que hacer una presentación sobre ella.

윤아: 그래요? 리타오 씨는 베이징에서 왔지요? 저는 베이징에 가 보지 못했는데 구경거리가 많은가요?

Yuna: ¿De verdad? ¿Cierto que Usted es de Beijing? No he estado en Beijing, ¿hay muchas cosas para ver?

리타오: 그럼요, 베이징에는 가 볼 곳이 아주 많아요. 제가 고향에서 찍은 사진을 좀 보여 드릴까요? 음... 여기는 유명한 관광지인 만리장성이고, 또 여긴 고향 사람들이 많이 가는 공원이에요. 우리 할아버지는 매일 아침 일찍 거기에 가서 운동을 하세요.

Litao: Por supuesto. Hay muchos sitios para visitar en Beijing. ¿Quiere que le muestre unas fotos que tomé en mi ciudad natal? Um... aquí está la Gran Muralla China, que es un famoso destino turístico y aquí está un parque a donde va mucha gente del pueblo. Mi abuelo va a ese parque todos los días, temprano en la mañana, y hace ejercicio allí.

윤아: 어, 여기는 어디예요? 아주 멋있는 집이네요.

Yuna: ¿Oh, y esto dónde es? Es una casa espectacular.

리타오: 얼마 전에 이사한 우리 집이에요.

Litao: Es nuestra casa, donde nos mudamos hace poco.

윤아: 와, 정말 크고 예뻐요. 우리 고향 집은 아파트가 아닌데 리타오 씨 집은 아파트군요.

Yuna: ¡Oh, es muy grande y bonita! En mi ciudad natal vivo en una casa, pero en su ciudad natal Usted tiene un apartamento.

리타오: 네, 베이징에는 아파트에 사는 사람들이 많아요.

Litao: Sí, mucha gente vive en apartamentos en Beijing.

윤아: 나중에 학교에서 발표할 때 이 사진들도 같이 보여 주세요.

Yuna: Cuando haga la presentación, muestre estas fotos también.

리타오: 좋은 생각이네요. 그런데 사진을 보니까 가족들도 보고 싶고 집도 그리워지네요. 저녁에 숙제를 끝내고 오랜만에 할아버지께 전화드려야겠어요.

Litao: Es una buena idea. Por cierto, al ver estas fotos extraño a mi familia y mi casa. Cuando termine la tarea esta noche, voy a llamar a mi abuelo, que hace tiempo no lo llamo.

II. Lea lo siguiente y conteste la pregunta.

Esta foto, es la foto de mi casa en Beijing. La tomé con mis padres el primer día que nos mudamos. A mi padre le gusta esta casa porque está cerca de su trabajo. A mi madre le gusta también porque la sala y la cocina son grandes. La sala y la cocina son grandes, pero el balcón es un poco pequeño. En el balcón, hice un pequeño estudio en donde dejé todos los libros que me gustan.

Mi barrio es muy cómodo para vivir. Hay muchas comodidades, como los almacenes, los restaurantes y los parques. La gente de Beijing va frecuentemente al parque para pasear y hacer ejercicio. No he estado en el parque que está cerca de la casa porque me vine a Corea después de un mes de la mudanza. Me gustaría (   ) con mi familia cuando vuelva a mi ciudad natal en las vacaciones.

Cultura coreana: Casa de los coreanos

En Corea se pueden ver varios tipos de casas. Los edificios de apartamentos son los más comunes. Es un estilo representantivo de vivienda en la ciudad, no solo porque pueden vivir muchas personas en un mismo espacio, sino porque también se considera que es cómodo y seguro. Además, muchos coreanos viven también en villas o casas. También hay coreanos que viven en Hanok, que es la casa tradicional de Corea.

Unidad 5 Comida

<1> Presentación de la comida

Objetivo de la lección: Entender el contenido que presenta la manera de comer.

Vocabulario

고추장 gochujang	식초 el vinagre
설탕 el azúcar	뿌리다 echar
넣다 poner	찍다 sumergir
비비다 revolver	닭고기 el pollo, la verdura
만두 Mandu	양념 el condimento
직접 por mí mismo	소스 la salsa
음료 la bebida	무료 gratis
파전 Pajeon	파 la cebolleta
중에서 entre	설렁탕 Seolleongtang
소고기 la carne de res	국 sopa
말다 meter	소금 la sal
반찬 Banchan (acompañamiento)	
깍두기 Kkakdugi	
치맥 Chimac(pollo frito y cerbeza)	
대구 Daegu	페스티벌 el festival
선택하다 escoger	메뉴 el menú
프라이드치킨 el pollo frito	콘서트 el concierto

- **Vamos a escuchar**

1.

(1) 어느 나라 음식이에요?

A: ¿De qué país es esta comida?

나: 이탈리아 음식인데 한국에서도 많이 먹어요.

B: Es comida italiana, pero se come mucho en Corea también.

(2) 가: 이건 어떤 음식이에요?
A: ¿Qué comida es esta?
나: 그건 닭고기와 여러 가지 채소로 만드는데 좀 매워요.
B: Se prepara con pollo y varias verduras, es un poco picante.

(3) 가: 만두는 어떻게 먹어요?
A: ¿Cómo se come el mandu?
나: 이 양념은 좀 짠데 여기에 찍어서 먹으면 맛있어요.
B: Este condimento es un poco salado, pero es bueno comer el mandu sumergiéndolo ahí.

(4) 가: 오늘은 뭘 먹을까요?
A: ¿Qué vamos a comer hoy?
나: 이 음식은 시원해서 여름에 많이 먹는데 오늘은 날씨가 더우니까 이걸 먹읍시다.
B: Esta comida se come mucho en verano porque es fría y hoy hace calor, así que vamos a comer esto.

2.
오늘은 신촌의 유명한 떡볶이 집을 소개하겠어요. 여기는 떡볶이를 직접 만들어서 먹는 집이에요. 먼저 떡볶이에 넣고 싶은 채소를 골라 보세요. 소스는 매운 맛과 단 맛이 있으니까 좋아하는 맛의 소스도 고르세요. 그리고 맛있는 떡볶이를 만들어 보세요. 음료도 무료니까 꼭 가 보세요.
Hoy les voy a presentar un famoso restaurante de tteokbokki en Shinchon. Es un restaurante donde uno mismo prepara el tteokbokki. Primero, escoja las verduras que quiere poner en el tteokbokki. Escoja también la salsa que le guste porque hay una salsa picante y otra dulce. Y prepare un tteokbokki rico. La bebida es gratis, así que les recomiendo que vayan sin falta.

3~4.
유키: 주앙 씨, 좋아하는 한국 음식이 뭐예요?
Yuki: ¿Señor Juan, cuál es su comida coreana favorita?
주앙: 저는 파전을 좋아하는데 파전은 파로 만든 음식이에요.
Juan: A mí me gusta el pajeon, que es una comida hecha con cebolletas.
유키: 맛이 어때요? 맵지 않아요?
Yuki: ¿Cómo es el sabor? ¿No es picante?
주앙: 네, 맵지 않아요. 간장에 찍어서 먹으면 더 맛있어요. 유키 씨도 꼭 드셔 보세요.
Juan: No, no es picante. Es más rico si lo come sumergiéndolo en la salsa de soya. Le recomiendo que lo pruebe sin falta.

5~7.
존: 윤아 씨, 한국 음식 중에서 뭐가 제일 맛있어요?
John: ¿Señora Yuna, que comida es la más rica entre todas las comidas coreanas?
윤아: 저는 설렁탕을 제일 좋아해요. 설렁탕을 먹어 봤어요?
Yuna: A mí me gusta más el seolleongtang. ¿Ha probado el seolleongtang?
존: 아니요, 아직 못 먹어 봤어요. 어떤 음식이에요?
John: No, no lo he probado todavía. ¿Cómo es esta comida?
윤아: 설렁탕은 소고기로 만든 음식이에요. 소고기 국에 밥을 말고 파하고 소금을 넣어서 먹는 음식이에요.
Yuna: El seolleongtang es una comida hecha con carne de res. Es una comida que se prepara poniendo el arroz dentro de la sopa de carne de res y añadiendo la cebolleta y la sal en ella.
존: 어떤 반찬하고 먹으면 좋아요?
John: ¿Con qué banchan combina bien?
윤아: 깍두기하고 같이 드셔 보세요. 깍두기는 무로 만든 김치인데 설렁탕하고 같이 먹으면 정말 맛있어요.
Yuna: Le recomiendo comer con kkakdugi. El kkakdugi es kimchi hecho con rábanos y es muy rico cuando se come con Seolleongtang.

- **Vamos a leer**

La vida de Olivia en Corea
Mis amigos y yo amamos el chimac! Por eso, fuimos al festival de chimac de Daegu la semana pasada.
Había mucha gente. También hubo mucho pollo. Los menús que escogimos entre todos los tipos de pollo fueron; un pollo frito, un pollo al ajillo y un pollo frito con salsa.
¿Cierto que se necesita una cerveza cuando come Chimac? Por eso compramos unas cervezas frías.
A mis amigos les gustó más el pollo frito. También, les gustó el pollo al ajillo que se come con una salsa de ajo. El pollo frito con salsa estaba picante y dulce, y a mí me gustó más este pollo. Los que no lo han probado, deben hacerlo sin falta
Comiendo chimac, también pudimos ver un concierto gratis. Estaban muy divertidos. Les recomiendo ir al Festival de Chimac de Daegu sin falta!!

<2> Los ingredientes alimenticios y la cocina

Objetivo de la lección: Entender el contenido que explica los ingredientes alimenticioss y las recetas.

Vocabulario

면 los tallarines
볶다 revolver
냄비 la olla
접시 el plato
따로 aparte
잃어버리다 perder
삼계탕 Samgyetang
마늘 el ajo
끓이다 hervir
삶다 cocer
썰다 cortar
프라이팬 la sartén
덜다 servir
실수 el error
섞다 mezclar
인삼 el ginseng
대추 la azufaifa
방법 la manera
돼지고기 la carne de cerdo
두부 el tofu
잡채 japchae
햄 el jamón
재료 el ingrediente
당면 Dangmyeon (fideos transparentes de patata)
버섯 el champiñón
양파 la cebolla
달걀 el huevo
당근 la zanahoria
시금치 la espinaca
다지다 picar

참기름 el aceite de sésamo
후추 la pimienta 끓다 hervir
꺼내다 sacar 부치다 sofreír
담다 poner (emplatar)

- **Vamos a escuchar**

1.

(1) 저는 탕수육을 먹을 때 소스에다가 고기를 찍어서 먹어요.
Cuando como tangsuyuk, como sumergiendo la carne en la salsa.

(2) 채소를 냄비에 넣지 마세요. 프라이팬에다가 넣고 볶으세요.
No ponga las verduras en la olla. Póngalas en la sartén y revuelva.

(3) 앞에 있는 접시에다가 이 음식을 덜어서 드세요.
Sirva esta comida en el plato que tiene en frente y cómala.

(4) 저는 국에다가 밥을 말지 않고 국과 밥을 따로 먹어요.
No meto el arroz en la sopa, sino me como el arroz y la sopa aparte.

2.

저는 처음에 한국에 왔을 때 실수를 많이 했어요. 선생님께 "안녕?"하고 인사한 적이 있어요. 버스를 잘못 타서 길을 잃어버린 적도 있어요. 그리고 비빔밥을 섞지 않고 채소만 따로 먹은 적도 있어요. 지금은 익숙해졌지만 처음에는 젓가락을 쓸 때도 실수를 많이 했어요.

Cuando vine a Corea por primera vez, cometí muchos errores. Le había saludado "안녕?" a la profesora. Me había perdido al equivocarme de autobús también. Y había comido solamente las verduras del Bibimbap sin antes revolverlas. Ahora, estoy acostumbrada a usar los palitos, pero también cometí errores usándolos al principio.

3~4.

타오: 노라 씨, 삼계탕을 먹은 적이 있어요?
Tao: ¿Señora Nora, ha probado el samgyetang?

노라: 아니요, 먹은 적이 없어요. 하지만 들어 봤어요. 닭고기로 만드는 음식이지요?
Nora: No, no lo he probado. Pero lo he escuchado. ¿Es una comida hecha con pollo, cierto?

타오:네, 닭고기에다가 인삼, 마늘, 대추를 넣고 끓여서 만드는 음식이에요.
Tao: Sí, es una comida que se prepara con pollo, echándole ginseng, ajo y azufaifa y después se hierve.

노라: 건강에 좋겠네요. 먹어 보고 싶어요.
Nora: Debe ser bueno para la salud. Me gustaría probarlo.

5~7.

에릭: 레오 씨, 한국 음식을 만들어 본 적이 있어요?
Eric: ¿Señor Leo, ha preparado comida coreana?

레오: 그럼요, 에릭 씨. 여러 가지 한국 음식을 만들어 봤어요.
Leo: Claro, señor Eric. He preparado varias comidas coreanas.

에릭: 그럼 김치찌개도 만들어 봤지요? 만드는 방법 좀 가르쳐 주세요.
Eric: ¿Cierto que ha preparado kimchi jjigae también? Enséñeme la manera de hacerlo.

레오: 네, 먼저 냄비에다가 돼지고기하고 김치를 넣고 볶으세요. 좀 볶은 후에 물을 넣고 10분쯤 끓이세요. 그리고 두부, 양파, 파를 썰어서 넣고 조금 더 끓이세요.
Leo: Sí, primero, revuelva la carne de cerdo y el kimchi en la olla.Después de revolverlos un poco, ponga el agua e hierva más o menos 10 minutos. Luego, ponga el tofu, la cebolla y la cebolleta picados y hierva un poco más.

에릭: 생각보다 쉽네요.
Eric: Es más fácil de lo que pensaba.

레오: 어렵지 않아요. 돼지고기가 없으면 햄을 넣어 보세요. 햄 김치찌개도 맛있어요.
Leo: No es difícil. Si no tiene la carne de cerdo, póngale jamón. el kimchi jjigae con jamón es rico también.

- **Vamos a leer**

<El coreano que se aprende con la cocina>

Japchae

¿Ha preparado japche? El jpchae es una comida que siempre se come en las fiestas de Corea. ¿Vamos a preparar Japchae?
Ingredientes: Fideos transparentes de patata, carne de res, champiñones, zanahoria, cebolla, espinacas, huevos
Condimentos: Ajo picado, aceite de sésamo, salsa de soya, sal, azúcar, pimienta
1. Ponga los ajos, la salsa de soya, el azúcar, el aceite de sésamo y la pimienta en la carne y revuélvalos.
2. Ponga las espinacas en el agua hirviendo. Las saca en un minuto. Las condimenta con ajo y sal.
3. Sofríe el huevo batido de manera delgada y córtelo.
4. Corte la cebolla, los champiñones y la zanahoria.
5. Primero, revuelva la cebolla. Después revuelva la zanahoria, los champiñones y la carne aparte.
6. Cueza los fideos transparentes durante 6~7 minutos.
7. Revuelva los fideos transparentes con la salsa de soya en la sartén.
8. Ponga las verduras revueltas y la carne en los fideos y mezcle muy bien. Eche un poco más de salsa de soya, aceite de sésamo, azúcar y pimienta si es necesario.
9. Ponga el japchae en el plato. Decore con el huevo encima del Japchae.

Unidad 6 Mercado

<1> La tienda

Objetivo de la lección: Entender el contenido que presenta los lugares para realizar compras

Vocabulario

식료품 los alimentos
생활용품 el artículo doméstico
냉동식품 el alimento congelado
생수 el agua mineral　　치약 la crema dental
라면 los fideos instantáneos
이불 la cobija　　손님 el/la visitante
여러분 señoras y señores　　방문하다 visitar
장을보다 hacer mercado　　특히 especialmente
택배 el servicio de entrega a domicilio
도시락 la comida empacada

- **Vamos a escuchar**

1.

(1) 토마토는 어디에서 파나요?
¿Dónde se vende el tomate?

(2) 생수를 찾고 있는데 못 찾겠네요.
Estoy buscando agua mineral y no la encuentro.

(3) 치약을 사야 해요. 어디에서 팔까요?
Tengo que comprar crema dental. ¿Dónde la venderán?

(4) 라면은 생활용품 파는 곳에 있나요?
¿Los fideos instantáneos están en la sección de artículos domésticos?

2.

(1) 가: 새 이불을 사려고 해요. 시장에 가면 살 수 있을까요?
A: Me gustaría comprar una cobija nueva. ¿Podré comprarla en el mercado?
나: 인터넷으로 사면 더 쌀 거예요.
B: Se encuentra más barata en internet.

(2) 가: 이 근처에 과일 파는 곳이 없을까요?
A: ¿No habrá algun lugar donde se venda fruta por aquí?
나: 편의점에서 팔 거예요. 요즘 편의점에 가면 다 있어요.
B: Creo que se vende en la tienda. Hay de todo en la tienda estos días.

(3) 가: 지금 학생 식당에 가면 사람이 많을까요?
A: ¿Habrá mucha gente en el restaurante de la universidad ahora?
나: 점심시간이어서 사람이 많을 거예요. 오늘은 신촌에 가서 먹읍시다.
B: Creo que habrá mucha gente porque es la hora del almuerzo. Hoy vamos a almorzar en Sinchon.

(4) 가: 오늘 숙제가 많아요. 지금 도서관에 자리가 있을까요?
A: Tengo mucha tarea hoy. ¿Habrá cupo en la biblioteca ahora?
나: 이번 주에 시험이 있어서 자리가 없을 거예요. 커피숍에 가는 게 어때요?
B: No creo que haya porque esta semana hay examenes. ¿Por qué no va a la cafetería?

3~4.

윤아: 존 씨, 남대문 시장에는 처음 와 봤지요? 구경해 보세요. 물건도 많고 백화점보다 값도 쌀 거예요.
Yuna: ¿Señor John, cierto que es su primera visita al mercado de Namdaemun? Hay muchos productos y son más baratos que en los almacenes.
존: 동대문 시장에는 가 봤는데 여기는 처음이에요. 정말 없는 물건이 없네요. 여름 이불을 사야 해요. 여기에 있을까요?
John: He ido al mercado de Dongdaemun antes, pero aquí es la primera vez. Realmente hay de todo. Tengo que comprar una cobija de verano. ¿Estará por aquí?
윤아: 그럼요. 저쪽으로 가면 이불이나 방석 같은 물건을 싸게 파는 가게가 있어요. 아마 조금 깎아줄 거예요.
Yuna: Claro que sí. Allá hay tiendas donde se vende las cobijas o los cojines de asiento muy baratos. Tal vez le harán un poco de descuento.
존: 백화점에서 사려고 했는데 여기에서 싸게 살 수 있겠어요. 정말 고마워요.
John: Iba a comprarla en el almacén, pero podré comprarla barata aquí. Muchas gracias.

5~7.

손님 여러분 안녕하십니까? 오늘도 우리 행복 마트를 찾아 주셔서 감사합니다. 우리 마트는 이번 5월에 월요일에는 비누와 치약 같은 생활용품의 가격을 30% 내리고, 금요일에는 만두나 피자 같은 냉동식품을 똑같이 30% 싸게 팔겠습니다. 주말에는 라면이나 몇 가지 음료를 50%에 살 수 있으니까 꼭 우리 마트를 방문해 주십시오. 또 날마다 저녁 7시부터 문 닫을 때까지 채소와 과일을 반값에 드리겠습니다. 다음 달에도 이렇게 싸게 팔까요? 아닙니다. 5월에만 싸게 팝니다. 우리 행복 마트에서 장을 보시면 모두가 행복해지실 거예요.
Señoras y señores visitantes, buenas tardes. Muchas gracias por visitar nuevamente nuestro supermercado Haengbok. En nuestro supermercado, durante el mes de mayo se rebaja el 30% del precio de los artículos domésticos, como el jabón o la crema dental, los lunes y se venden con el mismo 30% de descuento los alimentos congelados, como mandu o la pizza, los viernes. En los fines de semana, se consiguen los fideos instantáneos o algunas bebidas a mitad de precio, así que visiten nuestro supermercado sin falta. Además, vamos a ofrecer las frutas y verduras a mitad de precio todos los días desde las 7PM hasta la hora de cierre. ¿Será que se vende tan barato el próximo mes? No, solo se venderá tan barato durante mayo. Cuando hagan mercado en nuestro supermercado Haengbok todos estarán felices.

- **Vamos a leer**

¿Cuál será el lugar que más les guste a los extranjeros en Corea? Será diferente, dependiendo de la persona. El lugar que más me gusta a mí en Corea, son las tiendas de barrio. Hay muchos lugares donde se venden los alimentos o artículos domésticos, pero entre todos estos lugares, voy más frecuentemente a las tiendas de barrio.

Creo que la tienda de barrio está en todas partes donde vivimos. Cerca de mi casa de huéspedes hay una tienda de estas, a la cual voy a menudo. Los supermercados cierran temprano, mientras que las tiendas de barrio están abiertas las 24 horas, razón por la cual se puede ir tarde en la noche. Se puede comprar todas las cosas que se necesitan en la vida en estas tiendas y además se puede enviar un paquete por servicio de entrega a domicilio, así que se volvió aún más conveniente. Especialmente, me gustan porque hay varias comidas empacadas y puedo comer allí.

Las tiendas de barrio no son tan grandes, pero hay de todo. Se venden artículos domésticos, los alimentos, las verduras, las frutas, las bebidas y los alimentos congelados, y normalmente compro también el agua mineral, la leche y las frutas. Antes no compraba muchas frutas porque vivo sola y la cantidad es mucha cuando uno las compra en los supermercados, en cambio, me gusta que se venda poca cantidad en las tiendas de barrio. Ahora, espero que haya más tiendas por aquí.

<2> Las tiendas por internet

Objetivo de la lección: Entender el contenido que recomienda los lugares de compras

Vocabulario

패션 잡화 los accesorios de moda
가전제품 el electrodoméstico
스포츠 용품 el artículo de deportes
장갑 los guantes
축구화 las zapatos de fútbol
식당가 el patio de comidas
인터넷 쇼핑 las compras por internet.
빙수 Bingsu　　쿠폰 el cupón
고속 터미널 la terminal de los autobuses exprés
상가 la zona comercial　　비교하다 comparar
생필품 las cosas indispensables para la vida
클릭 clic　　회원 el afiliado

- **Vamos a escuchar**

1.

(1) 가: 침대를 구경하고 싶은데 몇 층에 있나요?
A: Quisiera ver las camas, ¿en qué piso están?
나: 5층에 있어요. 가전제품 매장 옆이에요.
B: En el piso 5. Están al lado de la tienda de electrodomésticos.

(2) 가: 친구한테 장갑을 선물하려고 하는데 여성복 매장에 가면 되겠지요?
A: Voy a regalar unos guantes a mi amiga, ¿Cierto que los consigo en la tienda de la ropa para mujeres?
나: 아니요. 패션잡화 매장에서 팔아요.
B: No. Se venden en la tienda de accesorios de moda.

(3) 가: 축구화가 필요한데 어디에 있어요?
A: Necesito comprar los zapatos de fútbol, ¿Dónde los encuentro?
나: 아마 5층에 있을 거예요. 여기 식당가에서 두층 내려가세요.
B: Tal vez están en el piso 5. Baje dos pisos más que aquí es el patio de comidas.

(4) 가: 아이 옷을 찾고 있는데 여기에는 없나요?
A: Estoy buscando la ropa para niños, ¿No está aquí?
나: 여기는 남성복 매장입니다.
B: Aquí es la tienda de ropa para hombre.

2.

저는 친구들에게 가끔 인터넷쇼핑으로 선물을 사서 보내요. 주앙 씨가 요즘 많이 더워해서 시원한 빙수 쿠폰을 선물해줬어요. 또 흐엉 씨는 요즘 한국 소설책을 재미있어 해서 인터넷 서점에서 한 권 사서 보내줬어요. 에릭 씨는 요즘 너무 피곤해해서 커피 쿠폰을 보내줬어요. 노라 씨는 요즘 한국 영화를 보고 싶어해서 영화표를 보내줬어요. 친구들이 선물을 받으면 아주 기뻐해서 저도 기분이 정말 좋아져요. 여러분도 친구들에게 선물해 보세요.

A veces les envío regalos comprados por internet a mis amigos. Le regalé al señor Juan un cupón para un Bingsu porque él sufría por el calor estos días. Asímismo, le envié al señor Huong un libro comprado en la librería de internet porque a él le gusta leer las novelas coreanas estos días. Le di un cupón de café al señor Eric porque se ve cansado estos días. A la señora Nora le envié un boleto de cine porque ella ha querido ver las películas coreanas últimamente. Mis amigos se ponen muy felices cuando reciban los regalos, por eso me siento muy contento. Hagan regalos a sus amigos también.

3~4.

유키: 윤아 씨, 고향에서 어머니가 오시는데 어디에서 같이 쇼핑하면 좋을까요?
Yuki: Señora Yuna, mi madre viene de su ciudad natal, ¿Dónde será un buen lugar para hacer compras?
윤아: 저는 고속터미널 지하 쇼핑 상가에 자주 가요. 여성복이나 남성복 할인 매장이 있어서 항상 싸게 살 수 있어요. 또 귀걸이나 목걸이 같은 싸고 예쁜 액세서리도 많으니까 구경해 보세요. 그리고 근처에 백화점이나 서점, 영화관 같이 구경거리가 많아서 좋을 거예요.
Yuna: Voy frecuentemente a la zona de compras que está en el sótano de la terminal de autobús

exprés. Se puede comprar barato siempre porque hay tiendas de descuento de ropa para mujeres y hombres. Además, hay muchos accesorios baratos y bonitos, como los aretes o collares, así que vayan a mirar. Además, también es bueno porque hay muchas cosas como almacenes, librerías o el cine a su alrededor.

유키: 저희 어머니가 쇼핑을 좋아하시는데 거기 가면 재미있어하실 것 같아요. 소개해 줘서 고마워요.

Yuki: A mi madre le gusta hacer compras y creo que se va a divertir en ese lugar. Gracias por enseñármelo.

윤아: 참, 유키 씨 어머니가 꽃도 좋아하시지요? 잘 됐어요. 근처에 꽃집도 많이 있으니까 한번 가 보세요.

Yuna: Ah, ¿cierto que a su madre le gustan las flores también, sesñora Yuki? Qué bien! Hay muchas florerías en su alededor, así que visiténlas.

5~7.

미선: 올리비아 씨, 어디에 가는 길이에요?

Miseon: ¿Señora Olivia, para dónde va?

올리비아: 백화점에 가는 길이에요. 며칠 전에 새 룸메이트가 왔는데 소파가 없으니까 방에 앉을 때 많이 불편해해요. 소파를 하나 살까 하는데 백화점에서 팔겠지요?

Olivia: Estoy yendo al almacén. Hace poco llegó una nueva compañera de cuarto y se siente muy incómoda al sentarse en el piso porque no hay sofá. Quiero comprar un sofá, ¿Cierto que lo venderán en el almacén?

미선: 백화점 가구 매장에 가면 다 있지만 많이 비쌀 거예요. 인터넷 쇼핑몰에서 사지 그래요?

Miseon: Se vende en la tienda de muebles del almacén, pero será muy costoso. ¿Por qué no lo compra en una tienda de internet?

올리비아: 그런데 직접 보지 않고 사는 것이 괜찮을까요? 가끔 인터넷에 있는 사진하고 받은 물건이 달라서요.

Olivia: Pero, ¿estaría bien comprarlo sin verlo directamente? A veces los productos que he recibido eran diferentes a las fotos que vi en el internet.

미선: 그래서 저는 먼저 백화점에 가서 사고 싶은 물건을 직접 본 후에 인터넷으로 값을 비교해 보고 인터넷 쇼핑몰에서 사요.

Miseon: Por eso, primero voy al almacén para ver directamente el producto que quiero comprar y lo compro en la tienda de internet, después de comparar los precios.

올리비아: 좋은 방법이네요. 저도 미선 씨처럼 백화점에 가서 먼저 구경하고 인터넷에서 사야겠어요.

Olivia: Es una buena idea. Yo también primero voy a ir al almacén como usted y luego lo compraré por internet.

- **Vamos a leer**

Si quiere comprar las cosas indispensables para la vida, la ropa para mujer y los muebles, ¿en dónde podrá comprarlos todos de una vez? Con solo unos clics, puede pedir fácilmente los productos del almacén, los artículos domésticos, hasta los alimentos del supermercado y recibirlos en su casa.

Prepare los ingredientes para hacer un samgyetang para la familia, que querrá comerlo durante el verano caluroso. En nuestra tienda puede hacer compras a precios bajos porque rebajamos algunos productos especiales cada semana.

¿Su familia sufre mucho el calor en verano? ¿Quiere comprar un aire acondicionado? No tiene que ir a la tienda de electrodomésticos del almacén. Comprelo más barato y cómodo en nuestra tienda.

Siempre hay productos que tienen descuento y ofrecemos un cupón de cumpleaños cuando se convierta en afiliado. Puede recibir más descuentos durante el mes de su cumpleaños. Hagan compras de forma barata y cómoda en nuestra tienda.

Repaso de la Unidad 5 y 6

Vocabulario

빈대떡 Bindaetteok

김치볶음밥 kimchi bokkeumbap

간을 보다 saborear

I.Lea lo siguiente y conteste a la pregunta.

Llevo 3 meses en Corea. He visitado varios lugares de Seúl. El lugar que me gusta más entre ellos es (   ). Entre estos, les voy a presentar dos lugares.

Se puede divertir haciendo compras en el famoso mercado de Dongdaemun de Corea porque hay varios productos y cosas para ver. Y también puede comer rica comida coreana a su alrededor. Hay tiendas de descuento en las que se venden las cosas siempre con rebaja y dentro de esas tiendas hay tienda de ropa para mujeres, ropa para hombres y accesorios de moda en donde puede comprar bastantes cosas que quieran a un precio muy bajo.

Hace poco, fui al mercado de Gwangjang con mis amigas. Comimos bibimbap y bindaetteok allí. El bibimbap que se vende en el mercado de Gwangjang era un poco diferente al bibimbap que he comido hasta ahora. Escogí las verduras que me gustan, las puse en el plato, mezclé con el gochujang y un poco de aceite de sésamo y me lo comí. Me pareció más rico, porque lo preparé yo mismo.

Cuando los visiten sus amigos de su ciudad natal, vayan al mercado. Disfruten con las compras y coman la deliciosa comida coreana. Les van a gustar las compras y disfrutar la comida coreana.

II. Escuche el diálogo y conteste.

유키: 에릭 씨, 내일 고향 친구가 한국에 오는 날이지요? 내일 뭐 할 거예요?

Yuki: Señor Eric, ¿cierto que mañana viene su amigo de su ciudad natal a Corea? ¿Qué va a hacer mañana?

에릭: 친구가 쇼핑을 좋아해서 먼저 동대문에서 쇼핑을 하고, 명동에 가서 백화점에 있는 할인 매장도 구경할 거예요. 친구가 한국음식을 먹고 싶어 해서 집에서 만들어 먹으려고 하는데 무슨 음식을 만들면 좋을까요?

Eric: A mi amigo le gusta hacer compras, por eso primero vamos a ir a Dongdaemun y vamos a Myeongdong para ver las tiendas de descuento que están en los almacenes. Mi amigo quiere probar la comida coreana, por eso pienso prepararla en mi casa. ¿Qué comida será buena?

유키: 저는 한국 음식 중에서 김치볶음밥이 제일 만들기가 쉽고 맛있는 것 같아요.

Yuki: Me parece que el kimchi bokkeumbap es fácil de hacer y más rico entre las comidas coreanas.

에릭: 김치볶음밥은 어떻게 만드나요?

Eric: ¿Cómo se prepara el kimchi bokkeumbap?

유키: 밥에다가 김치와 채소를 넣고 볶으세요. 간을 보고 소금을 조금 넣으세요. 어때요? 만들기가 아주 쉽지요? 저도 가족들에게 한번 만들어 준 적이 있는데 모두 맛있게 먹었어요.

Yuki: Ponga kimchi y verduras en arroz y revuélvalos. Saboree y ponga un poco de sal. ¿Cómo le parece? ¿Cierto que es muy fácil de hacer? Una vez se lo hice a mi familia y a todos les gustó.

에릭: 제 친구도 좋아할까요? 매워하지 않을까요?

Eric: ¿A mi amigo le gustará? ¿No será picante para él?

유키: 맵지 않게 만들 수 있어요. 친구도 맛있어할 거예요. 한번 만들어 보세요.

Yuki: Puede hacerlo no tan picante. Le va a gustar a su amigo, inténtelo.

에릭: 쇼핑한 후에 같이 마트에 가서 채소와 과일도 사야겠어요. 친구가 맛있게 먹었으면 좋겠네요.

Eric: Tengo que comprar las verduras y frutas en el supermercado después de hacer compras. Espero que mi amigo disfrute esa comida.

Cultura coreana: Mercado de Gwangjang

El mercado de Gwangjang es un mercado antiguo que está en Jongro, Seúl, con más de 100 años de historia. Hay turistas extranjeros porque está en el centro de Seúl y también a muchos coreanos les encanta este mercado desde hace mucho tiempo. Aquí hay muchas tiendas de vestido tradicional Hanbok y de cobijas. Sobre todo, es famoso por la calle de comidas donde se pude encontrar varios platos típicos coreanas. El bindaetteok, el bibimbap, el gimbap y el yukhoe son muy famosos, entre otros, por eso todo el día está lleno de la gente que busca la rica comida tradicional de Corea.

Unidad 7 Compras

<1> Las cosas que quiero comprar

Objetivo de la lección: Entender los contenidos que explican la situación de hacer compras y describe sobre las cosas que se quieren comprar.

Vocabulario

양복 el vestido
흰색 el color blanco
블라우스 la blusa
분홍색 el color rosado
원피스 el vestido para mujer
하늘색 el color azul claro
운동복 la ropa de deporte
어울리다 algo que queda bien
에스엔에스 red social (SNS)
회색 el color gris
디자인 el diseño
립스틱 el labial
유행이다 estar de moda
로션 la loción para la piel
베스트 lo mejor
모양 la forma
매우 muy

- **Vamos a escuchar**

1.

(1) 이 원피스가 저한테 맞을까요? 입어 봐도 돼요?
¿Este vestido para mujer me quedará bien? ¿Me lo puedo probar?

(2) 귀걸이가 예뻐요. 해 봐도 돼요?
Los aretes están lindos. ¿Me los puedo probar?

(3) 모자가 저한테 어울릴까요? 써 봐도 돼요?
¿Este sombrero me quedará bien? ¿Me lo puedo probar?

(4) 가게가 예뻐서 제 에스엔에스(SNS)에 올리고 싶어요. 사진을 찍어도 돼요?
La tienda está muy bonita por eso quiero publicarla en mi red social. ¿Puedo tomar fotos?

2.

저는 마트에 자주 가요. 거기에 가면 옷을 파는 매장이 있는데 그 안에서는 음료수를 마시면 안 돼요. 옷을 사기 전에 옷을 입어 봐도 돼요. 신발도 신어 볼 수 있지만 양말은 신어 보면 안 돼요. 마트 안에는 서점과 커피숍도 있어요. 서점 안에서는 책을 읽어도 되지만 서점에 있는 책을 커피숍으로 가지고 가서 읽으면 안 돼요. 그리고 밖에서 산 음식을 커피숍에서 먹으면 안 돼요.

Voy al supermercado a menudo. Allí hay una tienda de ropa y no se puede tomar bebidas dentro de esta. Uno se puede probar la ropa antes de comprarla. Se puede probar los zapatos pero no las medias. Hay librería y cafetería dentro del supermercado. Se puede leer dentro de la librería pero no se puede llevar el libro a la cafetería. Además, en la cafetería no se puede consumir la comida comprada por fuera.

3~4.

점원: 어서 오세요. 특별히 찾으시는 게 있어요?

Empleado de tienda: Bienvenido. ¿Está buscando algo en especial?

에릭: 요즘 입을 양복을 사려고 해요. 친구 결혼식에서 입어야 하는데 뭐가 좋을까요?

Eric: Quiero comprar un vestido para ponerme estos días. Tengo que usarlo, ¿cuál será bueno?

점원: 이 양복은 어떠세요? 요즘 젊은 사람들이 많이 입는 디자인이에요. 검은색과 회색이 있는데 한번 보세요.

Empleado de tienda: ¿Cómo le parece este vestido? Es un diseño que los jóvenes de estos días usan mucho. Mírelos, porque hay de color negro y de color gris.

에릭: 이 회색 양복 입어 봐도 돼요?

Eric: ¿Me puedo probar este vestido de color gris?

점원: 네, 저쪽에서 갈아입으실 수 있습니다.

Empleado de tienda: Sí, por aquel lado puede cambiarse.

5~7.

노라: 이 립스틱 발라 봐도 돼요?

Nora: ¿Me puedo probar este labial?

점원: 그럼요. 여기 앞에 있는 건 발라도 됩니다. 뒤에 있는 건 바르면 안되고요. 분홍색이 손님에게 아주 잘 어울리네요.

Empleada de tienda: Claro. Se puede probar los que están aquí al frente. No se puede probar los que están detrás. Le queda muy bien el color rosado.

노라: 음, 괜찮은 것 같아요. 이 색깔이 요즘 유행이에요?

Nora: Um, me parece que está bien. ¿Este color está de moda estos días?

점원: 네, 가수 제이가 발라서 인기가 아주 많아요. 그리고 특별히 세일 중이어서 한 개 사시면 한 개를 더 드립니다.

Empleada de tienda: Sí, es muy famoso porque la cantante Jay lo ha usado. Además, si lo compra, le regalamos uno más porque estamos haciendo rebajas especiales.

노라: 그래요? 그럼 이거 주세요.

Nora: ¿De verdad? Entonces me lo llevo.

점원: 다른 건 더 필요하지 않으세요? 이 로션도 지금 세일하고 있는데 한번 발라 보세요. 저도 쓰고 있는데 아주 괜찮아요.

Empleada de tienda: ¿No necesita alguna otra cosa? Pruebe esta loción para la piel que está en rebaja también. Estoy usándola y está muy buena.

노라: 그러네요. 이것도 하나 주세요.

Nora: Así es. Deme esta también, por favor.

• **Vamos a leer**

Los tres mejores tenis de verano!
Hoy les presento unos tenis buenos para ponerse en verano. Escogí los tenis de las tres marcas de artículos de deporte más famosas estos días.
1. Tenis A ★★★★
Creo que a las mujeres les van a gustar estos porque el diseño es bonito y hay de varios colores. Se los pueden poner cuando hagan deporte o son bueno para los días normales.
Se sienten muy frescos porque el viento entra muy bien dentro de los tenis. Se puede lavar en la lavadora.
2. Tenis B ★★★
Los hombres que tienen los pies muy grandes pueden ponerse estos tenis porque hay de tamaño grande. Se los pueden poner cuando llueve porque están hechos para ser resistentes al agua. Sin embargo, se deben usar limpios porque solo hay de color blanco y se ensucian fácil. No se pueden poner en la lavadora.
3. Tenis C ★★★★★
Son muy buenos para los deportes aunque el diseño no es tan bonito. Se sienten como si no los tuvieran puestos porque son muy ligeros y cómodos. Ofrecen el servicio de marcar los nombres en los tenis, así que se puede hacer un pedido esperical para usted mismo. Se puede lavarlos en la lavadora.

<2> Presentación de las cosas

Objetivo de la lección: Poder explicar las ventajas y desventajas del producto que compró.

Vocabulario

사이즈 el tamaño　비슷하다 parecerse
맞다 algo que queda bien
화려하다 algo que es espléndido/a
쇼핑백 la bolsa para las compras
까맣다 algo que es de color negro
파랗다 algo que es de color azul
하얗다 que es de color blanco
빨갛다 algo que es de color rojo
사실 de hecho　의미 el significado
마트 el supermercado
홈쇼핑 las compras por televisión
갈색 el color café　무늬 el estampado
단순하다 algo que es simple
올리다 subir
체크무늬 el diseño de cuadros
넘다 pasar

• **Vamos a escuchar**

1.

(1) 인터넷에서는 클릭만 하면 다 살 수 있어요.
Se puede comprar todo en internet con solo un clic.

(2) 리에 씨는 취미가 쇼핑이에요.
El hobby de la señora Rie es hacer compras.

(3) 오늘 서점에서 책을 다섯 권 샀어요.
Hoy compré 5 libros en la librería.

(4) 고향에 돌아가기 전에 가족과 친구들 선물을 사러 갔

어요.
Fui a comprar regalos para mi familia y amigos antes de volver a mi ciudad natal.

2.

(1) 밝은 곳으로 나가면 안경이 까매져요.
Cuando sale a un lugar que está soleado, los lentes de las gafas se ponen oscuros.

(2) 컵에 시원한 물을 넣으면 색깔이 파래져요.
Cuando ponga agua fría en este vaso, su color se transforma en azul.

(3) 이 치약으로 이를 닦으면 이가 정말 하얘져요.
Cuando se lave los dientes con esta crema dental, los dientes se vuelven realmente blancos.

(4) 열이 나고 빨개진 얼굴에 이 약을 바르십시오.
Aplique esta medicina a la cara que tenga fiebre y esté de color rojo.

3~4.

윤아: 유키 씨, 지금 하고 있는 목걸이 예쁜데요. 그런 디자인은 처음 봐요.
Yuna: Señora Yuki, está muy bonito el collar que tiene ahora. Es la primera vez que veo tal diseño.

유키: 이거요? 제가 한국에 오기 전에 어머니께서 주신 거예요. 사실 어머니도 외할머니한테서 받은 거예요.
Yuki: ¿Este? Mi madre me lo dio antes de venir a Corea. De hecho, mi madre también lo recibió de mi abuela.

윤아: 아, 그래서 요즘 보기 어려운 디자인이군요. 특별한 의미가 있는 목걸이네요.
Yuna: Ah, por eso tiene un diseño que no se encuentra estos días. Es un collar que tiene un significado especial.

유키: 네, 이걸 볼 때마다 고향에 계신 외할머니와 어머니를 생각할 수 있어서 얼마나 좋은지 몰라요.
Yuki: Sí, no se imagina qué tan feliz me pongo cada vez que lo veo, porque recuerdo a mi abuela y a mi madre.

5~7.

주앙: 와, 레오 씨, 처음 보는 노트북이네요. 어디에서 샀어요?
Juan: Oh, señor Leo, no había visto ese computador portátil. ¿Dónde lo compro?

레오: 홈쇼핑에서 샀어요. 백화점과 마트에도 가 봤는데 홈쇼핑이 제일 쌌어요. 어때요?
Leo: Lo compré a través de las compras por televisión. Fui a verlo en el almacén y el supermercado, pero era más barato a través de las compras por televisión. ¿Cómo le parece?

주앙: 디자인도 멋있고 아주 가볍네요.
Juan: El diseño es espectacular y es muy ligero.

레오: 네, 제가 전에 사용한 건 좀 무거웠는데 이건 얼마나 가벼운지 몰라요. 주앙 씨는 고향에서 노트북을 가지고 왔어요?
Leo: Sí, el que tenía antes era un poco pesado, pero no se imagina qué tan ligero es este. ¿Usted trajo su computador portátil desde su ciudad natal?

주앙: 네, 그런데 제 노트북이 너무 커서 학교에 가지고 다니기가 좀 불편해요. 그래서 사이즈가 작은 노트북을 알아보는 중이에요.
Juan: Sí, pero es incómodo llevarlo a la universidad porque es muy grande. Por eso estoy buscando un computador portátil pequeño.

레오: 주앙 씨도 홈쇼핑을 한번 보세요. 설명도 잘 해주고 전화 한 번으로 살 수 있으니까 정말 편해요.
Leo: ¿Por qué no mira las compras por televisión, señor Juan? Es muy conveniente porque le explican muy bien y puede comprarlo con solo una llamada.

• **Vamos a leer**

Asunto: la mesa de comedor y las sillas están en venta.	
ID: yschoi	Correo electrónico:yschoi@yonsei.com

Se trata de una mesa de comedor pequeña y dos sillas cómodas. Los compré hace un poco más de 1 año y están en muy buena condición. Quiero venderlos porque ya terminé mi estudio y vuelvo a mi ciudad natal. Me costaron 250,000 wones cuando los compré en el supermercado, voy a venderlos en 100,000 wones.
La mesa de comedor tiene color café y las sillas son negras. No tienen estampados, por eso quedarán bien en cualquier parte.
Comía y estudiaba en esta mesa. El tamaño no es tan grande, pero se le puede poner encima varios libros y también se puede dejar alguna cosa pesada. No se imagina qué tan fuerte es.
Si los compra, le regalo los cojines de asiento. Son de color azul con el diseño de cuadros, y es bueno porque combina bien con la mesa de comedor y no se ensucian fácilmente.
Envíeme un correo electrónico si está interesado en estos.

Unidad 8 Invitación

<1>La invitación a la reunión

Objetivo de la lección: Entender una invitación a una reunión.

Vocabulario

동아리 los clubes de aficionados de la universidad
동창회 la reunión de compañeros de grado
동호회 los clubes de hobby
모임 la reunión　　송별회 la despedida
환영회 la fiesta/la reunión de bienvenida

환영하다 dar la bienvenida
초대하다 invitar 서두르다 apurarse
보라색 el color morado
뒤풀이 la fiesta de clausura
맛집 el restaurante famoso
초대장 la invitación 머리 anticipadamente
다들 todos

• Vamos a escuchar

1.

(1) 저는 이번 주부터 자전거 동호회 모임에 나갈까 해요.
Pienso asistir a la reunión del club de bicicleta desde esta semana.

(2) 시험이 끝나서 친구들과 노래방에 가 볼까 해요.
Pienso ir a un karaoke con mis amigas porque ya terminaron los exámenes.

(3) 우리 동아리에 새 친구가 들어와서 환영하는 모임을 할까 해요.
Pienso hacer una reunión de bienvenida porque tenemos un nuevo amigo en nuestro club.

(4) 곧 생일이어서 반 친구들을 생일 파티에 초대할까 해요.
Pronto cumplo años, por eso pienso invitar a mis compañeros de aula a mi fiesta de cumpleaños.

2.

(1) 가: 정환 씨! 회의는 몇 시에 시작해요?
A: Señor Jeonghwan, a qué hora empieza la reunión?
나: 2시에 시작하니까 서두릅시다.
B: Empieza a las 2, así que vamos a apurarnos.

(2) 가: 어제 리에 생일파티에 갔어?
A: ¿Fuiste a la fiesta de cumpleaños de Rie ayer?
나: 아니. 일이 있어서 못 갔어.
B: No, no pude ir porque tenía algo que hacer.

(3) 가: 언니 나 크리스마스 파티 할 때 이 보라색 옷 좀 입어도 돼?
A: Hermana, cuando hagamos la fiesta de Navidad, ¿me puedo poner esta ropa morada?
나: 아니. 내가 입을 거니까 입으면 안 돼. 다른 옷을 입어.
B: No. No puedes porque yo me la voy a poner. Ponte otra cosa.

(4) 가: 민호야, 우리 모임 장소가 어디지?
A: Minho, ¿dónde es el lugar de la reunión?
나: 형! 신촌 역 근처예요. 제가 어디인지 아니까 걱정 마세요.
B: Hyeong (término usado por un hombre para llamar a un hermano/hombre mayor), es cerca de la estación de sinchon. Sé dónde es, así que no se preocupe.

3~4.

존: 윤아야, 나 존인데 이번 주 금요일 저녁에 뭐 해? 그날 바빠?
John: Yuna, soy John, ¿que vas a hacer este viernes en la noche? ¿Estarás ocupada ese día?
윤아: 아니. 별로 바쁜 일은 없는데? 왜?
Yuna: No. No estaré ocupada, ¿por qué?
존: 리에가 다음 주 일요일에 고향에 돌아가. 그래서 친구들과 같이 파티를 할까 하는데 너도 올 수 있지?
John: Rie vuelve de su ciudad natal el próximo domingo. Por eso pienso organizar una fiesta, ¿cierto que tu también puedes venir?
윤아: 응. 갈 수 있어. 그런데 모임은 어디에서 해? 몇 시까지 가면 될까?
Yuna: Sí. Puedo ir. Por cierto, ¿dónde será la reunión? ¿A qué hora tengo que ir?
존: 학교 앞 한식집에서 하니까 저녁 7시까지 오면 돼.
John: La hacemos en un restaurante coreano que está en frente de la universidad, así que puedes venir a las 7 de la noche.

5~7.

흐엉: 올리비아! 이번 주말에 명동에 가서 쇼핑할까 하는데 같이 갈까?
Huong: Olivia, pienso ir de compras a Myeongdong este fin de semana, ¿quieres ir conmigo?
올리비아: 흐엉아, 미안하지만 동호회 모임이 있어서 같이 못 갈 것 같아.
Olivia: Huong, perdóname pero no podré ir porque tengo una reunión del club.
흐엉: 동호회 모임? 무슨 동호회인데?
Huong: ¿Reunión del club? ¿Qué club es?
올리비아: 한국의 이곳저곳을 여행하는 동호회야. 여행을 가서 맛있는 것도 먹고 다 같이 사진도 찍고 게임도 하는데 정말 재미있어.
Olivia: Es un club que viaja a distintos lugares de Corea. Durante los viajes, comemos delicioso, tomamos fotos juntos y jugamos también, así que es muy divertido.
흐엉: 아 그래? 나도 여행을 좋아하는데 한국말을 잘 못해서 혼자 여행을 해 본 적이 없어.
Huong: ¿De verdad? Me gusta viajar también, pero no he viajado solo porque no hablo bien el coreano.
올리비아: 그래? 그럼 우리 동호회 모임에 한번 와 봐. 모두 재미있고 친절한 분들이어서 쉽게 친해질 수 있을 거야.
Olivia: ¿Si? Entonces, ven a la reunión de nuestro club algún día. Todos son personas interesantes y amables, así que podrás hacer amigos fácilmente.
흐엉: 정말 내가 가도 될까?
Huong: ¿De verdad crees que podría ir?
올리비아: 그럼. 다들 네가 오면 좋아할 거야. 이번 주 일요일 오후 2시에 연세공원 앞에서 모임이 있으니까 꼭 와.
Olivia: Claro. Les va a encantar que vengas. Tenemos una reunión este domingo a las 2 de la tarde en frente del parque Yonsei, así que ve si falta.

• Vamos a leer

Para mis amigos/as del aula 2 del tercer grado. ¡Hola a todos! Tiempo sin saber de vosotros. ¿Cierto que pasó, más o menos, 3 años sin encontrarnos ya

que no nos vimos desde que nos graduamos de la preparatoria? ¿Cómo habéis estado? ¿Habéis estado bien?
La razón de esta invitación es la reunión de compañeros de grado. Pienso hacer la reunión de compañeros de grado de la preparatoria en Sinchon pronto, y espero que todos puedan venir sin falta. Quiero verlos a todos, así que asistid sin falta, si no estáis ocupados. Vamos a encontrarnos con nuestros amigos después de tanto tiempo, comer comida deliciosa y hablar de las divertidas historias. Parece que la profesora también va a venir para vernos. Pienso que vayamos juntos a un karaoke después de comer, pero si sabéis de otro buen lugar para ir, decid por favor.
También vamos a tomar una foto juntos, así que venid arreglados.
Creo que Mijin no puede venir porque está estudiando en el extranjero, así que si alguien más no puede venir, avísame anticipadamente por favor. Entonces, nos vemos el día de la reunión.

Hyejin

- Fecha: 20 de mayo de 20** a las 6:30 de la noche.
Lugar: Bukgyeong Banjeom en Sinchon

<2> El regalo para la fiesta de estreno de la casa nueva.

Objetivo de la lección: Entender el contenido sobre la preparación del regalo y la fiesta de estreno de la casa nueva.

Vocabulario

집들이 **la fiesta de estreno de la casa nueva**
와인 **el vino** 병문안 **la visita al enfermo**
샴페인 **el champán**
디지털 카메라 **la cámara digital**
화분 **la maceta** 빈손 **las manos vacías**
급하다 **algo que es urgente**
갈비찜 **el galbijjim** 샐러드 **la ensalada**
벽시계 **el reloj de pared** 끝 **el final**
두루마리 **el rollo de papel**
디퓨저 **el difusor aromático**
향초 **la vela aromática**

- **Vamos a escuchar**

1.

(1) 가: 파티에서 마실 와인을 사 가지고 갈까?
A: ¿Compro un vino y lo llevo para tomar en la fiesta?
나: 안 돼. 존은 술을 못 마시니까 사지 마. 그냥 케이크를 사.
B: No. No lo compres porque John no puede tomar. Más bien, compra una tarta.

(2) 가: 오늘 저녁에 흐엉 집으로 가면 되는 거지?
A: ¿Cierto que vamos a la casa de Huong esta noche?
나: 응. 6시 반에 바로 시작하니까 늦지 마.
B: Sí. Empieza a las 6 y media en punto, así que no llegues tarde.

(3) 가: 너무 배고프니까 밥 좀 먼저 먹어야겠어.
A: Voy a comer primero porque tengo mucha hambre.
나: 친구들이 모두 올 때까지 기다려야 해. 먹지 마.
B: Tienes que esperar hasta que lleguen todos los amigos. No comas.

(4) 가: 집들이 선물로 휴지를 살까?
A: ¿Compro papel higiénico como regalo por la fiesta de estreno de tu casa nueva?
나: 아니야. 사 오지 마. 집에 휴지가 많이 있어.
B: No. No lo compres. Tengo muchos papeles higiénicos en la casa.

2.

오늘 레오 씨 집에서 크리스마스 파티를 했습니다. 레오 씨는 소고기를 사 가지고 맛있는 불고기를 만들어 줬습니다. 유키 씨는 샴페인을 준비해 가지고 오고, 하늘 씨는 화분을 사 가지고 왔습니다. 흐엉 씨는 예쁜 사진을 찍으려고 친구에게 디지털 카메라를 빌려 가지고 왔습니다. 크리스마스 파티는 정말 즐거웠습니다.
Hoy hicimos la fiesta de Navidad en la casa del señor Leo. El señor Leo compró carne de res y nos preparó un delicioso bulgogi. La señora Yuki compró un champán y lo trajo y el señor Haneul compró una maceta y la trajo. El señor Huong le pidió prestada una cámara digital a su amigo para tomar fotos bonitas. La fiesta de Navidad fue muy divertida.

3~4.

유키: 노라야! 어디에 가?
Yuki: Nora, ¿a dónde vas?
노라: 유키야! 안녕? 친구가 결혼을 해서 결혼 선물을 사려고 백화점에 가는 길이야.
Nora: Yuki, ¿Hola? Estoy yendo al almacén para comprar un regalo de matrimonio para una amiga que se casa.
유키: 결혼 선물로 뭘 살 건데?
Yuki: ¿Qué le vas a comprar de regalo?
노라: 친구가 커피와 차를 자주 마시니까 예쁜 찻잔을 선물할까 해.
Nora: Mi amiga toma frecuentemente café y té, así que pienso regalarle una bonita taza para té.
유키: 찻잔을 선물할 거면 백화점에 가지 마. 백화점은 좀 비싸. 남대문 그릇 시장에 가면 싸고 예쁜 찻잔이 많으니까 거기에 가 봐.
Yuki: Si le vas a regalar la taza para té, no vayas al almacén. Es un poco costoso el almacén. Hay muchas tazas baratas y bonitas en el mercado de vajillas de Namdaemun, así que ve y mire ahí.

5~7.

윤아: 존! 하늘아! 어서 와. 우리 집에 온 걸 환영해. 그런데 노라는 같이 안 왔어?

Yuna: John y Haneul, ¡bienvenidos! Les doy la bienvenida a mi casa. Por cierto, ¿Nora no vino con vosotros?

하늘: 노라는 오늘 급한 일이 있어서 집에 갔어. 오늘 못 올 것 같아. 그리고 윤아야! 이거 받아. 집들이에 초대를 받았는데 빈손으로 올 수 없어서 케이크를 사 가지고 왔어.

Haneul: Nora fue a su casa porque surgió algún asunto urgente. Creo que no puede venir hoy. Y Yuna, te traje esto. No quería venir a la fiesta de estreno de tu nueva casa con las manos vacías, así que compré una tarta y vine.

윤아: 와! 하늘아! 내가 딸기 케이크를 좋아하는 걸 어떻게 알았어?

Yuna: ¡Guau! Haneul, ¿cómo supiste que me encanta la tarta de fresa?

존: 나는 작은 화분을 하나 사 왔어. 이 화분은 집 안의 공기를 깨끗하게 만들어 주는 화분이야.

John: Yo compré una maceta pequeña y vine. Es una planta que limpia el aire de la casa.

윤아: 존 정말 고마워. 오늘 저녁으로 갈비찜과 샐러드를 준비했는데 너희가 맛있게 먹었으면 좋겠어.

Yuna: Muchas gracias, John. Preparé galbijjim y una ensalada para la cena, así que espero que lo disfruten.

하늘: 정말 맛있는 음식을 많이 준비했네. 배가 고픈데 우리 먼저 먹어도 돼?

Haneul: Preparaste mucha comida deliciosa. Tengo hambre, ¿podemos comer primero?

윤아: 안 돼 하늘아! 먼저 먹지 마. 조금만 기다리면 제임스가 올 거야. 그때 같이 먹어.

Yuna: No Haneul, no comas toravía. Espera un poco que James ya va a llegar. Entonces comemos juntos.

Repaso de la Unidad 7 y 8

Vocabulario

샤브샤브 Shabu-shabu　　세제 el detergente

I. Escuche el diálogo y conteste.

하늘: 유키 누나, 혹시 다음 주 금요일에 시간이 있어? 친구들을 초대해서 집들이를 할까 하는데 올 수 있어?

Haneul: Yuki, ¿tienes tiempo el viernes de la próxima semana? Pienso hacer una fiesta de estreno de mi casa nueva, ¿puedes venir?

유키: 집들이? 나도 가도 되는 자리야?

Yuki: ¿La fiesta de estreno de tu casa nueva? ¿Estará bien si asisto?

하늘: 그럼. 같이 맛있는 음식도 먹고 게임도 할 거니까 꼭 와.

Haneul: Claro que sí. Vamos a comer comida deliciosa y a jugar también, así que ven sin falta.

유키: 알았어. 하늘아, 집들이에 뭐 필요한 건 없어? 집들이에서 먹을 음식을 좀 사 가지고 갈까?

Yuki: Vale. Haneul, ¿qué necesitas para la fiesta? ¿Compro alguna comida para la fiesta y te la llevo?

하늘: 음식은 사 오지 마. 내가 샤브샤브하고 잡채를 준비할 거니까 음식은 안 사 와도 돼. 윤아가 와서 음식 만드는 것을 도와 줄 거니까 걱정하지 마.

Haneul: No compres comida. Voy a preparar shabu-shabu y japche, así que no tienes que comprar comida. Yuna va a venir a ayudar con la preparación de la comida así que no te preocupes.

유키: 그럼 어떤 선물을 받고 싶어?

Yuki: Entonces, ¿qué regalo quieres recibir?

하늘: 선물은 안 가지고 와도 돼. 그런데 친구들과 모두 같이 식사를 시작할 거니까 7시까지는 꼭 와. 늦으면 안 돼.

Haneul: No tienes que traer ningún regalo. Sólo llega a las 7 sin falta, porque vamos a empezar a cenar todos juntos con mis amigos. No llegues tarde.

유키: 응. 알겠어. 필요한 게 생각나면 이야기해 줘.

Yuki: Vale. Entendido. Dime si se te ocurre alguna cosa que necesites.

II. Lea lo siguiente y conteste.

Recibí una invitación de una amiga a la fiesta de estreno de su casa nueva la próxima semana. No se imagina cuánto estoy esperando que llegue ese día porque es la primera vez que visito la casa de un coreano.
No puedo ir a la casa de mi amiga con las manos vacías, así que pienso comprar un regalo y un ramo de flores para mi amiga y llevárselos a la fiesta.
Por eso fui al mercado de Namdaemun para comprar los regalos. En el mercado de Namdemiun, se pueden comprar varios productos especiales y también pueden pagar con la tarjeta. Me pareció que sería bueno que mi amiga tenga un bonito reloj de pared, por eso escogí un reloj de pared en una tienda. El reloj de pared que vi primero era grande y lujoso de color negro. Me pareció que este gran reloj no combinaría bien con la casa a donde se mudó mi amiga porque es un apartaestudio.
El reloj que vi después fue uno que tenía un dibujo de un cachorro blanco y bonito. Sin embargo, era más costoso de lo que pensaba y no lo pude comprar. El reloj que vi de último era de un diseño simple pero era pequeño y tenía color azúl, que a mi amiga le gusta. Por eso escogí este reloj. Pude comprarlo barato porque el dueño me dio mucho descuento. Espero que a mi amiga le guste este reloj.

Cultura coreana: Regalo para una fiesta de estreno de una casa nueva

Normalmente los coreanos dan regalos por la fiesta de estreno de una casa nueva, artículos domésticos como papel higiénico, jabón o detergente. Regalan el papel higiénico deseando que limpie las cosas malas y que todo salga bien como el papel higiénico desenrolla. Regalan el jabón o detergente deseando que tenga mucho dinero y muchas cosas buenas como las burbujas del jabón. Pero, hay cosas que no se pueden regalar en la fiesta de estreno de la casa nueva. No se regalan cuchillos ni tijeras porque significan que se corta la relación entre las personas.

Unidad 9 Cita

<1> Decidir la hora y el lugar de la cita

Objetivo de la lección: Entender el contenido de hacer una cita con un/a amigo/a para un encuentro o una reunión.

Vocabulario

아/야 A/ya (el hablante solamente añade a/ya al nombre de un amigo/familiar más joven que él)
저희 nosotros/as
선배 sunbae (término usado para llamar a una persona superior en rango o más antiguo que el hablante)
전혀 absolutamente
앞으로 de ahora en adelante
바로 directamente
벌써 ya
너희 vosotros/as
그래 vale
이가/가 iga/ga (se adjunta a un objeto o al agente de una acción que está en algún estado o circunstancia)
무척 mucho/muy
드디어 finalmente
학기 el semestre
모이다 reunirse
원하다 desear
인턴 el/la pasante
사흘 tres días
열흘 diez días
닷새 cinco días
이틀 dos días
서른 treinta
살 la piel
씻다 lavar

- **Vamos a escuchar**

1.

(1) 앞으로 열심히 공부할게요.
Voy a estudiar duro de ahora en adelante.

(2) 학교 끝나면 바로 갈게.
Voy directamente tan pronto como termine la escuela.

(3) 그럼 커피는 내가 살게.
Entonces te invito a un café.

(4) 죄송해요. 다시는 안 그럴게요.
Lo siento. No lo volveré a hacer.

2.

(1) 가(20대 남자): 나 약속이 있어서 먼저 간다.
A(hombre en sus veinte años): Voy primero porque tengo una cita.
나(20대 여자): 벌써 가니? 잘 가.
B(mujer en sus veinte años): ¿Ya te vas? Que te vaya bien.

(2) 가(50대 어머니): 민철아, 오늘 몇 시에 집에 오니?
A(mujer en sus cincuenta años): Mincheol, ¿a qué hora llegas a casa hoy?
나(20대 아들): 아마 늦게 올 거예요.
B(hijo en sus veinte años): Tal vez voy a llegar tarde.

(3) 가(40대 남자): 날씨 참 좋다. 우리 오후에 밖에 나갈까?
A(hombre en sus cuarenta años): ¡Qué buen tiempo hace hoy! ¿Salimos esta tarde?
나(10대 남자와 여자): 좋아요.
B(hombre y mujer en sus diez años): Bueno.

(4) 가(20대 여자): 너희 어디 가니?
A(mujer en sus veinte años): ¿A dónde vais?
나(20대 남자와 여자): 어? 선배님. 저희 동아리 모임에 가요.
B(hombre y mujer en sus veinte años): Oh, sunbaenim, vamos a la reunión del club.

3~4.

존: 윤아야, 이번 주 일요일이 하늘이 생일이야. 알고 있었니?
John: Yuna, este domingo es el cumpleaños de Haneul. ¿Lo sabías?
윤아: 그래? 몰랐어. 그럼 생일 파티를 해야겠다. 언제가 좋을까?
Yuna: ¿De verdad? No lo sabía. Pues, tenemos que hacer una fiesta de cumpleaños. ¿Cuándo será bueno?
존: 나하고 하늘이가 토요일 7시까지 동아리 모임이 있으니까 토요일 저녁에 만나는 게 어때?
John: Haneul y yo tenemos una reunión del club el sábado hasta las 7, así que ¿qué te parece vernos el sábado en la noche?
윤아: 잘 됐다. 나도 토요일 7시에 아르바이트가 끝나. 그럼 토요일 7시 반쯤이 좋겠다. 장소는 내가 찾아볼게.
Yuna: Perfecto. Mi trabajo de medio tiempo también termina a las 7 el sábado. Entonces, creo que el sábado hacia las 7 y media estaría bien. Voy a buscar el lugar.
존: 그래, 그럼 내가 하늘이에게 연락할게.
John: Vale, pues le voy a avisar a Haneul.

5~7.

리타오: 민재야, 나 내일부터 방학이야.
Litao: Minjae, mis vacaciones comienzan desde mañana.
정민재: 그래? 뭐 좋은 계획 있니?

Jeong Minjae: ¿De verdad? ¿tienes algún buen plan?

리타오: 응, 다음 주에 고향에 돌아갈 거야. 그런데 이번 주말에는 할 일이 없어.

Litao: Sí, voy a volver a mi ciudad natal la próxima semana. Pero, no tengo plan para este fin de semana

정민재: 그래? 나도 주말에 약속이 없는데 잘됐다. 리타오 너 한강 공원에 가 봤니? 우리 한강에 자전거 타러 갈까?

Jeong Minjae: ¿Sí? ¡Qué bien! Porque no tengo citas este fin de semana tampoco. ¿Has estado en el parque del río Hangang, Litao? ¿Por qué no vamos a montar en bicicleta en el río Hangang?

리타오: 좋은 생각이다. 나도 한강 공원에 가 보고 싶었어. 언제 갈까? 토요일 오전에 갈까?

Litao: Buena idea. Quería ir al parque del río Hangang. ¿Cuándo vamos? ¿Qué te parece el sábado en la mañana?

정민재: 좋아. 토요일 오전 10시에 내가 전화할게. 가는 길이 무척 복잡하니까 학교 앞에서 만나서 같이 가는 게 좋겠다.

Jeong Minjae: Vale. Te llamo el sábado a las 10 de la mañana. El camino para ir al parque es muy complicado así que es mejor encontrarnos en frente de la universidad e irnos juntos.

- **Vamos a leer**

¿Hola a todos? Soy John. Por fin empezó el semestre de otoño después de las vacaciones de verano. Vamos a pasar un tiempo divertido todos reunidos, celebrando que el largo y caluroso verano ha terminado y el fresco otoño ha llegado. Escriban aquí la hora y el lugar que deseen.

ㄴ [Yuna: Haciendo trabajo de medio tiempo] ¿Hola? ¿Cómo has estado? Estoy ocupada los fines de semana así que no puedo durante los fines de semana.

ㄴ [Juan: Estoy muy aburrido] ¡Hace tiempo no nos vemos! Estoy muy aburrido estos días. Puedo cuando quieran.

ㄴ [Haneul: ¡Qué ocupado estoy!] Empiezo mi pasantía desde la próxima semana. Espero que nos veamos pronto.

ㄴㄴ [John: Tenemos que reunirnos] Entonces, ¿nos vemos este viernes? ¿Todos pueden el viernes?

ㄴ [Yuna: Haciendo trabajo de medio tiempo] Está bien el viernes. ¿Qué os parece a las 6 de la tarde?

ㄴ [Haneul: ¡Qué ocupado estoy!] A las 6 está bien. Por cierto, no puedo ir lejos porque estoy ocupado. ¿Cómo os parece si nos vemos en frente de la universidad?

ㄴ [John: Tenemos que reunirnos] Vale. Pues nos vemos enfrente de la universidad. Por cierto, Tao no dice nada.

ㄴㄴ [Juan: Estoy muy aburrido] Yo le aviso a Tao.

ㄴ [John: Tenemos que reunirnos] Gracias. Entonces, voy a averiguar restaurantes que están cerca de la universidad y hago la reserva. ¡Nos vemos el viernes a las 6 en frente de la universidad!

<2> Cambiar la cita

Objetivo de la lección: Entender el contenido que habla sobre el cambio o la cancelación de un a cita.

Vocabulario

사흘 **tres días**	열흘 **diez días**
닷새 **cinco días**	이틀 **dos días**
서른 살 **treinta años**	씻다 **lavar(se)**
취소 **la cancelación**	연습 **la práctica**
축하 **la felicitación**	지키다 **cumplir**
갑자기 **de repente**	
어쩔 수 없다 **no hay nada que hacer**	
몸 **el cuerpo**	일주일 **una semana**
금방 **pronto**	

- **Vamos a escuchar**

1.

(1) 손 씻고 밥 먹어라.
Lávate las manos y come.

(2) 이번 동아리 모임에 꼭 와라.
Ven a la reunión del club esta vez, sin falta.

(3) 언제 밥 한번 먹자.
Comemos algún día.

(4) 앞으로 자주 연락하자.
Nos comunicamos a menudo de ahora en adelante.

2.

저와 제 친구는 지난주에 등산 약속을 했어요. 그런데 그날 비가 와서 그 약속을 취소하게 됐어요. 그래서 우리는 집에서 영화를 봤어요. 영화를 보면서 모르는 단어를 찾으니까 단어 공부를 많이 하게 됐어요. 듣기 연습도 하게 됐고요. 약속이 취소됐지만 영화도 보고 한국어 공부도 하게 돼서 좋았어요.

Mi amiga y yo hicimos una cita para subir la montaña la semana pasada. Pero, llovío mucho ese día y nos tocó cancelar la cita. Por eso vimos una película en la casa. Terminamos estudiando mucho el vocabulario porque buscamos las palabras desconocidas en el diccionario viendo la película.

También practicamos el escuchar. Aunque la cita fue cancelada, estuvo bien porque vimos la película y estudiamos coreano.

3~4.

(Teléfono)

윤아: 존, 오늘 하늘이 생일 파티에 늦을 것 같아.

Yuna: John, creo que voy a llegar tarde a la fiesta de cumpleaños de Haneul.

존: 왜? 윤아야, 무슨 일 있어?

John: ¿Por qué? ¿Qué te pasó, Yuna?

윤아: 아르바이트하는 가게에 급한 일이 생겨서 한 시간 더 일하게 됐어.

Yuna: Surgió un asunto urgente en la tienda en donde trabajo medio tiempo y me toca trabajar una hora más.

존: 그래? 알았어. 늦어도 되니까 꼭 와라. 생일 축하는 같이 하자.

John: ¿De verdad? Entiendo. Está bien que llegues tarde, así que ven sin falta. Vamos a celebrar el cumpleaños juntos.

윤아: 고마워. 조금만 기다려 줘. 빨리 갈게.

Yuna: Gracias. Esperad un poco por favor. Iré pronto.

5~7.

흐엉: 정민아, 미안하지만 이번 주 주말 약속을 못 지킬 것 같아.

Huong: Jeongmin, perdóname, pero creo que no podré cumplir con el compromiso de este fin de semana.

정민: 흐엉아, 무슨 일이야?

Jeongmin: Huong, ¿qué pasa?

흐엉: 아버지께서 회사 일 때문에 갑자기 한국에 출장을 오시게 됐어. 아버지께서 한국에 처음 오시니까 내가 아버지를 도와 드려야 할 것 같아.

Huong: Resulta que mi padre viene a Corea de repente por su trabajo. Es su primera visita a Corea, así que creo que tengo que ayudarlo.

정민: 어쩔 수 없지 뭐. 아버지께서는 한국에 며칠 동안 계셔?

Jeongmin: No hay nada que hacer. ¿Cuántos días va a estar en Corea tu padre?

흐엉: 열흘쯤 계실 거야. 아버지께서 고향에 돌아가신 후에 만나자. 내가 다시 연락할게.

Huong: Más o menos 10 días. Nos vemos después de que mi padre vuelva a mi ciudad natal.

정민: 그래, 그럼 시간 될 때 연락해라. 연락 기다릴게.

Jeongmin: Vale, pues me avisas cuando tengas tiempo. Espero tus noticias.

- **Vamos a leer**

Tao, ¿por qué no contestas el teléfono? Contestate bien el teléfono.
El pícnic de nuestra casa de huéspedes que teníamos mañana fue cancelado. La dueña no se siente bien por eso no podemos ir de pícnic.
Me avisas cuando estés aburrido. Jugamos baloncesto.
-Hyeong (término usado por un hombre para llamar a un hermano/hombre mayor) de la habitación de al lado-

---

Juan, soy tu abuela. Te dejo un banchan y espero que lo disfrutes. Tienes que comer el plato de pescado pronto porque eso se daña fácil estos días por el calor. ¿Cierto que sabes que la fiesta de estreno de la casa nueva de tu tía fue aplazada? Le surgió un asunto a tu tía, así que le tocó aplazar una semana. Nos veremos ese día. Te amo mi nieto.

¿Buenos días, señor Eric? Soy Kim Jintae de la compañía de comercio Segye. Le escribo este mensaje porque le llamé varias veces pero no fue posible comunicarme con usted. Resulta que me toca ir de viaje de trabajo mañana de repente por un asunto urgente. ¿Podríamos aplazar la cita del martes para tres días después? Lo siento mucho. Por favor comuníquese conmigo cuando vea este mensaje.

Unidad 10 Favor

<1> Pedirle un favor a un amigo.

Objetivo de la lección: Entender el contenido que habla sobre pedir un favor personalmente.

Vocabulario

부탁을 하다 pedir un favor
부탁이 있다 necesitar un favor
부탁을 받다 recibir una petición
부탁을 들어주다 hacer el favor
입국 el ingreso en un país
고장 나다 averiarse
서비스 센터 el centro de servicio
그대로 tal como
문화 la cultura
설명 la explicación
사이 entre
동양 el Oriente
적다 anotar
걱정하다 preocuparse

- **Vamos a escuchar**

1.

(1) 나 부탁이 있어. 이 문법을 잘 모르겠는데 좀 가르쳐 줄래?
Necesito un favor. No entiendo esta gramática, ¿me puedes enseñar?

(2) 부탁 좀 해도 될까? 빨리 서류를 끝내야 하는데 시간이 없네. 좀 도와줄래?
¿Te puedo pedir un favor? Tengo que terminar

este documento rápido pero no tengo tiempo. ¿Me puedes ayudar?

(3) 너무 말을 빨리 해서 못 들었어요. 천천히 말해 줄래요?
No le escuché porque habló muy rápido. ¿Puede hablar despacio, por favor?

(4) 입국 날짜를 안 쓰셨어요. 날짜 좀 써 주실래요?
No escribió la fecha del ingreso al país. ¿Puede escribir la fecha, por favor?

2.

(1) 가: 좀 추운데 에어컨을 잠깐 껐다가 켜도 될까?
A: Tengo un poco de frío, ¿puedo apagar el aire acondicionado un momento y luego lo prende de nuevo?
나: 그래, 다른 친구들도 추워하는 것 같아.
B: Vale, parece que mis otros amigos también tienen frío.

(2) 가: 다리가 좀 아픈데 10분만 쉬었다가 갈래?
A: Me duelen un poco las piernas, ¿podemos descansar 10 minutos y seguimos?
나: 비가 올 것 같으니까 빨리 가자.
B: Vamos rápido porque parece que va a llover.

(3) 가: 여보세요. 주앙아, 나 유키야. 나 급한 일이 생겨서 고향에 갔다가 올 건데 선생님께 말씀드려 줄래?
A: ¿Aló? Juan, soy Yuki. Voy a ir a mi ciudad natal porque me surgió un asunto urgente, ¿le puedes decir a la profesora?
나: 그래 내가 잘 말씀드릴게.
B: Claro, se lo explicaré bien.

(4) 가: 교실 공기가 좀 나쁘네. 창문 좀 열었다가 닫아도 될까?
A: El aire del aula está un poco sucio. ¿Puedo abrir las ventanas un momento y luego las cerramos?
나: 응. 그렇게 해.
B: Sí, hazlo.

3~4.

에릭: 우진 씨, 부탁이 있는데 내일 노트북 좀 빌려줄래요? 회의할 때 써야 해서요.
Eric: Señor Ujin, necesito un favor, ¿me puede prestar su computadora portátil mañana? La necesito para la reunión.

우진: 에릭 씨도 노트북이 있는데 왜요? 고장 났어요?
Ujin: Usted también tiene una computadora portátil, ¿no? ¿Por qué? ¿Se averió?

에릭: 잘 모르겠어요. 노트북이 좀 이상해서 서비스 센터에 갔다가 왔는데 그대로네요. 직원이 설명을 해줬는데 한국말로 빨리 말해서 이해하지 못했어요.
Eric: No lo sé. La había llevado al centro de servicio porque no funcionaba bien, pero sigue igual. El empleado del centro de servicio me explicó, pero no lo entendí porque habló en coreano muy rápido.

우진: 그래요. 잘 쓰고 천천히 주세요.
UJin: Entiendo. Úsela bien y tome su tiempo.

5~7.

존: 윤아야, 미안한테 내 부탁 좀 들어줄래?
John: Yuna, perdóname, pero ¿me puedes hacer un favor?

윤아: 존, 무슨 부탁이야? 어려운 부탁이 아니면 들어줄게.
Yuna: John, ¿qué necesitas? Si no es difícil, te ayudo.

존: 지난번 동양 문화사 수업 때 교수님 말씀도 빠르고 칠판에 수업 내용을 썼다가 빨리 지우셔서 적지 못했어. 너무 어려워서 이해하지도 못했고. 시간 있으면 설명 좀 해 줄 수 있어? 공책도 빌려줬으면 좋겠다.
John: En la última clase de la historia cultural de Oriente, el profesor habló muy rápido y borró rápido lo que escribió en la pizarra, por eso no pude anotar. No entendí tampoco porque era muy difícil. Si tienes tiempo, ¿me puedes explicar? Me gustaría que me prestaras tu cuaderno también.

윤아: 어떻게 하지? 나 그날 친한 친구가 고향에 돌아가는 날이어서 공항에 다녀왔어.
Yuna: ¿Qué hacemos? Es que ese día fui al aeropuerto porque era el día que una amiga cercana volvía a su ciudad natal.

존: 그래서 그날 내가 널 찾아봤는데 없었구나. 그럼 하늘이한테 한번 물어봐야겠다.
John: Por eso no estabas ese día, porque te estaba buscando. Pues, le voy a preguntar a Haneul.

윤아: 그게 좋겠다. 부탁을 들어주지 못해서 미안해.
Yuna: Eso sería bueno. Perdóname por no poder hacerte el favor.

- **Vamos a leer**

¿Ha pedido un favor a su amigo? ¿Ha recibido una petición alguna vez? ¿Cómo hablan en estos casos? Cuando ya se sentó en el asiento pero quiere cambiarse porque tiene frío por el aire acondicionado, ¿cómo podemos pedirlo? "Perdóname, pero ¿puedes cambiar de asiento conmigo? Es que tengo un poco de frío.", "¿Me puedes hacer un favor? ¿Podrías cambiar de asiento conmigo? Es fácil de decir, pero pedir un favor es muy difícil aunque sea a un amigo cercano. Creo que me voy a sentir mal cuando le pida un favor a mi amigo y no me lo haga. En lugar de pedir el favor realmente, la gente solo se preocupa porque cree que su amigo no le va hacer el favor.
Si le explica bien a su amigo y le pide el favor, un buen amigo lo va a tomar bien. Así como, cuando alguien le pide un favor y no lo puede hacer porque la situación no se lo permite, no sienta que es difícil de decir 'No'. No se sienta mal cuando su amigo no le hace el favor. No piense que es difícil pedir favores entre amigos.

<2> Pedir un favor en la oficina.

Objetivo de la lección: Entender el contenido que habla sobre pedir un favor a una persona desconocida o en una institución pública.

Vocabulario

실례하다 disculparse
저기 este
음 ummm
어 oh
자 ea
저 eh
아 ah
체크 카드 la tarjeta de débito
신분증 el documento de identidad
글쎄요 pues
연장하다 prolongar
출입국 관리 사무소 la oficina de servicio de inmigración
서류 el documento
재학 증명서 el certificado de matrícula
뵙다 encontrarse
이미 ya
퇴근하다 salir del trabajo
신청 la inscripción
지나가다 pasar
음성 안내기 la audioguia

- **Vamos a escuchar**

1.

(1) 저, 실례합니다만 이 선생님 좀 바꿔 주시겠어요?
Eh... discúlpeme, podría hablar con el señor Lee, por favor?

(2) 미안합니다만 그날 다른 약속이 있어서요.
Perdóneme, pero tengo otro compromiso ese día.

(3) 저기, 죄송합니다만 관리비를 어떻게 내는지 좀 알려 주시겠어요?
Este...lo siento, pero me puede decir cómo se paga el costo de administración?

(4) 감사합니다만 다음 역에서 내립니다.
Le agradezco, pero voy a bajar en la siguiente estación.

2.

가: 저, 유키 씨, 은행이 어디에 있는지 알아요?
A: Eh... señora Yuki, ¿sabe dónde está el banco?
나: 학생회관 안에 있어요.
B: Está en el edificio del Consejo Estudiantil.
가: 아, 그렇군요. 체크 카드를 만들려고 하는데 뭐가 필요한지 알아요?
A: Ah, entendido. Quiero obtener una tarjeta de débito, ¿sabe qué se necesita?
나: 신분증이 필요해요.
B: Se necesita el documento de identidad.
가: 그럼 체크 카드를 만들 때 시간이 얼마나 걸리는지 알아요?
A: Entonces, ¿sabe cuánto tiempo se tarda en emitir la tarjeta?
나: 글쎄요, 저도 안 만들어 봐서 잘 모르겠어요. 은행 직원에게 한번 물어 보세요.
B: Pues, no lo sé bien porque no la he obtenido. Pregunte al empleado del banco.
가: 그런데 은행이 몇 시에 문을 닫는지 알아요?
A: Por cierto, ¿sabe a qué hora cierra el banco?
나: 음, 요즘 몇 시에 문을 닫는지 잘 모르겠네요.
B: Ummm... no sé bien a qué hora cierra estos días.

3~4.

리타오: 저, 실례합니다만 비자를 연장하려고 하는데 출입국관리사무소가 어디에 있는지 아세요?
Litao: Eh... discúlpeme, deseo extender mi visado, ¿sabe dónde está la oficina de servicio de inmigración?

사무실 직원: 지하철 5호선 오목교역에서 내려서 한 20분쯤 걸어가면 됩니다. 지도를 보고 찾아가세요. 인터넷으로 예약하면 금방 끝나니까 미리 예약하세요. 필요한 서류는 모두 준비하셨습니까?
Empleado: Baje en la estación de Omokgyo, línea 5, y camine, más o menos, 20 minutos. Vaya mirando el mapa. Si reserva a través de internet, termina rápido, así que haga la reserva anticipadamente. ¿Tiene preparado todos los documentos necesarios?
리타오: 아, 재학 증명서가 없는데 한 장 부탁드립니다. 제 이름은 리타오입니다.
Litao: Ah, le solicito expedir el certificado de matrícula que me hace falta. Mi nombre es Litao.
사무실 직원 : 네, 잠시만 기다리세요.
Empleado: Por supuesto. Un momento por favor.

5~7.

노라: 저기, 최 과장님을 뵈러 왔는데 자리가 어디인지 아세요? 어제 과장님과 전화한 학생입니다. 아르바이트 때문에 오늘 만날 약속을 했습니다.
Nora: Este... vine a encontrarme con el Director Choi, ¿sabe dónde es su asiento? Soy la estudiante con quien el Director habló por teléfono ayer. Hice una cita para encontrarnos hoy, por el trabajo de medio tiempo.
사무실 직원: 최 과장님은 오늘 다른 회사에서 회의가 있어서 나가셨는데 거기에서 바로 퇴근하실 거예요.
Empleada: el Director Choi salió para una reunión que tiene en otra empresa y de ahí, directamente, termina su trabajo.
노라: 아, 제가 너무 늦게 왔군요. 그럼 죄송합니다만 이 아르바이트 신청 서류 좀 과장님께 전해 주실 수 있으세요? 제가 내일은 수업 때문에 다시 올 수 없을 것 같아서요.
Nora: Ah, vine muy tarde. Entonces, lo siento pero, ¿le podría entregar esta aplicación de trabajo de medio tiempo al Director? Porque creo que no podré volver a venir mañana por las clases.
사무실 직원: 네, 서류는 저한테 주십시오. 여기에 성함과 전화번호를 남겨 주시겠어요?
Empleada: Claro que sí, deme el documento por favor. ¿Puede dejar su nombre y el número de teléfono aquí, por favor?
노라: 여기 있습니다. 좀 부탁드리겠습니다.
Nora: Aquí está. Se lo pido, por favor.

- **Vamos a leer**

Visité el museo nacional de Corea por primera vez desde que vine a Corea. Me bajé en la estación de Ichon, línea 4, pero no sabía por dónde salir, por eso le pregunté a un señor que estaba pasando.
"Eh...discúlpeme, quiero ir al museo nacional de Corea, ¿sabe por qué salida tengo que salir?"
El señor me indicó amablemente y por eso pude encontrarlo fácil. El museo nacional de Corea no cobra la entrada, por eso entré gratis. Fui a pedir prestada una audioguía porque quería escuchar la explicación mientras miraba la exposición.
"Perdóneme, deseo alquiler una audioguía, ¿qué debo hacer?"
"Tiene que entregar el documento de identidad y pagar 3000 wones para alquilarla"
Fue muy divertido y fácil de entender al mirar la exposición despacio, escuchando la explicación por la audioguía. Yuki también tiene mucho interés en la historia de Corea, así que iré con ella la próxima vez. Cuando venga la próxima vez, me gustaría reservar para escuchar la explicación de la guía directamente, mientras miramos la exposición.

Repaso de la Unidad 9 y 10

Vocabulario

내다 **entregar,**
순서 **el turno**
역시 **también**
끝내다 **terminar**

I. Lea lo siguiente y conteste.

Martes, 5 de noviembre, hace sol.
Surgió un asunto urgente en nuestro periódico y me toca ir de viaje de trabajo a Japón por tres días. Sin embargo, tengo una presentación en la universidad en dos días.
Por eso, le pedí el favor al Director cuando él habló del viaje.
"Eh... Director, lo siento pero, ¿no podrá ir otra persona por mí?
El Director no me hizo el favor.
"Señora Yuki, sé que es difícil, pero usted tiene que realizar este viaje de trabajo, sin falta."
No sé qué hacer frente a situaciones como ésta. ¿Será que tengo que cambiar la fecha de la presentación en la universidad? ¿Será posible cambiar la fecha de la presentación si le entrego un documento del viaje de trabajo a la profesora? ¿Estará bien si cambio la fecha de la presentacón con una amiga? ¿Si no puedo hacer la presentación al fin, tendré que estudiar el nivel 2 nuevamente? Es difícil estudiar mientras estoy trabajando en la empresa.

II. Escuche el diálogo y conteste.

유키: 저기··· 노라야, 부탁이 있는데 들어줄 수 있니?
Yuki: Este.... Nora, ¿me puedes hacer un favor?
노라: 어··· 유키 언니, 부탁이 뭐예요?
Nora: Ah.. Yuki, ¿Qué necesita?
유키: 우리 신문사에 급한 일이 생겨서 사흘 동안 출장을 가게 됐어. 이틀 후가 내 발표 날인데 발표 순서 좀 바꿔 줄래?
Yuki: Surgió un asunto urgente en nuestro periódico y me toca ir de viaje de trabajo por tres días. Mi presentación es en dos días, ¿puedes cambiar de turno de presentación conmigo?
노 : 글쎄요, 이틀 후면 너무 빠르네요.
Nora: Pues, si es en dos días, es muy pronto.
유키: 갑자기 이런 부탁을 해서 정말 미안하다.
Yuki: Siento mucho pedirte un favor como este de repente.
노라: 음, 알겠어요. 어쩔 수 없죠 뭐.
Nora: Ummm, entiendo. Pues, no hay nada que hacer.
유키: 정말 고마워. 출장 갔다가 와서 네가 보고 싶어한 영화 보여 줄게. 이번 주 토요일 저녁에 시간 있니? 그날 영화 보자.
Yuki: Muchas gracias. Cuando regrese del viaje, te invito a ver una película que quieras ver. ¿Tienes tiempo este sábado en la noche? Vamos a ver la película ese día.
노라: 토요일 저녁이요? 네, 좋아요.
Nora: ¿El sábado en la noche? Vale, está bien.
유키: 진짜 고맙다. 토요일 저녁에 다른 약속하지 마라. 그날 보자.
Yuki: Mil gracias. No hagas otra cita el sábado en la noche. Nos vemos ese día.

Cultura coreana: Lugares famosos para citas

¿Dónde son los lugares famosos para citas en Seúl? Los 5 lugares famosos que han sido más buscados por internet son la universidad Hongik, la estación de Gangnam Apgujeong, Garosu-gil e Itaewon. La universidad Hongik, que está en el primer lugar entre estos lugares, es famosa por los restaurantes deliciosos, cafeterías que tienen buen ambiente, tiendas de ropa que tienen estilos particulares, clubes y bares divertidos y espectáculos en la calle, por eso muchos jóvenes van ahí. Se puede sentir un ambiente elegante en la estación de Gangnam, Apgujeong y Garosu-gil y se puede sentir las diferentes culturas de varios países en Itaewon.

Unidad 11 Transporte

<1> El transporte público

Objetivo de la lección: Entender el contenido que explica cómo usar los transportes públicos.

Vocabulario

하차 acción de bajar de un vehículo
벨 el timbre, presionar 누르다 el
노선도 plano de las líneas
단말기 el validador
교통 카드 la tarjeta de transporte
대다 tocar 특실 primera clase
당산역 la estación de Dangsan
을지로 3가역 la estación de Euljiro 3(sam)-ga
전동차 el metro 승강장 el andén
열차 el tren 압구정역 la estación de Apgujeong
팬 사인회 la firma de autógrafos para los fans
안내 el aviso 박물관 el museo
서울 역사 박물관 el museo de historia de Seúl
경복궁 Gyeongbokgung
충정로역 la estación de Chungjeongno
매표소 la taquilla 신청하다 aplicar

- **Vamos a escuchar**

1.

(1) 똑바로 가다가 사거리에서 오른쪽으로 가세요.
Vaya recto y gire a la derecha en la interseccion.

(2) 지하철에서 책을 읽다가 잤어요.
Estaba leyendo en el metro y me quedé dormido.

(3) 버스 노선도를 보다가 전화를 받았어요.
Recibí una llamada mientras miraba el plano de las líneas de autobuses.

(4) 지하철역으로 걸어가다가 친구를 만났어요.
Me encontré con una amiga mientras caminaba a la estación de metro.

2.

(1) 가: 특실로 드릴까요? 일반실로 드릴까요?
A: ¿Prefiere primera clase o clase estándar?
나: 특실로 할게요.
B: Primera clase, por favor.

(2) 가: 교통 카드로 계산하시겠습니까?
A: ¿Va a pagar con la tarjeta de transporte?
나: 아니요, 현금으로 할게요.
B: No, voy a pagar en efectivo.

(3) 가: 신촌에서 김포 공항까지 지하철로 어떻게 가요?
A: ¿Cómo voy de Sinchon al aeropuerto Gimpo en metro?
나: 2호선을 타고 가다가 당산역에서 9호선으로 갈아타고 김포 공항역에서 내리세요.
B: Vaya en la línea 2, haga trasbordo a la línea 9 en la estación de Dangsan y baje en la estación del aeropuerto Gimpo.

(4) 가: 저, 표를 잘못 샀는데 내일 오후 10시 표로 좀 바꿀 수 있나요?
A: Eh...compré mal mi billete, ¿me lo puede cambiar por el billete para mañana a las 10P.M.?
나: 네, 손님. 오전 10시에서 오후 10시 표로 바꿔 드리겠습니다.
B: Sí, señor. Se lo cambio del billete de las 10A.M. al billete de las 10P.M.

3~4.

(효과음) 이번 역은 을지로 3가, 을지로 3가역입니다. 내리실 문은 왼쪽입니다. 신촌이나 잠실 방면으로 가실 손님은 이번 역에서 2호선으로 갈아타시기 바랍니다. 이 역은 타는 곳과 전동차 사이의 거리가 넓습니다. 내리고 타실 때에 조심하시기 바랍니다.
(Efecto de sonido) La próxima estación es Euljiro 3(sam)-ga, la estación de Euljiro 3(sam)-ga. Las puertas por donde se bajan están a su izquierda. Los que van en dirección Sinchon o Jamsil, hagan trasbordo a la línea 2 en esta estación. El espacio entre el andén y el metro de esta estación es amplio. Por favor, tengan cuidado cuando se bajen y se suban.

5~7.

존: 윤아야, 내일 압구정에 가야 하는데 어떻게 가는지 알아?
John: Yuna, tengo que ir a Apgujeong mañana, ¿sabes cómo ir?

윤아: 응. 지하철로 갈 수도 있고 버스도 있을 거야. 근데 존, 압구정에 뭐 하러 가?
Yuna: Sí. Puedes ir en metro y creo que en autobús también. Por cierto John, ¿para qué vas a Apgujeong?

존: 내가 좋아하는 배우가 거기에서 팬사인회를 해서 가려고. 선물은 이 초콜릿으로 할 거야. 괜찮겠지?
John: Voy porque mi actor favorito va a hacer una firma de autógrafos para los fans ahí. Le voy a dar este chocolate de regalo. ¿Cierto que estará bien?

윤아: 응. 좋다. 그럼 가는 방법을 인터넷에서 좀 찾아보자. 음, 학교에서 버스를 타고 가다가 경복궁역에서 지하철 3호선으로 갈아타고 압구정역까지 갈 수 있어.
Yuna: Sí. Está bien. Entonces, busquemos por internet la manera de ir. Ummm... vas en autobús desde la universidad, haz trasbordo a la línea 3 del metro en la estación de Gyeongbokgung y llegas a la estación de Apgujeong.

존: 갈아타지 않고 한 번에 가는 방법은 없을까?
John: ¿No habrá manera de ir sin hacer trasbordo?

윤아: 학교 근처 병원 앞 버스 정류장에서 472번 버스를 타면 한 번에 가는데 시간이 더 오래 걸리네.
Yuna: Si tomas el autobús número 472 en la parada que está frente al hospital cerca de la universidad, puedes llegar de una vez, pero se tarda más tiempo.

존: 그럼 지하철로 가야겠다.
John: Pues, voy a ir en metro.

- **Vamos a leer**

Es el aviso sobre los lugares de la clase de cultura coreana que tenemos la próxima semana. Vamos a hacer la clase en el museo de historia de Seúl en la mañana e ir a Gyeongbokgung en la tarde. El museo está cerca de la universidad, así que no será difícil llegar. Lean cuidadosamente la manera de ir y lleguen a tiempo el viernes de la próxima semana a las 10 de la mañana. ¡No se olviden tampoco de preparar la tarjeta de transporte!

Museo de historia de Seúl
Salida desde la estación de Sinchon: Tomen la línea 2 del metro en la estación de Sinchon y hagan trasbordo a la línea 5 en la estación de Chungjeongno. Salgan por la salida 7 de la estación de Gwanghwamun y caminen, más o menos, 500m.
Salida desde la universidad: Tomen el autobús número 470 o 710 en la parada que está enfrente de la universidad y bájense en el museo de historia de Seúl.

- Del museo a Gyeongbokgung se tarda, más o menos, 15 minutos a pie. Caminando hacia Gyeongbokgung, entren al restaurante coreano que está a la izquierda y almuercen. Pueden escoger un menú entre el bulgogi y el bibimbap. Vamos a encontrarnos enfrente de la taquilla de Gyeongbokgung a las 2.

- Los estudiantes que no han solicitado la clase de la mañana en el museo, vengan de la universidad a Gyeongbokgung directamente. Tomen el autobús número 272, 601 o 606 en la parada enfrente de la universidad y bájense en Gyeongbokgung.

<2> Mostrar el camino

Objetivo de la lección: Entender el contenido que explica la ruta en un taxi o buscar el camino conduciendo.

Vocabulario

우회전 **el giro a la derecha**
유턴 **el giro en U**
주차 **el aparcamiento**
직진 **ir derecho**
반대 **opuesto**
돌리다 **girar**
세우다 **detenerse**
체육관 **el gimnasio**
밀리다 **el tráfico está congestionado**
퇴근 **la salida del trabajo**
제시간 **a tiempo**
그냥 **solo**
좌회전 **el giro a la izquierda**
내비게이션 **la navegación/el GPS**
기억에 남다 **quedar en memoria**
건너편 **otro lado**
톨게이트 **el peaje**
주차료 **el costo de aparcamiento**

- **Vamos a escuchar**

1.
(1) 기숙사 안으로 해서 식당까지 갈 수 있습니다.
Puede ir hasta el restaurante por dentro del dormitorio.
(2) 학생회관 1층 입구로 해서 가면 은행을 쉽게 찾을 수 있어요.
Si va por la entrada del primer piso del edificio del Consejo Estudiantil, puede llegar facilmente al banco.
(3) 도서관 뒤로 해서 체육관으로 가면 빠릅니다.
Si vas al gimnasio por detrás de la biblioteca, puedes llegar rápido.
(4) 병원으로 해서 학교 안으로 들어오는 차들이 많습니다.
Hay muchos coches que entran a la universidad por el hospital.

2.
(1) 가: 교통 카드는 어디에서 팔아요?
A: ¿Dónde se vende la tarjeta de transporte?
나: 교통 카드를 사려면 편의점에 가세요.
B: Si quiere comprar la tarjeta de transporte, vaya a la tienda.
(2) 가: 4호선으로 갈아타려고 해요.
A: Quiero hacer trasbordo a la línea 4.
나: 4호선으로 갈아타려면 이쪽으로 똑바로 가세요.
B: Si quiere hacer trasbordo a la línea 4, vaya derecho por aquí.
(3) 가: 버스에서 내리고 싶으면 어떻게 해요?
A: ¿Qué tengo que hacer para bajarme del autobús?
나: 버스에서 내리려면 벨을 누르세요.
B: Si quiere bajarse del autobús, presione el timbre.
(4) 가: 어디에서 택시를 탈 수 있나요?
A: ¿Dónde puedo tomar un taxi?
나: 택시를 타려면 길을 건너야 합니다.
B: Si quiere tomar un taxi, tiene que cruzar la calle.

3~4.
여자: 차가 많이 밀리네요.
Pasajera: El tráfico está muy congestionado.
기사: 낮에는 밀리지 않는 길인데 퇴근 시간이어서 복잡해요.
Conductor: No hay mucho tráfico en esta calle durante el día, pero ahora está complicado porque es la hora de salida del trabajo.
여자: 제시간에 도착하려면 그냥 빨리 내려야겠어요. 저기 사거리에서 우회전 하신 후에 세워 주세요.
Pasajera: Tendré que bajarme rápido para llegar a tiempo. Gire a la derecha en aquella intersección y deténgase por favor.
기사: 네, 그럼 저 횡단보도 지나서 바로 세워 드리겠습니다
Conductor: Vale, pues voy a detenerme tan pronto como pasemos aquel paso de peatones.

5~7.
내비: "500m 앞에서 좌회전입니다."
GPS: "Gire a la izquierda en 500m"
에릭: 좌회전? 우진 씨, 왼쪽으로 가면 종로 아니에요?
Eric: ¿Girar a la izquierda? Señor Ujin, ¿no es Jong-

ro si tomamos hacia la izquierda?

우진: 맞아요, 에릭 씨. 내비게이션이 종로로 해서 가는 길로 안내하네요. 저는 서울역으로 해서 가려고 했는데...

Ujin: Es correcto, señor Eric. El GPS guía por el camino de Jong-ro. Iba a ir por la estacion de Seúl...

내비*: "잠시 후 좌회전입니다. 다음 안내까지 직진입니다."

GPS: "En un momento, gire a la izquierda. Continúe recto hasta la siguiente información."

에릭: 이렇게 오니까 길이 복잡하지 않고 좋은데요. 우진 씨는 운전할 때 항상 내비게이션을 이용하세요?

Eric: Me parece bien venir a la oficina usando el GPS que ayuda a evitar la congestión del tráfico. ¿Cuando conduce, siempre usa el GPS, señor Ujin?

우진: 자주 그렇게 하지요. 빨리 가려면 차가 밀리지 않는 길로 해서 가야하는데 내비게이션이 그런 길을 잘 알려 주니까요. 오늘도 생각보다 일찍 회사에 도착하겠어요.

Ujin: Lo uso frecuentemente. Para ir rápido, tengo que ir por donde no hay mucho tráfico y el GPS me lo indica. Hoy también vamos a llegar a la empresa más temprano de lo que pensaba.

에릭: 그럼 사무실에 도착해서 커피 한 잔 합시다.

Eric: Entonces, vamos a tomar un café cuando lleguemos.

• **Vamos a leer**

Asunto: ¡Lo invitamos al concierto del lago!
Para: Jeong Haneul<hnjeong@yonsei.com>

Le enviamos la invitación al concierto del lago que solicitó la vez pasada. ¡La música que se escucha en el lago con el viento de una hermosa noche de otoño! Será una noche que verdaderamente quedará en su memoria. Cuando muestre esta invitación y el documento de identidad en la entrada del parque, le entregaremos la boleta. ¡Apúrese si quiere tomar un buen asiento!

Hora: Sábado, 20 de septiembre a las 6 de la tarde
Lugar: Parque del lago de la ciudad de Inju
Cómo llegar:

1) Autobús exprés
Bajar en el terminal de autobuses exprés de Inju → Tomar el autobús número 35 o 73 en la parada de autobús del otro lado → bajar en la parada del parque del lago (20 minutos)
Si toma un taxi en el terminal, se tarda, más o menos, 5 minutos.
2) En coche
El peaje de la autopista de Inju → 2km por la calle de Bukinju → cuando pase por la intersección de Inju, ir derecho y luego girar en U → la entrada está a la derecha.
El aparcamiento es gratis por 3 horas.

Unidad 12 Vida universitaria

<1> Las clases y los exámenes

Objetivo de la lección: Entender el contenido que explica sobre las clases y los exámenes.

Vocabulario

끝나다 **terminar** | 마치다 **finalizar**
기억하다 **recordar** | 연습하다 **practicar**
질문하다 **preguntar** | 대답하다 **responder**
버튼 **el botón** | 남다 **quedar**
시험장 **el lugar de exámenes**
학생증 **el carné de estudiante**
점 **el aspecto** | 문장 **la oración**
지각하다 **llegar tarde** | 천천히 **despacio**
중간시험 **el examen de mitad del período**
마다 **cada**

• **Vamos a escuchar**

1.

(1) 가: 숙제를 언제까지 내야 해요?
A: ¿Hasta cuándo tengo para entregar la tarea?
나: 이번 주 금요일까지 내면 돼요.
B: Tiene que entregarla hasta este viernes.

(2) 가: 교실 안이 너무 더워서 공부를 할 수 없어요. 에어컨을 어떻게 켜요?
A: No puedo estudiar porque hace mucho calor dentro del aula. ¿Cómo se prende el aire acondicionado?
나: 여기 이 버튼을 누르면 돼요.
B: Solo presione aquí este botón.

(3) 가: 시험을 잘 보고 싶은데 어떻게 해야 해요?
A: Quiero salir bien en los exámenes, ¿qué tengo que hacer?
나: 날마다 숙제를 열심히 하면 돼요.
B: Solo tiene que hacer los deberes con juicio todos los días.

(4) 가: 오늘 배운 것이 너무 어려워서 혼자 공부하기가 힘들어요.
A: Lo que aprendí hoy era muy difícil, por eso es difícil estudiar sola.
나: 저랑 같이 공부하면 되니까 걱정하지 마세요.
B: Puede estudiar conmigo, así que no se preocupe.

2.

(1) 가: 내일 시험 보는 곳에 몇 시까지 가야 해요?
A: ¿Hasta qué hora tengo que ir al lugar de los exámenes mañana?

나: 시험장에 8시 반까지 도착해야 시험을 볼 수 있어요.
B: Tiene que llegar a las 8 y media para tomar los exámenes.

(2) 가: 여기 커피숍은 좀 시끄러우니까 도서관에 가서 공부하자.
A: Hay un poco de ruido en esta cafetería así que vamos a estudiar en la biblioteca.
나: 학생증이 있어야 도서관에 들어갈 수 있는데 학생증을 안 가지고 왔어.
B: Hay que tener el carné de estudiante para entrar a la biblioteca pero no lo traje.

(3) 가: 시험에서 몇 점을 받아야 3급에 갈 수 있어요?
A: ¿Qué calificación hay que sacar para subir al nivel 3?
나: 60점 이상을 받아야 3급에 갈 수 있어요.
B: Hay que sacar más de 60 para subir al nivel 3.

(4) 가: 자꾸 배운 단어를 잊어버려서 걱정이야.
A: Me preocupo porque se me olvidan las palabras que he aprendido.
나: 단어가 들어간 문장을 연습해야 잊어버리지 않을 거야.
B: Tendrás que practicar las oraciones con las palabras para no olvidarlas.

3~4.

선생님: 리타오씨! 10분만 일찍 학교에 오면 되는데 왜 이렇게 자주 늦어요?
Profesor: Señor Litao. Es solo llegar 10 minutos más temprano a la universidad, pero ¿cómo es que llega tarde tan frecuentemente?
리타오: 요즘 밤마다 드라마와 영화를 보고 늦게 자서 아침에 일찍 일어나는 것이 힘들어요.
Litao: Estos días me acuesto tarde viendo los dramas y películas, por eso es difícil levantarme temprano en la mañana.
선생님: 일찍 자야 학교에 일찍 올 수 있어요. 다음부터는 지각하지 마세요.
Profesor: Tiene que dormir temprano para venir a la universidad. No llegue tarde la próxima vez.
리타오: 네. 죄송합니다. 앞으로는 9시까지 꼭 올게요.
Litao: De acuerdo. Lo siento. De ahora en adelante llegaré a las 9 sin falta.

5~7.

마리아: 유키 씨! 중간시험 날짜가 언제예요? 지난 주에 학교에 안 와서 선생님이 이야기 하신 것을 못 들었어요.
María: Señora Yuki, ¿cuándo son los exámenes de mitad del período? No vine a la universidad la semana pasada, por eso no pude escuchar lo que el profesor dijo.
유키: 시험은 다음 주 목요일과 금요일이에요. 목요일에는 말하기와 읽기 시험이 있고, 금요일에는 쓰기와 듣기 시험이 있어요.
Yuki: Los exámenes son el jueves y viernes de la próxima semana. El examen oral y el de lectura son el jueves y el examen de escritura y el de audición son el viernes.
마리아: 그럼 빨리 시험공부를 시작해야겠네요. 그런데 어떻게 해야 시험을 잘 볼 수 있을까요?
María: Entonces, tengo que empezar a estudiar para los exámenes lo antes posible. Por cierto, ¿qué tengo que hacer para salir bien en los exámenes?
유키: 수업 시간에 배운 걸 열심히 복습하면 돼요. 그리고 그 동안 숙제한 것도 한 번 다시 보고요.
Yuki: Solo tiene que hacer un repaso con juicio de lo que aprendió en las clases. Y también mire de nuevo las tareas que ha hecho hasta ahora.
마리아: 열심히 복습을 하고 있지만 좀 걱정이 돼요.
María: Estoy haciendo un repaso fuerte pero me preocupo un poco.
유키: 마리아 씨! 그럼 우리 같이 학교 도서관에서 공부할까요? 같이 공부하면 서로 모르는 것을 가르쳐 줄 수 있을 거예요. 언제 무슨 시험을 봅니까?
Yuki: Señora María, entonces, ¿estudiamos juntas en la biblioteca de nuestra universidad? Si estudiamos juntas, podemos enseñarnos la una a la otra lo que cada una no sepa. ¿Qué examenes tiene y cuándo?

- **Vamos a leer**

Soy una estudiante que entró a la universidad de Hankuk este año. No llevo mucho tiempo en Corea, por eso todavía no estoy acostumbrada a la vida en Corea. La vida universitaria es un poco difícil porque no tengo muchos amigos coreanos y hay muchas cosas que no conozco.
En este semestre, tomo 4 clases en total y la clase más difícil de todas es la clase de escritura. Todavía no hablo bien el coreano, por eso tengo que tomar esta clase para poder inscribirme en las clases de mi carrera el próximo semestre. Aunque hay solo un examen en esta clase, es un poco difícil porque tengo que hacer una tarea cada semana.
La clase más divertida, es la clase de cultura coreana. Tengo mucho interés en la cultura coreana, por eso me encanta tomar esta clase. Me gusta mucho porque puedo aprender sobre la cultura coreana viendo películas o dramas coreanos durante la clase. La clase no es aburrida sino divertida, por eso espero mucho esta clase cada semana.
Una compañera de la clase me presentó el club de cocina coreana. Si entro a este club, podré hacer amigos coreanos y también preparar comidas coreanas, así que estoy pensando en entrar a este club.
De ahora en adelante, espero pasar feliz tomando las clases con juicio y haciendo muchos amigos coreanos.

<2> Los programas de la universidad

Objetivo de la lección: Entender el contenido que pregunta sobre la vida universitaria en la oficina.

Vocabulario

등록하다 inscribir　　신청서 la solicitud
신청 시간 el plazo de inscripción
신청 결과 el resultado de inscripción
등록금 la matrícula　　확인하다 verificar
홈페이지 la página web
등록취소 la cancelación de inscripción
휴학하다 tomar un permiso de ausencia
언어 교환 el intercambio de idiomas
외국어 el idioma extranjero
정확하다 algo que es correcto/a
오리엔테이션 la orientación
모든 todo　　편 el lado
관심이 있다 estar interesado/a en algo

• Vamos a escuchar

1.

(1) 가: 어디에 가는 중이에요?
A: ¿A dónde va?
나: 지금 학교 사무실에 가는 중인데요.
B: Estoy yendo a la oficina de la universidad.

(2) 가: 강민지 씨 계십니까?
A: ¿Está la señora Kang Minji?
나: 네, 바로 전데요. 누구세요?
B: Sí, soy yo. ¿Quién es usted?

(3) 가: 한국어학당 대강당이 어디예요?
A: ¿Dónde está el gran auditorio del instituto del idioma coreano?
나: 1층에 있는데요. 저기 계단으로 내려가시면 돼요.
B: Está en primer piso. Solo tiene que bajar por aquella escalera.

(4) 가 : 여기에서 한국 요리 배우기를 신청할 수 있어요?
A: ¿Puedo inscribirme en la clase de cocina
나 : 그건 한국어학당 홈페이지에서 해야 하는데요.
B: Eso tiene que hacerlo en la página web del instituto del idioma coreano.

2.

한국어학당에 등록하려면 사무실에 신청서를 내거나 인터넷으로 신청해야 합니다. 신청을 한 후에 등록금은 은행에 내야 합니다. 등록금을 낸 후에 일이 생겨서 휴학을 하고 싶거나 등록을 취소하고 싶을 때는 반드시 사무실로 와야 합니다. 이메일이나 전화로는 취소할 수 없습니다. 한국 요리를 배우거나 언어교환을 하고 싶은 학생들은 한국어학당 홈페이지를 보면 됩니다.

Para inscribirse en el instituto del idioma coreano, tiene que presentar la solicitud en la oficina o solicitar por internet. Después de solicitar la inscripción, tiene que pagar la matrícula en el banco. Si quiere tomar un permiso de ausencia o cancelar la inscripción después de pagar la matrícula, tiene que venir a la oficina sin falta. No se puede cancelar por correo electrónico o teléfono. Los estudiantes que deseen aprender cocina coreana o hacer el intercambio de idiomas, deben ver la página web del instituto del idioma coreano.

3~4.

(Teléfono)

직원: 여보세요. 연세 대학교 한국어학당입니다.
Empleado: ¿Aló? Es el instituto del idioma coreano de la universidad Yonsei.

학생: 안녕하세요. 제 외국인 친구가 한국어학당에 다니고 싶어 하는데요. 한국말을 잘 못해서요. 등록 설명을 외국어로 듣고 싶은데 어떻게 해야 하나요?
Estudiante: ¿Hola? Es que un amigo extranjero se quiere inscribir en el instituto del idioma coreano. Él no habla bien el coreano. Por eso desea escuchar la explicación sobre la inscripción en inglés, ¿qué tiene que hacer?

직원: 저희 사무실로 전화를 하시거나 홈페이지에 있는 주소로 이메일을 보내 주시면 직원이 외국어로 친절하게 설명해 드립니다.
Empleado: Si nos llama por teléfono a la oficina o envía un correo electrónico a la dirección que aparece en la página web, el empleado de la oficina le explicará en inglés amablemente.

학생: 네 알겠습니다. 감사합니다.
Estiduante: Sí, entendido. Gracias.

5~7.

직원: 네, 뭘 도와드릴까요?
Empleado: Sí, ¿en qué puedo ayudarle?

학생: 제가 이번에 아르바이트를 시작해서 오전에 수업을 들을 수 없을 것 같은데요. 휴학을 신청하거나 저녁 수업으로 바꾸려면 어떻게 해야 해요?
Estudiante: Es que creo que no podré tomar clases en la mañana porque empecé a trabajar medio tiempo. Para pedir el permiso de ausencia o cambiar por las clases de la noche, ¿qué tengo que hacer?

직원: 전화나 인터넷 신청은 안 되고 직접 사무실로 오셔야 합니다. 둘 다 학기가 시작하기 전에 사무실로 오셔서 신청하셔야 합니다.
Empleado: No puede solicitarlo por teléfono o por internet sino tiene que venir a la oficina personalmente. Ambas cosas, las tiene que solicitar en la oficina antes de que empiece el semestre.

학생: 오전 수업과 저녁 수업은 학기가 시작하는 날짜가 같은가요?
Estudiante: ¿Las fechas de comienzo de semestre de las clases de la mañana y de la noche son iguales?

직원: 아니요, 저녁 수업은 학기가 시작하는 날짜와 끝나는 날짜가 오전 수업과 달라요. 정확한 수업 날짜와 시

간을 잘 확인하시고 결정하세요.
Empleado: No, la fecha de comienzo de semestre de las clases de la noche es diferente a las de la mañana. Verifique bien la fecha y hora exacta y decida.

학생: 그럼 저녁 수업의 시간과 요일을 좀 가르쳐 주세요.
Estudiante: Entonces, dígame el horario y los días de las clases de la noche, por favor.

직원: 저녁 수업은 매주 월요일, 화요일, 목요일에 있고 6시 30분부터 9시 5분까지 수업합니다.
Empleado: Hay clases de noche los lunes, martes y jueves desde las 6 y media hasta las 9 y 5.

- **Vamos a leer**

¿Qué cosas divertidas habrá para hacer mientras se estudia coreano?

En el instituto del idioma coreano, hay varios programas en los que los estudiantes puedan participar. ¿Vamos a averiguar juntos qué programas hay?

* Momentos especiales para hacer amigos coreanos: Intercambio de idiomas
Los que quieran practicar coreano o hacer amigos coreanos, inscríbanse en el programa de intercambio de idiomas. Es un programa que ayuda a practicar idiomas extranjeros a los estudiantes de la universidad Hankuk y del instituto del idioma coreano. Los estudiantes que se han inscrito en este programa, tienen que asistir a la orientación, sin falta.

* Preparar la comida coreana que es saludable y deliciosa: Cocina coreana
La cocina coreana es un programa que enseña a los estudiantes del instituto del idioma coreano cómo cocinar la comida coreana que es fácil y práctica. Pueden inscribirse en el semestre de primavera, otoño e invierno de cada año. Los estudiantes, a quienes les guste cocinar o tengan interés en la comida coreana, inscríbanse en este programa.

* Aprender coreano a través de las películas coreanas: Película coreana
En el instituto del idioma coreano, pueden ver 8 películas coreanas gratis cada semestre. Las ponen en el gran auditorio el miércoles a las 2 de la tarde. Los que están interesados en las películas coreanas, vengan a verlas al gran auditorio.

Repaso de la Unidad 11 y 12

Vocabulario

웬일 **algo que es imprevisto/a**
글씨 **la letra** 틀리다 **algo que es incorrecto/a**
떨리다 **estar nervioso/a** 일정 **el horario**
동문 회관 **el edificio del club de graduados**
연대 **de la universidad Yonsei**
금화 터널 **el tunel Geumhwa**
봉원 고가 차도 **el paso elevado Bongwon**

I. Escuche el diálogo y conteste.

주앙: 여보세요? 제니야, 웬일이야?
Juan: ¿Aló? Leo, ¿Qué pasó?

제니: 응, 주앙아. 중간 시험 끝났어? 난 오늘 시험 봤는데 너도 시험 끝났으면 한번 만나자.
Jenny: Sí, Juan. ¿Se terminaron los exámenes de mitad del período? Hoy tuve exámenes, así que nos vemos si terminaron tus exámenes.

주앙: 넌 벌써 시험 봤어? 잘 봤지? 난 이번 주 목요일하고 금요일이 시험이야. 지금 공부하고 있는데 쓰기 시험 때문에 걱정이야. 아직 모르는 단어도 많고 글씨도 자꾸 틀리게 써.
Juan: ¿Ya terminaron tus exámenes? ¿Cierto que te fue bien en los exámenes? Tengo exámenes el jueves y viernes de esta semana. Estoy estudiando pero me preocupo por el exámen de escritura. Todavía hay muchas palabras que no conozco y escribo mal también.

제니: 그럼 단어를 쓰면서 외우면 돼. 여러 번 써야 글씨를 틀리지 않아. 그런데 난 말하기 시험을 잘 못 본 것 같아. 말할 때 실수를 좀 했어. 말도 너무 천천히 한 것 같고.
Jenny: Pues, tienes que memorizar las palabras escribiendo. Tienes que escribirlas varias veces para no escribirlas incorrectamente. Por cierto, creo que no me fue bien en el examen oral. Cometí un poco de errores cuando hablé. Creo que hablé muy despacio también.

주앙: 말하기 시험을 잘 보려면 보통 때 연습을 많이 하면 되는데. 그런데 너 한국 친구들이 많아서 한국말로 많이 이야기하지 않아?
Juan: Para hacer bien el examen oral, tienes que practicar mucho en la vida diaria. A propósito, tienes muchos amigos coreanos y ¿no hablas mucho con ellos en coreano?

제니: 맞아. 그런데 시험 때는 너무 떨려서 말을 잘 못했어. 오늘은 너 공부해야 되니까 길게 전화 못하겠다. 다음 주에 한번 만나자.
Jenny: Sí. Pero estaba muy nerviosa al tomar el examen y hablé mal. No podemos hablar mucho por teléfono hoy porque tienes que estudiar. Nos vemos la próxima semana.

주앙: 그럼 다음 주에 우리 학교로 올래?
Juan: Entonces, ¿quieres venir a mi universidad la próxima semana?

제니: 그래, 좋아. 그런데 어떻게 가는지 잘 모르는데.
Jenny: Vale, está bien. Pero no sé bien cómo ir.

주앙: 너희 학교 앞에서 지하철을 타고 을지로 3가에서 2호선으로 갈아타면 돼. 광화문으로 해서 오는 버스도 있는데 몇 번 버스인지는 잘 모르겠다. 인터넷에서 지도를 보거나 우리 학교 홈페이지에 한번 들어가서 찾아봐.
Juan: Toma el metro enfrente de tu universidad y haz trasbordo a la línea 2 en la estación de Uljiro 3(sam)-ga. También hay un autobús que viene por Gwanghwamun, pero no sé bien el número del autobús. Mira el mapa por internet o búscalo en la página web de mi universidad.

II.Lea lo siguiente y conteste.

Introducción de la universidad	Horario de clases	Guía para inscripción	Inscripción por internet	Dormitorio/casa de huéspedes

- Saludos
- Historia
- Profesores/as / Empleados/as
- Cómo llegar

Metro	Salir por la salida 3 de la estación Sinchon, línea 2, hacer trasbordo al autobús número 7024 y bajar en el edificio del club de graduados de la universidad Yonsei.
Autobús	272 606 708 6714 7017 7024 7737 Bajar en el edificio del club de graduados de la universidad Yonsei.
Coche	Vaya hacia el tunel Geumhwa desde la intersección enfrente de la universidad Yonsei, gire a la izquierda debajo del paso elevado Bongwon y entre por la puerta este de la universidad Yonsei. Si quiere ir al instituto del idioma coreano, vaya derecho 350m aproximadamente, gire a la izquierda y baje, más o menos, 50m. Se encuentra a la izquierda.

Cultura coreana: Uso de biblioteca

- Biblioteca Nacional de Corea: Es la biblioteca más grande en Corea y tiene mucha documentación. Especialmente, las instalaciones de la biblioteca digital es muy buena.

- Biblioteca de Namsan: Se inauguró en el año 1922 y es la biblioteca más antigua de Corea. Está en la montaña Namsan donde tiene un hermoso paisaje y organiza exposiciones, conferencias y clases de cultura, entre otros.

- Biblioteca de Seúl: Está dentro del edificio anterior de la alcaldía de Seúl y tiene un servicio de búsqueda para toda la documentación de las bibliotecas en Seúl.

Unidad 13 Institución pública

<1> El banco

Objetivo de la lección: Entender el contenido relacionado con el uso de banco.

Vocabulario

현금 자동 인출기 el cajero automático
통장 la libreta de banco　계좌 la cuenta
비밀번호 la contraseña　현금 el efectivo
번호표 el número (a la espera del turno)
뽑다 sacar　서명 la firma
인터넷 뱅킹 la banca por internet
환전 el cambio de divisas　환율 la tasa de cambio
원화 el won　인터넷 전문 은행 la banca electrónica/banca virtual
앱 la aplicación
다운로드 받다 descargar

- **Vamos a escuchar**

1.

(1) 손님, 번호표부터 뽑고 기다리세요.
Señor, primero saque un número y espere, por favor.

(2) 카드부터 받으세요. 그럼 현금을 받을 수 있습니다.
Reciba primero la tarjeta. Después puede recibir el efectivo.

(3) 체크카드를 만들려면 통장부터 만들어야 합니다.
Si quiere obtener una tarjeta de débito, primero tiene que abrir una cuenta.

(4) 서류를 내기 전에 서명부터 해 주세요.
Primero firme por favor, antes de entregar el documento.

2.

(1) 사람이 많아서 기다리는 동안 잡지를 봤어요.
Leía una revista mientras esperaba porque había mucha gente.

(2) 인터넷 뱅킹을 하는 동안 은행에서 문자를 받았어요.
Mientras estaba usando la banca por internet, recibí un mensaje desde el banco.

(3) 리타오 씨가 통장을 만드는 동안 저는 현금 자동 인출기에서 돈을 찾을게요.
Mientras el señor Litao abre la cuenta, voy a retirar dinero en el cajero automático.

(4) 친구가 은행에 갔다가 오는 동안 저는 숙제를 다 했어요.
Mientras mi amiga iba al banco y volvía, terminé mi tarea.

3~4.

직원: 어서 오십시오. 어떻게 오셨습니까?

Empleado: Bienvenido. ¿En qué puedo ayudarle?

손님: 인터넷 계좌를 만들려고 왔는데요.

Cliente: Vine a abrir una cuenta en línea.

직원: 그럼 번호표부터 뽑고 기다리십시오.

Empleado: Entonces, saque un número primero y espere, por favor.

손님: 오래 기다려야 하나요? 기다리는 동안 현금 자동 인출기에서 돈을 찾아도 될까요?

Cliente: ¿Tengo que esperar mucho? ¿Puedo retirar dinero en el cajero automático mientras espero?

직원: 네, 그러셔도 될 것 같습니다.

Empleado: Sí, creo que sí alcanza a hacerlo.

5~7.

손님: 달러를 환전하려고 하는데요.

Cliente: Quiero cambiar dólares.

직원: 얼마나 바꾸실 거예요?

Empleado: ¿Cuánto quiere cambiar?

손님: 오백 달러요. 그런데 환전하려면 여권이 필요한가요?

Cliente: 500 dólares. Por cierto, ¿se necesita el pasaporte para cambiar dinero?

직원: 네, 외국인이 외국 돈을 환전하려면 여권이 필요합니다.

Empleado: Sí, los extranjeros necesitan el pasaporte para cambiar dinero.

손님: 아, 그래요? 여기요. 그런데 오늘 환율은 어떻게 돼요?

Cliente: Ah, ¿de verdad? Aquí tiene. A propósito, ¿a cuánto está la tasa de cambio hoy?

직원: 1달러에 1,100원입니다. 먼저 여기에 서명부터 해 주시고요, 원화를 준비하는 동안 잠시만 기다려 주십시오.

Empleado: Un dólar está a 1,100 wones. Primero firme aquí y espere un momento por favor, mientras preparo los wones.

- **Vamos a leer**

Cada vez hay más gente que usa 'la banca electrónica' hoy en día. Por eso hoy voy a presentarles la banca electrónica.
Si quiere usar la banca electrónica, primero tiene que descargar la aplicación. Es solo abrir una cuenta después de descargarla. Cuando abre la cuenta tiene que crear una contraseña también. Esta contraseña se necesita constantemente mientras esté usando la banca por internet.
Desde el momento que deposite dinero en la cuenta, la puede usar igual que en un banco normal. Puede hacer transferencias a otra persona y pedir un préstamo al banco. También puede obtener una tarjeta de débito. En un banco normal, muchas veces hay que pagar una comisión cuando usan su servicio, mientras que los servicios de la banca electrónica son gratis.
En la banca electrónica, pueden hacer fácil y cómodamente las cosas que no pueden hacer en un banco normal. Pueden hacer o recibir transferencias mientras están hablando con su amigo por mensaje de texto. Mientras estén enviando o recibiendo mensajes con un amigo, pueden hacer la transferencia haciendo clic en el nombre de su amigo. En este caso, no se necesita saber el número de la cuenta del amigo. Si puede contactarse con un amigo a través del celular, pueden enviarle dinero.

<2> La oficina de correos

Objetivo de la lección: Entender el contenido relacionado con el uso de la oficina de correos.

Vocabulario

우편번호 **el código postal** 서비스 **el sevicio**
항공편 **por vía aérea** 배편 **por barco**
엽서 **la tarjeta postal**
부치다 **despachar/enviar** 소포 **el paquete**
할인율 **la tasa de descuento**
국제 특급 **el servicio de correo exprés**
길이 **la longtitud** 상자 **la caja**
이상 **más de** 무게 **el peso**
가격 **el precio** 크기 **el tamaño**
할인율 **la tasa de descuento**
하루 **un día** 팔다 **vender**

- **Vamos a escuchar**

1.

(1) 가: 이 물건을 항공편으로 보내실 건가요? 배편으로 보내실 건가요?
A: ¿Quiere enviar este artículo por vía aérea, o por barco?
나: 항공편으로 보내 주세요.
B: Envíemelo por vía aérea, por favor.

(2) 가: 어떤 꽃으로 하실 건가요?
A: ¿Qué flor quiere comprar?
나: 빨간 장미 꽃다발로 할게요.
B: Voy a comparar un ramo de rosas rojas.

(3) 가: 이 엽서를 모두 러시아로 부치실 건가요?
A: ¿Va a enviar todas esas tarjetas postales a Rusia?
나: 네, 모두 러시아로 보낼 거예요.
B: Sí, voy a enviarlas todas a Rusia.

(4) 가: 이 서비스를 신청하면 미국까지 며칠 걸리나요?
A: Si solicito este servicio, ¿cuánto tiempo se tarda en llegar a los Estados Unidos?
나: 빠르면 하루 늦어도 이틀 안에 보내 드립니다. 신청하실 건가요?
B: Llega cuanto antes, se tarda un día o dos a más tardar. ¿Quiere solicitarlo?

2.

(1) 가: 배편으로 보내면 한 달쯤 걸립니다.
A: Si lo envía por barco, se tarda

aprόximadamente un mes.

나: 한 달이나요?

B: ¿Un mes?

(2) 가: 이 물건은 작지만 5Kg이나 되는군요.

A: Esta cosa es pequeña pero pesa 5kg.

나: 5Kg이면 얼마예요?

B: Si pesa 5kg, ¿cuánto cuesta?

(3) 가: 이 물건은 길이가 45cm나 되니까 5호 상자를 이용하셔야 합니다.

A: Este artículo tiene 45cm de longitud, así que tiene que ponerlo en la caja número 5.

나: 5호면 제일 큰 상자지요?

B: La caja número 5 es la caja más grande, ¿verdad?

(4) 가: 소포를 2개 이상 보내시면 5% 싸게 해 드립니다.

A: Si envía más de dos paquetes, tendrá 5 % de descuento.

나: 5%나 할인이 돼요?

B: ¿Dan hasta 5 % de descuento?

3~4.

노라: 이 책을 노르웨이로 보내려고 하는데요.

Nora: Quiero enviar este libro a Noruega.

직원: 국제 특급 서비스를 이용하실 건가요? 국제 특급을 이용하시면 하루나 이틀 안에 배달이 됩니다.

Empleada: ¿Quiere enviarlo por el servicio de correo exprés? Si usa este servicio, llegará en uno o dos días.

노라: 국제 특급으로 보내면 얼마예요?

Nora: Si lo envío por el correo exprés, ¿cuánto cuesta?

직원: 책 무게가 780g이니까 34,000원을 내셔야 합니다.

Empleada: El libro pesa 780g así que son 34,000 wones.

노라: 34,000원이나 내야 해요? 생각보다 비싸군요.

Nora: ¿34,000 wones? Más costoso de lo que pensaba.

5~7.

손님: 택배로 물건을 보내려고 하는데요. 너무 무거워서 못 가지고 왔어요. 집에서 보낼 수 있습니까?

Cliente: Quiero enviar un artículo por entrega puerta a puerta. No pude traerlo porque estaba muy pesado. ¿Es posible enviarlo desde mi casa?

직원: 네, 방문 서비스를 신청하시면 댁으로 저희 직원이 물건을 가지러 갑니다. 방문 서비스를 신청하실 건가요?

Empleado: Sí, si solicita el servicio de visita, un empleado va por el artículo a su casa. ¿Quiere solicitarlo?

손님: 가격이 많이 비싼가요?

Cliente: ¿Es muy costoso?

직원: 많이 비싸지는 않습니다만 일이천 원정도 더 내셔야 합니다. 물건 무게가 얼마나 되나요?

Empleado: No es muy costoso pero tiene que pagar 1,000 o 2,000 wones más. ¿Cuánto pesa el artículo?

손님: 32Kg 정도 됩니다.

Cliente: Pesa, más o menos, 32kg.

직원: 32Kg이나 돼요? 그럼 돈을 좀 더 내셔야 합니다.

Empleado: ¿32kg? Pues, tiene que pagar un poco más.

- **Vamos a leer**

Información sobre varios servicios de la oficina de correos

¿Van a celebrar días especiales de familiares o amigos?
Usen el servicio del envío de la tarjeta de felicitación de la oficina de correos. Solo debe escoger la tarjeta y escribir el mensaje de felicitación, y las llevamos en un día. También pueden enviar la misma tarjeta a 100 personas de una vez.

¿Quieren regalar flores a su ser querido?
La oficina de correos también tiene servicios de envío de flores. Pueden enviar un hermoso ramo de flores con un mensaje. Pueden enviar también un regalo con las flores, si lo desean. Tienen que pagar adicional por la entrega del regalo.

¿Quieren comer saludable?
En la oficina de correos, se venden alimentos frescos que son deliciosos y saludables. Llevamos a domicilio las frutas frescas, las verduras, la carne y los granos, entre otros, si los piden por internet o teléfono.

¿Van seguir usando el celular costodo?
En la oficina de correos, pueden comprar un celular y usarlo a un precio bajo. El servicio de celular de la oficina de correos es 20~30% más barato que el servicio normal de celular.

Unidad 14 Teléfono

<1> El celular

Objeto del aprendizaje: Entender el contenido que explica varias funciones del celular

Vocabulario

통화하다 hablar por teléfono
계산하다 calcular　녹음하다 grabar
동영상을 보다 ver el video
음성 메시지 el mensaje de voz
검색하다 buscar　속도 la velocidad
기능 la función　기사 el artículo
청소년 el/la adolescente　위험하다 (ser) peligroso
글씨 la letra

• **Vamos a escuchar**

1.

(1) 주앙아, 내일 5시에 반모임이 있어. 약속 장소는 학교 정문 앞이야.
Juan, tenemos la reunión con compañeros de aula mañana a las 5. El lugar del encuentro es enfrente de la puerta principal de la universidad.

(2) 흐엉 씨, 내일 약속 잊어버리지 않았지요? 에릭 씨는 못 올 거예요. 요즘 많이 바빠요.
Señor Huong, ¿cierto que se acuerda de la cita de mañana? El señor Eric no podrá venir. Está muy ocupado estos días.

(3) 유키 씨 들었어요? 마이클 씨가 지난주에 고향에 일이 있어서 미국에 돌아갔어요.
¿Ha escuchado, señora Yuki? El señor Michael regresó a los Estados Unidos porque surgió un asunto en su ciudad natal la semana pasada.

(4) 리타오, 올리비아 씨 생일 파티에 꽃다발 사 가지고 와. 노라는 케이크를 만들어 가지고 올 거야.
Litao, compra un ramo de flores y ven a la fiesta de cumpleaños de Olivia. La señora Nora va a preparar un pastel y va a venir.

2.

올리비아: 에릭 씨, 휴대 전화 좋은데요. 이거 어때요? 저도 바꿔야 해서요.
Olivia: Señor Eric, su celular parece bueno. ¿Qué tal está? Yo también tengo que cambiar del celular.

에릭: 어제 샀어요. 요즘 인기 있는 휴대 전화가 뭐냐고 하니까 이걸 보여 주셨어요. 동영상 속도가 빠르냐고 물어보니까 요즘은 다 빠르다고 했어요. 또 게임을 할 수 있냐고 하니까 전화 안에는 게임이 하나도 들어있지 않지만 무료로 살 수 있다고 했어요. 인터넷 검색이 잘 되냐고 하니까 다른 휴대 전화보다 속도도 빠르고 좋다고 해요. 올리비아 씨도 이걸로 한번 알아보세요.
Eric: Lo compré ayer. Pregunté qué modelo de celular era famoso estos días y me mostró este. Pregunté si la velocidad de descarga de videos era rápida y me dijeron que todos eran rápidos hoy en dia. También pregunté si podía jugar y me dijo que no tenía ningún juego en el celular pero se podían descargar gratis. Pregunté si era bueno para buscar por internet y me dijo que era más rápido y bueno que los otros celulares. Averigüe este modelo usted también, señora Olivia.

3~4.

존: 윤아야, 조금 전에 어머니하고 통화했지? 무슨 일 있어?
John: Yuna, ¿cierto que hablaste con tu madre hace poco? ¿Pasó algo?

윤아: 아니, 어머니가 잘 지내냐고 물어보려고 전화하셨어.
Yuna: No, mi madre me llamó para preguntar si todo estaba bien.

존: 나도 멀리 있지만 일주일에 두 세 번은 통화도 하고 메시지도 보내. 가끔 어머니께서 가족들이 모여서 찍은 사진이나 동영상을 보내주시는데 그럴 때는 고향이 참 그리워.
John: Aunque estoy lejos también, hablo por teléfono o envío mensajes dos o tres veces a la semana. A veces mi madre me envía fotos o videos que tomaron en familia y eso me hace extrañar mucho mi ciudad natal.

윤아: 휴대 전화가 있어서 멀리 있는 가족들과 편하게 연락할 수 있으니까 좋네. 참, 존, 하늘이하고 통화했는데 내일 같이 등산을 할 수 있냐고 물었어. 내일 시간 있어?
Yuna: Es muy bueno tener el celular ya que podemos hablar fácilmente con la familia que está lejos. Por cierto, John, hablé por teléfono con Haneul y preguntó si podrías subir a la montaña con nosotros mañana. ¿Tienes tiempo?

존: 좋지. 나도 갈 수 있다고 전해 줘.
John: Vale. Por favor dile que yo también puedo ir.

5~7.

에릭: 유키 씨, 요즘 사람들은 가족과 식사를 할 때도 친구와 이야기를 할 때도 모두 휴대 전화만 보고 있는 것 같아요. 신문 기사를 봤는데 청소년들에게 하루에 몇 시간 휴대 전화를 사용하냐고 물어보니까 3시간 이상 사용한다고 대답했어요. 길을 걸을 때도 위험하고 눈도 많이 나빠졌다고 해요.
Eric: Señora Yuki, parece que la gente solo está mirando el celular cuando come con la familia o habla con los amigos estos días. Leí un artículo de un periódico y decía que cuando les preguntó a los adolescentes cuántas horas usaban el celular al día, contestaron que lo usaban más de 3 horas. Dice que no solo es peligroso usarlo caminando en la calle, sino también empeora la vista.

유키: 하지만 휴대 전화가 있어서 좋은 점이 훨씬 많아요. 인터넷을 검색할 때도 컴퓨터가 없어도 되고, 모르는 단어가 있을 때 휴대 전화로 찾아보면 되니까 정말 생활이 편해졌어요. 무거운 카메라도 필요 없고 길 찾을 때도 알려주고, 이제는 우리 생활에서 없으면 안 되는 물건인 것 같아요.
Yuki: Pero hay muchas más ventajas de tener un celular. La vida se volvió más cómoda porque ya no se necesita la computadora para buscar algo por internet, así como cuando no conozco alguna palabra puedo buscarla en el celular. No se necesita llevar una cámara pesada tampoco y ayuda a buscar direcciones, así que es un artículo indispensable para nuestra vida.

에릭: 그것도 맞는 말이네요.
Eric: Eso también es correcto.

• **Vamos a leer**

Hoy en día, toda la gente tiene un celular, desde niños a personas mayores. Mucha gente hace varias cosas con su celular como llamadas telefónicas, la grabación, cuentas, tomar videos y fotos y juegos, entre otros.
Nuestro periódico hizo una encuesta a las personas entre los 20 y 30 años y a las personas mayores que tienen más de 70 años; en total 1,000 personas, sobre cuándo usan el teléfono móvil y cuáles son los inconvenientes en su uso.
Los adultos en los 20 y 30 años contestaron que miraban noticias o dramas, hacían compras o usaban la banca a través de internet. Dijeron que les gustaba tomar fotos con el celular y subirlas en su blog.
Las personas mayores dijeron que normalmente lo usaban para hacer llamadas o enviar mensajes, diferente a la gente en los 20 y 30 años. Además dijeron que era muy cómodo porque muchas veces tienen que calcular precios de productos u otras cosas y lo pueden hacer en el celular. También dijeron que era incómodo porque la letra era muy pequeña cuando buscaban por internet de vez en cuando.
Por eso, las empresas que producen celulares dicen que van a hacer un nuevo celular en el que las personas mayores pueden buscar información cómodamente y que tiene letra más grande.

<2> El mensaje

Objetivo de la lección: Entender el contenido de un mensaje o nota.

Vocabulario

함께 **juntos**	남기다 **dejar**
출발하다 **partir/salir**	남산 **el montaña Namsan**
서울역 **la estación de Seúl**	낮잠 **la siesta**
깜빡 **olvidarse**	꼭 **sin falta**
기쁘다 **estar feliz**	

• **Vamos a escuchar**

1.

에릭: 유키 씨, 어제 레오 씨하고 통화했는데, 레오 씨가 시험이 끝나고 반 모임을 하자고 했어요. 오랜만에 같이 영화도 보고 쇼핑도 하자고 해요. 저녁 먹고 같이 노래방에도 가자고 하는데요.

Eric: Señora Yuki, ayer hablé por teléfono con el señor Leo y él dijo que hiciéramos la reunión de compañeros de aula después de terminar los exámenes. Dice que vayamos a ver una película y hacer compras juntos ya que hace mucho no lo hacemos. También dice que vayamos a un karaoke después de cenar.

유키: 정말 재밌겠어요. 좋아요. 그런데 지금 시간 있어요? 도서관에 가는데 같이 갈래요? 커피부터 한잔 마시고 숙제해요.

Yuki: Suena muy divertido. Está bien. Por cierto, ¿tiene tiempo ahora? Estoy yendo a la biblioteca, ¿quiere ir conmigo? Tomamos un café primero y hacemos la tarea.

에릭: 좋아요. 같이 가요.

Eric: Vale. Vamos juntos.

2.

(1) 유키: 지금 4시인데 아직 출발 안 했어?

Yuki: Son las 4, ¿no has salido todavía?

존: 주앙이가 메시지를 보냈는데 5시까지 한강 공원 앞으로 오라고 했어.

John: Juan me mandó un mensaje diciendo que viniera al frente del parque del río Hangang a las 5.

(2) 하숙집 아주머니: 하늘아, 어머니가 저녁에 전화하라고 하신 메모 봤어?

Dueña de la casa de huéspedes: Haneul, ¿viste la nota que decía que tu madre dijo que la llamaras en la noche?

하늘: 저희 어머니가 전화하셨어요? 지금 전화해 봐야겠어요.

Haneul: ¿Mi madre me había llamado? Le voy a llamar ya.

(3) 유키: 흐엉 씨가 방금 메시지로 노라 씨 생일 파티를 할 식당을 예약하라고 했어요.

Yuki: Ahora el señor Huong dijo por mensaje de texto que reservara el restaurante donde haríamos la fiesta de cumpleaños de la señora Nora.

에릭: 제가 전화로 예약할게요.

Eric: Voy a reservar por teléfono.

(4) 주앙: 저는 케이크를 샀는데 레오 씨는 마이클 씨 환송회에 뭘 사 가지고 갈 거예요?

Juan: Compré una tarta, y ¿usted qué va a llevar a la despedida del señor Michael, señor Leo?

레오: 올리비아 씨가 꽃다발을 사 오라고 메시지를 보냈어요.

Leo: La señora Olivia envió un mensaje que decía que comprara un ramo de flores y fuera.

3~4.

뚜— 뚜--(신호만 계속 가고 전화를 받지 않음.)

(Está sonando pero no contesta)

(유키가 혼잣말로) 에릭 씨가 전화를 왜 안 받지? 회사 일이 바쁜가? 음성 메시지를 남겨야겠다.

(Yuki hablando consigo misma) ¿Por qué no contesta el señor Eric? ¿Estará ocupado en su trabajo? Le voy a dejar un mensaje de voz.

삐--

Bip--

에릭 씨, 저 유키예요. 노라 씨가 오늘 저녁에 남산에 놀러 가자고 해요. 7시에 서울역 앞에서 만나자고 해요. 에릭 씨 회사가 서울역에서 가까우니까 바로 오세요. 노라 씨는 따로 혼자 오는데 서울역 앞이 복잡하니까 도착하면 저한테 전화하라고 했어요. 저녁부터 먹고 남산에 올라가요. 늦지 않게 오세요.
Señor Eric, Soy Yuki. La señora Nora dice que vayamos a la montaña Namsan esta noche. Dice que nos veamos enfrente de la estación de Seúl a las 7. Venga directamente de la empresa ya que está cerca de la estación de Seúl. Señor Eric, soy Yuki. Es que la señora Nora dice que vayamos a la montaña Namsan esta noche. Dice que nos veamos enfrente de la estación de Seúl a las 7. Ya que su empresa está cerca de la estación de Seúl, venga directamente. La señora Nora vendrá sola, por eso dije que me llamara cuando llegue porque delante de la estación de Seúl es complicado. Primero vamos a cenar y luego subir a la montaña Namsan. No llegue tarde.
삐--
Bip--

5~7.
흐엉: 레오 씨, 어제 친구 잘 만났어요?
Huong: Señor Leo, ¿cómo le fue ayer con su amigo?
레오: 아니요, 못 만났어요. 친구가 급한 일이 생겨서 저한테 전화를 했는데 제가 전화를 집에 놓고 나가서 못 받았어요. 회사일 때문에 못 나가니까 나오지 말라고 메시지도 계속 보냈다고 해요. 저는 혼자 1시간 쯤 기다리다가 집에 돌아왔어요.
Leo: No, no pudimos encontrarnos. Mi amigo me llamó porque le surgió algo urgente pero no le pude contestar porque había dejado mi celular en la casa. Dice que me ha enviado mensajes diciendo que no podría salir del trabajo para que yo no saliera. Estuve esperándolo, más o menos, una hora y volví a casa.
흐엉: 어떻게 휴대 전화 없이 나갔어요? 저는 요즘 휴대 전화가 없으면 아무것도 못하는데.
Huong: ¿Cómo puede salir sin el celular? Yo no puedo hacer nada sin mi celular estos días.
레오: 어제 낮잠을 자다가 늦게 나갔어요. 정신이 없어서 휴대 전화를 깜빡 했어요.
Leo: Ayer estuve tomando una siesta y salí tarde. Me descuidé y se me olvidó llevar mi celular.
흐엉: 그랬군요. 연락이 안 되니까 친구도 걱정을 많이 했을 것 같아요.
Huong: Entiendo. Me imagino que su amigo habría estado muy preocupado por no poder contactarse con usted.
레오: 네, 친구가 이번주 토요일에 다시 만나자고 했어요. 친구가 저녁을 사겠다고 했어요.
Leo: Sí, mi amigo dijo que no encontráramos de nuevo este sábado. Dijo que me invitaba a cenar.

- **Vamos a leer**

Haneul, preparé un poco de mandu que te gusta y vine pero no estás en tu casa. Te he llamando pero no me contestas. Creo que estás en clase. Te he estado esperando durante 30 minutos pero no has venido, así que te dejo este mensaje y me voy a ir a casa.
Tu hermano mayor dice que comamos fuera con toda la familia la próxima semana porque tu abuelo cumple años. Dijo que reservaría un buen restaurante que hace días que no vamos. Así que asiste sin falta. Además tu hermano dice que presentaría a su novia a nuestra familia. Sé que estarás ocupado por el estudio, pero espero que vengas a esta reunión familiar sin falta.
Tu hermano pidió que comprara una tarta de cumpleaños para el abuelo pero estoy ocupada así que cómprala tú y ven.
Tu abuelo está feliz porque se reune toda la familia después de tanto tiempo. Así que no te olvides de la reunión. Te iba a escribir corto pero no pude. Llámame cuando tengas tiempo.

-Tu madre que te ama

Repaso de la Unidad 13 y 14

Vocabulario

신기하다 **(Ser) maravilloso/a**
우편함 **el buzón** 맞추다 **ajustar**

I. Lea lo siguiente y conteste.

Le he preguntado a un amigo coreano en dónde puedo abrir una cuenta. Mi amigo dijo que abriera una cuenta en la oficina de correos porque es cómodo en varios sentidos. Por eso cuando llegué a Corea, primero abrí una cuenta en la oficina de correos.
Fui a la oficina de correos y había mucha gente. Hubo gente que retira dinero, solicita obtener la tarjeta de débito, envía un artículo por entrega puerta a puerta y envía un paquete al extranjero, entre otros. Saqué un número y ya había treinta personas antes de mi turno. Mientras esperaba, leía una revista escuchando música con el celular. El empleado llamó mi número después de 20 minutos aproximadamente, por eso le entregué el pasaporte y abrí la cuenta.
El empleado dijo que si descargaba la aplicación de la oficina de correos, podría usar desde la banca por internet, hasta el servicio de entrega puerta a puerta con el celular. Normalmente uso internet o veo videos con mi celular, por eso me pareció maravilloso poder hacer otras cosas. Cuando pago la renta mensual de la casa de huéspedes, no tengo que ir a (A) personalmente, así como cuando quiero cambiar algo que compré por

internet, puedo solicitarlo (㉯) fácilmente.

II.Escuche el diálogo y conteste.

흐엉: 여보세요? 저 택배 때문에 전화 했는데요.

Huong: ¿Aló? Estoy llamando por el servicio de entrega puerta a puerta.

우체국 직원: 네, 말씀하십시오.

Empleado de la oficina de correos: Sí, dígame.

흐엉: 제가 며칠 전에 우체국 앱에서 택배를 보내려고 신청했는데요. 어제 우체국에서 저희 집에 방문한다고 메시지가 왔어요. 그런데 제가 밖에 있어서 택배 직원을 못 만났어요.

Huong: Hace unos días solicité el servicio de entrega puerta a puerta a través de la aplicación de la oficina de correos. Ayer recibí un mensaje de la oficina de correos que decía que visitarían mi casa. Pero, estaba afuera y no pude encontrarme con el empleado encargado de la entrega.

우체국 직원: 잠깐만 기다리십시오. 제가 확인해 보겠습니다. 음, 저희 직원이 어제 오후 3시쯤 댁에 방문했는데 아무도 안 계셔서 우편함에 메모를 남겼다고 합니다. 확인해 보셨나요?

Empleado de la oficina de correos: Espere un momento por favor. Voy a verificar. Ummm, El empleado visitó su casa ayer como a las 3 de la tarde pero no había nadie, por eso dice que le había dejado una nota en el buzón. ¿La habrá visto?

흐엉: 아, 못 봤어요. 그런데, 제가 지금 밖에 있어서 메모를 확인할 수가 없어요.

Huong: Ah, no la he visto. Pero no puedo verla porque estoy afuera.

우체국 직원: 오늘 몇 시에 댁에 계실 건가요? 그 시간에 맞춰서 택배 직원에게 연락하겠습니다.

Empleado de la oficina de correos: ¿A qué hora va a estar en la casa hoy? Voy a ajustar la hora y avisarle al empleado.

흐엉: 저는 2시 쯤 집에 도착할 것 같아요.

Huong: Creo que voy a llegar a casa a las 2, más o menos.

우체국 직원: 그럼 먼저 택배 직원에게 전화부터 드리라고 전하겠습니다.

Empleado de la oficina de correos: Entonces le diré al empleado que lo llame por teléfono primero.

Cultura coreana: Máquina para pagar las facturas de servicios públicos

Cuando van al banco, pueden ver las máquinas para pagar las facturas de servicios públicos al lado de los cajeros automáticos. Antes, tenían que sacar un número y esperar largo tiempo para pagar el cobro de administración, las facturas de gas, agua o teléfono. Pero, ahora hay máquinas para pagar las facturas de servicios públicos y pueden pagar sin hacer fila, si tienen la libreta de banco o la tarjeta. Recientemente, se puede pagar aun más fácil y cómodamente con la tarjeta de crédito o a través de la banca por internet. Creo que la vida se ha vuelto más cómoda.

Unidad 15 Reservadión y pedido

<1> La reserva en un restaurante

Objetivo de la lección: Entender el contenido que explica como hacer una reserva de varias formas.

Vocabulario

기회 **la oportunidad**　　날짜 **la fecha**
예약석 **el asiento reservado**
분위기 **el ambiente**　　카페 **la cafetería**
공휴일 **el día festivo**　　연말 **el fin de año**
기대 **la expectativa**　　경험 **la experiencia**
알리다 **avisar**　　뷔페 **el bufé**
팥빙수 **patbingsu**　　늘 **siempre**
방금 **hace muy poco**　　간단하다 **es simple**
종류 **la variedad**

- **Vamos a escuchar**

1.

(1) 분위기가 좋은 카페라서 데이트할 때 가면 좋겠어요.
Es una cafetería que tiene un buen ambiente, así que sería bueno ir cuando tenga una cita.

(2) 인기가 많은 곳이라서 빨리 가서 줄을 서야 해요.
Tenemos que ir cuanto antes y hacer fila porque es un lugar muy famoso.

(3) 오늘은 공휴일이라서 은행이 문을 열지 않아요.
Ya que hoy es festivo, el banco no abre porque hoy es día festivo.

(4) 연말이라서 식당을 예약하기가 어려울 것 같아요.
Creo que es difícil hacer reserva en restaurantes porque es fin de año.

2.

유키: 윤아 씨, 이 식당은 뭐가 맛있어요? 제 동생은 한국 음식이 처음이라서 아주 기대하고 있어요.

Yuki: Señora Yuna, ¿cuál es el plato más famoso en este restaurante? Es la primera vez que mi hermana menor come la comida coreana, por eso tiene gran expectativa.

윤아: 네, 유키 씨. 여기는 냉면이 유명한 식당이에요. 그런데 그쪽에 있는 물 좀 주시겠어요?

Yuna: Sí, señora Yuki. Este restaurante es famoso por el naengmyeon. Por cierto, ¿puede pasarme el agua que está ahí por favor?

유키: 네, 여기요. 윤아 씨가 잘 아니까 좀 주문해 주세요. 그리고 제 동생에게도 물을 좀 주세요.

Yuki: Sí, aquí tiene. Usted conoce bien, así que pida por nosotras por favor, señora Yuna. Y dele un poco de agua a mi hermana también, por favor.

윤아: 네, 알겠어요. 그런데 유키 씨 동생은 냉면을 알아요? 유키 씨가 동생에게 냉면이 무엇인지 일본말로 좀 설명해 주세요.

Yuna: Sí, de acuerdo. A propósito, ¿su hermana sabe qué es el naengmyeon? Por favor explíquele en japonés a su hermana qué es el naengmyeon.

3~4.

주인: Y 레스토랑입니다.

Dueño: Es el restaurante Y.

여자: 다음 주 금요일 저녁에 식사 예약을 하려고 하는데요.

Mujer: Quiero hacer una reserva para cenar el viernes de la próxima semana.

주인: 네, 4월 2일 금요일이요. 몇 시에 몇 분이지요?

Dueño: Sí, el viernes, 2 de abril. ¿A qué hora y para cuántas personas?

여자: 저녁 7시에 여덟 명이에요. 친구 생일이라서 파티를 하고 싶은데 방을 따로 예약할 수 있나요?

Mujer: A las 7 de la noche y somos 8. Queremos hacer una fiesta porque es el cumpleaños de mi amiga, ¿es posible reservar un salón privado?

주인: 잠시만요. 여덟 분이 들어가실 수 있는 방이 하나 남았네요. 금요일 저녁이라서 다른 방은 벌써 다 예약이 되었어요. 그럼 성함과 전화번호를 말씀해 주십시오.

Dueño: Un momento por favor. Queda un salón disponible en el que caben 8 personas. Los otros salones ya están totalmente reservados porque es la noche del viernes. Entonces, dígame por favor su nombre y el número de teléfono.

5~7.

존: 하늘아, 나 이것 좀 도와줘.

John: Haneul, ayúdame con esto por favor.

하늘: 뭔데, 존? 아, 인터넷으로 식당을 예약하려고?

Haneul: ¿Qué es, John? Ah, quieres hacer una reserva por internet?

존: 응, 친구들이 나한테 예약을 해 달라고 부탁했는데 인터넷으로 하면 서비스로 음료수를 준다고 해서. 그런데 모르는 단어가 계속 나와서 좀 어렵다.

John: Sí, mis amigos me pidieron hacer la reserva y el restaurante dice que da refrescos gratis si hace la reserva por internet. Pero, es un poco difícil porque aparecen continuamente las palabras que no conozco.

하늘: 그래? 어디 볼까? 여기 '예약하기' 버튼부터 누르고, 그 다음에 예약날짜와 시간을 고르면 돼.

Haneul: ¿Sí? A ver. Primero, haz clic en el botón 'Reservar' y escoge la fecha y hora de la reserva.

존: 응, 그럼 8월 20일, 저녁 7시. 그 다음 단어는 무슨 말이야?

John: Sí, pues el 20 de agosto a las 7 de la noche. ¿Qué significa la siguiente palabra?

하늘: 식당에 갈 사람이 몇 명이냐는 말이야.

Haneul: Significa que cuántas personas son los que van a ir al restaurante.

존: 그렇구나. 그럼 나까지 세 명. 그 다음에는 내 전화번호와 이메일 주소를 쓰는 거야?

John: Entiendo. Pues somos tres incluyéndome. Después, ¿escribo mi número de teléfono y correo electrónico?

하늘: 응. 이제 마지막으로 제일 아래에 있는 '예약 신청하기' 버튼을 눌러. 다 된 것 같은데... 와, 존 네 휴대전화로 예약이 됐다는 문자메시지가 벌써 왔네.

Haneul: Sí. Ahora por último, presiona el botón 'Solicitar la reserva' que está en la parte más inferior. Creo que ya está... ¡eh! ya llegó el mensaje de texto a tu celular confirmando que la reserva está hecha.

- **Vamos a leer**

Desde el miércoles de la próxima semana empiezan los días feriados y vienen mi hermana mayor y mi sobrina. Tengo mucha expectativa de encontrarme con mi familia que extraño porque ha pasado 1 año desde la última vez que nos encontramos. Ayer llamé a mi hermana y le pregunté qué le gustaría hacer en Corea. Mi hermana dijo que quería tener varias experiencia mientras está en Corea porque es su primera visita. Dijo que la llevara a los famosos lugares turísticos y que quería comer la comida coreana que no hay en mi ciudad natal. Mi sobrina, que tiene mucho interés en las telenovelas coreanas, dijo que la llevara a los estudios de producción. Y dijo que quería probar la comida picante que había visto en las telenovelas. ¿Mi sobrina podrá comer la comida picante de Corea? Le dije a una amiga, quien conoce muchos restaurantes famosos, que presentara los restaurantes que preparan rica la comida picante. Mi amiga me recomendó algunos restaurantes. Uno de ellos es muy famoso, por eso mi amiga dijo que tenía que hacer una reserva sin falta si vamos a ir en un fin de semana. Por eso llamé por teléfono hoy e hice la reserva de una vez. Creí que les gustaría comer la comida occidental también mientras viajan en corea, por eso averigüé un poco por internet. Encontré un restaurante bufé que parecía bueno para mi familia porque hay comida de varios países del mundo. Cuando hice la reserva, me dijo que podía escoger la mesa, por eso le dije que reservara un lugar tranquilo.

Estaré un poco ocupada cuando lleguen mi hermana y mi sobrina, pero creo que podré pasar muy feliz los días feriados.

<2> El pedido a domicilio

Objetivo de la lección: Entender el contenido que explica como se pide comidas a domicilio y se confirma el pedido.

Vocabulario

주문하다 pedir
배달하다 hacer el servicio a domicilio
배달되다 se entrega a domicilio
배달 시키다 pedir a domicilio
판 (la palabra en coreano utlizada para contar ciertos platos como una unidad. Ejemplo: Aunque una pizza esté cortada en varios pedazos, se puede referir a la pizza entera como 판)
신용카드 la tarjeta de crédito
결제하다 pagar 거리 la distancia
점수 la calificación
배달비 el costo de la entrega a domicilio
파스타 la pasta
장바구니 la bolsa de la compra

- **Vamos a escuchar**

1.

(1) 남자: 피자는 몇 판 배달 시킬까요?
Hombre: ¿Cuántas pizzas pido a domicilio?
여자: 한 판만 시킵시다.
Mujer: Pidamos sólo una.

(2) 아이: 엄마, 과자 많이 사도 돼요?
Niño: Mamá, ¿puedo comprar muchas galletas?
엄마: 안 돼. 오늘은 네가 먹고 싶은 거 한 개만 사라.
Mamá: No. Hoy compra solo una que quieras comer.

(3) 남자: 주차료를 현금으로 낼 수 있나요?
Hombre: ¿Puedo pagar el costo del aparcamiento en efectivo?
여자: 여기에서는 신용카드로만 결제할 수 있습니다.
Mujer: Aquí puede pagar solo con la tarjeta de crédito.

(4) 손님: 저쪽에서 먹어도 돼요?
Cliente: ¿Puedo comer allá?
주인: 죄송합니다만 식당 안에서만 드실 수 있습니다.
Dueña: Lo siento, pero puede comer solo dentro del restaurante.

2.

노라: 유키 씨가 전에 한 번 왔던 식당이라고 했으니까 메뉴를 좀 골라주세요.
Nora: Usted dijo que había venido a este restaurante una vez, así que escoja el menú por mí por favor, señora Yuki.
유키: 네, 그럴게요. 제가 전에 먹었던 게 이 햄버거인데 정말 맛있었어요.
Yuki: Sí, está bien. Esta hamburguesa es la que comí la vez pasada y estaba deliciosa.
노라: 감자튀김도 같이 먹을까요?
Nora: ¿Comemos unas papas fritas también?
유키: 감자튀김은 안 먹어 봤는데 하나 시켜 볼까요? 그런데 그때 제가 봤던 사장님이 오늘은 안 계시네요. 아주 예쁘고 친절하셨어요. 처음 보는 남자 종업원들만 있군요.
Yuki: No he probado las papas fritas, ¿pedimos unas? Por cierto, no está la dueña, a quien vi la vez pasada. Era muy bonita y amable. Hoy están solo meseros que no había visto antes.
노라: 그래요? 아, 우리 이따가 옆에 있는 커피숍에 가요. 전에 같이 팥빙수를 먹었던 곳이요.
Nora: ¿Sí? Ah, luego vamos a la cafetería que está al lado. Donde comimos un patbingsu juntas la vez pasada.

3~4.

우진: 여보세요? 여기 서울 빌딩 302호인데요.
Ujin: ¿Aló? Estoy llamando desde la oficina número 302 del edificio Seúl.
주인: 잠시만요, 302호요. 아, 아까 주문하셨던 분이네요.
Dueño: Un momento por favor, el número 302. Ah, es usted quien pidió hace un rato.
우진: 네, 자장면 주문한 지 30분이 지났는데 아직 안 와서요. 곧 회의 시간인데... 늘 배달이 빨랐는데 오늘은 왜 이렇게 늦지요?
Ujin: Sí, es que ya pasaron 30 minutos desde que pedí un jajangmyeon y no ha llegado aún. Dentro de poco tengo una reunión... El servicio a domicilio siempre es rápido, pero ¿por qué se demora tanto hoy?
주인: 정말 죄송합니다, 손님. 오늘은 주문이 많이 밀려서요. 방금 출발했으니까 곧 배달될 거예요. 5분 정도만 더 기다려 주세요.
Dueño: Lo siento mucho, señor. Porque hoy muchos pedidos están acumulados. Acaba de salir para allá, así que ya se entregará el domicilio. Espere 5 minutos más por favor.

5~7.

주앙: 리타오, 아까 우리가 주문한 음식 도착할 시간 되지 않았어?
Juan: Litao, ¿cierto que ya es hora de que llegue la comida que pedimos hace poco?
리타오: 응. 그럼 내가 기숙사 밖으로 나가서 받아 가지고 올게.
Litao: Sí. Entonces salgo del dormitorio, recibo la comida y la traigo.
주앙: 1층에서 기다리고 있으면 돼. 배달하시는 분이 문 앞에 도착하면 그 때 나가서 받는 거야. 결제는 했어?
Juan: Puedes esperar en el primer piso. Cuando llegue la persona que hace la entrega a domicilio enfrente de la puerta, sal en ese momento y recíbela. ¿Ya pagaste?
리타오: 응, 아까 앱으로 주문할 때 했어. 휴대 전화로 결제하니까 빠르고 간단해서 참 좋아.
Litao: Sí, pagué cuando pedí la comida en la aplicación. Es muy bueno pagar con el celular porque es rápido y simple.
주앙: 그렇지. 아, 우리가 음식을 여러 종류 시켰으니까 음식을 받으면서 잘 확인해야 돼. 내가 전에 시켰던 곳에서는 치킨만 가지고 오고 음료수를 안 가지고 왔어.
Juan: De acuerdo. Ah, al recibir la comida, tienes que verificar bien porque pedimos varios platos. El restaurante en donde había pedido a

domicilio la vez pasada, me trajo solo el pollo sin el refresco.

리타오: 응, 알겠어. 금방 갔다 올게.
Litao: Vale, entiendo. Ya vengo.

- **Vamos a leer**

Hey Pizza			Pizza Italy		
Hora de servicio a domicilio: Todos los días 11:00A.M.-11:00P.M. Dirección: Changcheon-dong, Seodaemun-gu, Seoul Distancia disponible para el servicio a domicilio: 1.5 km Calificación: 4.1 ★ Si pide solo una pizza, tiene que pagar el costo de la entrega a domicilio (3,000 wones). Si pide más de dos pizzas o pizza y pollo juntos, el costo de entrega a domicilio es gratis. ★ Si pide una pizza de tamaño grande, le damos gratis una Coca-Cola o Sprite.			Hora de servicio a domicilio: Todos los días 11:30A.M.-10:00P.M. Dirección: Sangsu-dong, Mapo-gu, Seoul Distancia disponible para el servicio a domicilio: 2 km Calificación: 4.3 ★ Se puede entregar a domicilio cuando pide más de 10,000 wones. (El costo de la entrega a domicilio es de 1,000 wones) ★ A los clientes que habían pedido antes, damos un cupón de descuento de 20 % que pueden usar la próxima vez.		
Menú Pizza ▷ Pollo ▷ Refresco ▷			Menú Pizza ▷ Pollo ▷ Refresco ▷		
Cesta	Pedir	Pagar	Cesta	Pedir	Pagar

Unidad 16 Salud

<1>El hospital

Objetivo de la lección: Entender el contenido que muestra cómo se explican los síntomas de dolor a un amigo o un doctor.

Vocabulario

속 el estómago
붓다 hincharse
감기에 걸리다 tener un resfriado
환자 el/la paciente
배탈나다 tener malestar estomacal
소화 la digestión
변비 el estreñimiento
기침을 하다 toser
열이 나다 tener fiebre
넘어지다 caerse
검사 el examen
깁스를 하다 enyesar
짓다 construir
낫다^2 recuperarse
심하다 algo que está grave
차다 algo que está frío
콧물이 나다 tener mocos

- **Vamos a escuchar**

1.

(1) 가: 어제 술을 마신데다가 늦게 자서 머리가 좀 아파요.
A: Además de tomar alcohol, me acosté tarde ayer, por eso me duele un poco la cabeza.
나: 빨리 집에 가서 쉬어야겠네요.
B: Tendrá que ir a casa a descansar cuanto antes.

(2) 가: 기침을 많이 하는데다가 열도 나요.
A: Además de tener mucha tos, tengo fiebre.
나: 감기에 걸린 것 같은데요. 병원에 가 보세요.
B: Creo que tiene un resfriado. Vaya al hospital.

(3) 가: 오늘 왜 이렇게 기다리는 사람이 많아요?
A: ¿Hoy por qué hay tanta gente que está esperando?
나: 요즘 감기가 유행인데다가 다른 병원이 쉬는 날이라서 그래요.
B: Además de que hay una epidemia de gripe estos días, los otros hospitales están cerrados.

(4) 가: 목이 좀 아픈데 오늘 김선생님 좀 뵐 수 있나요?
A: Tengo un poco de dolor de garganta, ¿podría recibirme el doctor Kim hoy?
나: 오늘은 예약 환자가 많은데다가 곧 문을 닫을 시간이니까 내일 오세요.
B: Además de que hay muchos pacientes que tienen cita hoy, ya casi es la hora de cierre, así que vuelva mañana por favor.

2.

저는 스키를 타다가 넘어졌습니다. 손이 아파서 장갑을 벗었는데 손이 부은 것 같았습니다. 그래서 병원에 갔는데 선생님이 검사를 한 후에 깁스를 해야 한다고 하셨습니다. 또 깁스를 한 후에는 약국에 가서 약을 지어 먹으라고 하셨습니다. 손을 사용할 수 없으니까 너무 불편합니다. 약을 먹고 빨리 손이 나았으면 좋겠습니다.

Me caí mientras esquiaba. Me quité los guantes porque me dolía una mano y me pareció que la mano estaba hinchada. Por eso fui al hospital, me hicieron exámenes y el doctor me dijo que tenía que enyesar. Después de enyesarme, el doctor me dijo que fuera a la farmacia a comprar medicamentos y los tomara. Es muy incómodo porque no puedo usar la mano. Espero que se me mejore la mano rápido con los medicamentos.

3~4.

흐엉: 주앙 씨! 감기는 좀 어때요? 아직도 기침이 심해요?
Huong: Señor Juan, ¿cómo siguió del resfriado? ¿Todavía tiene mucha tos?
주앙: 아니요, 병원에 갔다가 와서 많이 나았어요. 기침도 별로 안하는데다가 목 부은 것도 괜찮아졌어요.
Juan: No, Fui al hospital, por eso estoy mucho mejor. Además de que no tengo mucha tos, ya no tengo la garganta tan hinchada.

흐엉: 지난주에 기침을 많이 해서 걱정했는데 다행이네요.
Huong: Que bien que ya esté mejor porque usted tenía mucha tos la semana pasada y por eso estaba preocupado.

주앙: 흐엉 씨 말을 듣고 빨리 병원에 가길 잘 한 것 같아요. 고마워요.
Juan: Fue una buena decisión hacerle caso a usted e ir al hospital rápido. Muchas gracias.

5~7.
의사: 어디가 안 좋으시죠?
Doctora: ¿Dónde le duele?

유키: 요즘 배에서 소리가 나는데다가 화장실에도 자주 가요. 배도 많이 아프고요.
Yuki: Estos días, además de que mi estómago hace ruido, entro al baño frecuentemente. Me duele mucho también.

의사: 혹시 찬 음식을 많이 드셨나요?
Doctora: ¿Tal vez comió muchas comidas frías?

유키: 네. 요즘 날씨가 너무 더워서 아이스크림하고 빙수를 자주 먹었어요.
Yuki: Sí. Estos días hace mucho calor, por eso comía helados y bingsu frecuentemente.

의사: 음..... 어디 봅시다. (진료 중) 배탈이 난 것 같습니다. 심하지 않으니까 너무 걱정하지 마세요. 배를 따뜻하게 하고 푹 쉬셔야 빨리 나을 거예요. 약도 잘 드시고요. 혹시 약을 다 먹은 후에도 계속 아프시면 다시 병원에 오세요.
Doctora: Ummm... veamos. (Examinando) Creo que tiene un malestar estomacal. No es grave, así que no se preocupe. Tiene que mantener caliente el estómago y reposar bien, así se mejorará rápido. También, tome los medicamentos con juicio. Si sigue con el dolor después de terminar los medicamentos, vuelva al hospital por favor.

유키: 네. 선생님 감사합니다.
Yuki: De acuerdo. Muchas gracias, doctor.

- **Vamos a leer**

stos días he dormido con el aire acondicionado prendido porque hace mucho calor. Y desde ayer en la mañana, de repente me temblaba el cuerpo y me dolía mucho la garganta también. Además de tener mucha tos, tenía mocos. Creí que si reposaba un poco me mejoraría, por eso dormí profundamente. Después, me levanté pero me dolía más la garganta y tenía mucha fiebre. Por eso fui a un hospital que está cerca de la casa.
Era la primera vez que iba a un hospital coreano, por esa razón tenía un poco de miedo y estaba preocupado también. Había muchos pacientes que estaban esperando para ver al doctor. Mientras esperaba, pensaba cómo explicarle al doctor en coreano. Llegó mi turno y entré a verme con el doctor. El doctor me preguntó muy amablemente qué parte me dolía y desde cuándo, y esperó hasta que le respondiera. Después de escucharme, hizo un par de exámenes y me dijo que tenía un fuerte resfriado. Dijo que le parecía que me dio el resfriado por dormir con el aire acondicionado prendido todas las noches. Dijo que no comiera la comida fría, porque la garganta está muy hinchada. Dijo que mantuviera caliente la garganta y tomara los medicamentos por tres días. Y también dijo que no durmiera con el aire acondicionado prendido hasta que me recuperara del resfriado porque si seguía durmiendo con el aire acondicionado prendido, el resfriado se podría empeorar.
Como estoy enfermo, la vida diaria es difícil y no quiero estudiar tampoco. De ahora en adelante, no voy a dormir con el aire acondicionado prendido. Espero mejorarme del resfriado pronto.

<2> La farmacia

Objetivo de la lección: Entender el contenido que explica el tipo y efecto de los medicamentos.

Vocabulario

기침약 **el medicamento para la tos**
소독약 **el desinfectante**
소화제 **el medicamento para la digestión**
두통 **el dolor de cabeza**
두통약 **el medicamento para el dolor de cabeza**
변비약 **el medicamento para el estreñimiento**
한약 **la medicina herbaria tradicional**
종합 감기약 **el medicamento para el resfriado común**
수술을 받다 **operarse** 바르다 **aplicar**
입원 **la hospitalización** 평소 **los tiempos normales**
도움 **la ayuda** 상처 **la herida**
다치다 **lastimarse** 치료 **el tratamiento**
알 **(unidad de conteo de algún objeto pequeño y redondo. Ejemplo, una pastilla)**
어린이 **el/la niño/a** 흔들다 **agitar**

- **Vamos a escuchar**

1.
(1) 가: 목이 좀 아픈데 집에 약이 있어?
A: Tengo un poco de dolor de garganta, ¿tienes medicamentos en la casa?
나: 약은 없는데 어떻게 하지? 따뜻한 차라도 한 잔 마실래?
B: No tengo medicamentos, ¿qué hacemos? ¿quieres tomar, aunque sea, un té caliente?

(2) 가: 배가 아파서 병원에 가 봐야겠어요.
A: Tengo dolor de estómago, por eso tengo que ir al hospital.
나: 지금은 병원이 문을 닫았을 시간이에요. 우선 이 앞의 약국에라도 먼저 가 보세요.
B: El hospital ya estará cerrado ahora. Al menos, por ahora, vaya a la farmacia que está enfrente.

(3) 가: 선생님! 목감기약을 사러 왔는데요.

A: **Doctora, vine a comprar un medicamento para el dolor de garganta.**

나: 지금은 목감기약이 없는데요. 비슷한 종합감기약이라도 드셔 보실래요?.

B: **Ahora no tenemos medicamentos para el dolor de garganta. ¿Quiere tomar, aunque sea, ul medicamento para el resfriado común que es similar?**

(4) 가: 머리가 아파서 잠이 안 와.

A: **No puedo dormir por el dolor de cabeza.**

나: 밖에 나가서 같이 산책이라도 좀 할까? 맑은 공기를 마시면 괜찮아질 거야.

B: **¿Salimos y damos una vuelta? Si tomas aire fresco, te vas a sentir mejor.**

2.

(1) 가: 저... 많이 안 좋은가요?

A: **Eh... ¿Estoy muy mal?**

나: 네, 빨리 수술을 받지 않으면 안 됩니다.

B: **Sí, tiene que operarse cuanto antes.**

(2) 가: 지금 약을 바를까요?

A: **¿Aplico el medicamento ya?**

나: 아니요, 약을 바르기 전에 소독부터 하지 않으면 안 됩니다.

B: **No, primero tiene que desinfectar antes de aplicar el medicamento.**

(3) 가: 스키를 타다가 넘어졌는데 다리가 많이 아파요.

A: **Me caí mientras esquiaba y me duele mucho la pierna.**

나: 생각보다 많이 다쳐서 깁스를 하지 않으면 안 되겠네요.

B: **Está más grave de lo que pensaba, por eso se tiene que enyesar.**

(4) 가: 선생님! 꼭 입원해야 하나요?

A: **Doctora, tengo que hospitalizarme sin falta?**

나: 네. 빨리 나으시려면 입원해서 치료를 받지 않으면 안 돼요.

B: **Sí. tiene que hospitalizarse y recibir tratamiento para que se recupere pronto.**

3~4.

존: 노라 씨! 혹시 근처에 약국이 어디 있는지 알아요? 저녁을 많이 먹었는지 소화가 잘 안돼요.

John: Señora Nora, ¿acaso sabe dónde hay una farmacia cerca de aquí? Tal vez comí mucho y tengo indigestión.

노라: 지금 시간이 늦어서 문을 연 약국이 없을 것 같은데요.

Nora: Creo que ahora no habrá farmacias que estén abiertas porque está tarde.

존: 진짜요? 속이 너무 안 좋아서 지금 소화제를 먹지 않으면 안 될 것 같은데......

John: ¿De verdad? me siento muy indigesto y creo que tengo que tomar un medicamento para la digestión...

노라: 그럼 존 씨! 근처 편의점에라도 가 볼래요? 편의점에서도 소화제를 살 수 있어요.

Nora: Entonces, señor John, ¿por qué no va a una tienda que está cerca? Se puede comprar el medicamento para la digestión en las tiendas. e comprar el medicamento para la digestión en las tiendas.

5~7.

약사: 어서 오세요. 어디가 불편하시죠?

Farmaceútica: Bienvenido. ¿Qué problema tiene?

에릭: 제가 화장실에 못 간지 3일쯤 되었는데 오늘 아침부터 아랫배가 너무 아파요.

Eric: Llevo unos 3 días sin poder entrar al baño y me duele mucho en la parte baja del abdomen desde esta mañana.

약사: 병원에는 가 보셨어요?

Farmaceútica: ¿Ha ido al hospital?

에릭: 아직요. 일이 늦게 끝나서 오늘 같은 평일에는 병원에 갈 시간이 없어요.

Eric: Todavía no. Mi trabajo termina tarde, por eso no tengo tiempo de ir al hospital en los días de trabajo como hoy.

약사: 그럼 우선 이 변비약이라도 드셔 보세요. 혹시 평소에 물을 잘 안 드시나요?

Farmaceútica: Entonces tome, aunque sea, este medicamento para el estreñimiento por ahora. ¿Acaso no toma agua a menudo normalmente?

에릭: 네. 별로 안 마시는데요.

Eric: No. No tomo mucha agua.

약사: 변비가 심할 때는 물을 많이 드시지 않으면 안돼요. 그리고 채소나 과일을 많이 드시는 것도 변비에 도움이 되니까 날마다 드세요. 이 약을 먹은 후에도 변비가 심하면 병원에 가 보세요.

Farmaceútica: Cuando tenga un estreñimiento grave, tiene que tomar mucha agua. Y comer muchas verduras o frutas que ayudan para el estreñimiento también, así que cómalas todos los días. Si sigue con el estreñimiento grave después de tomar este medicamento, vaya al hospital.

• **Vamos a leer**

<table>
<tr><td colspan="2">¿Cierto que ha estado muy preocupado cuando se enferma de repente en un día festivo o a altas horas de la noche? Si no puede ir al hospital, es mejor tomar una pastilla, ¿no? En este botiquín, hay medicamentos que se necesitan en una urgencia, así que solo con esto se puede tratar fácilmente.</td></tr>
<tr><td>¿Tiene el estómago hinchado por comer mucho? Si tiene el estómago hinchado o indigestión, puede tomar este medicamento.
※ Tiene que tomarlo 30 minutos después de comer.</td><td>Cuando se cae su hijo mientras juega, ¿solo le aplica un medicamento? Aunque sea una herida muy pequeña, tiene que desinfectar cuanto antes. Primero debe desinfectar la herida y luego aplicar el medicamento, así la herida no se empeorará.
※ Tiene que aplicarlo sólo una o dos veces en la herida.</td></tr>
<tr><td>¿No puede dormir bien por un grave dolor de cabeza? ¿Es difícil de trabajar o estudiar por el dolor de cabeza? Estas personas necesitan este medicamento.
※ No debe tomar más de tres píldoras al día.</td><td>Cuando su hijo tiene fiebre y mucha tos por la gripa, se preocupa mucho, ¿cierto? En esos casos, es bueno tomar este medicamento.
※Debe agitarlo antes de tomar para que se mezcle la medicina que se está en el fondo.</td></tr>
</table>

Repaso de la Unidad 15 y 16

Vocabulario

훌륭하다 **algo que es estupendo**
주차장 **el estacionamiento**
무리하다 **excederse**

I.

직원: 네, 여보세요. 레스토랑 스텔라입니다.
Empleado: Sí, aló. Es el restaurante Stella.

노라: 안녕하세요. 중요한 약속이 있어서 예약 좀 하려고 하는데요.
Nora: Hola. Quiero hacer una reserva porque tengo una cita importante.

직원: 언제로 예약해 드릴까요?
Empleado: ¿Para cuándo quiere reservar?

노라: 토요일 점심에 4명이요. 제 이름은 노라이고요. 지난번에 앉았던 창가자리에 다시 앉고 싶은데 예약이 될까요?
Nora: Para el almuerzo del sábado y somos cuatro personas. Mi nombre es Nora. Quiero sentarme de nuevo en la mesa cerca de la ventana en donde me senté la vez pasada, ¿será posible?

직원: 창가자리는 인기가 많기 때문에 주말에는 2주일 전에 예약하지 않으면 안 됩니다. 이번 토요일은 제일 안쪽 자리만 있습니다. 그 자리라도 예약 해 드릴까요?
Empleado: La mesa cerca de la ventana es muy popular, por eso tiene que reservar dos semanas antes para los fines de semana. Este sábado, sólo hay una mesa disponible en la parte interior. ¿Quiere reservar, aunque sea, esa mesa?

노라: 그래요? 그럼 그 자리라도 예약해 주세요.
Nora: ¿De verdad? Entonces, aunque sea resérveme esa mesa por favor.

직원: 네. 알겠습니다. 이번 토요일 1시에 4분 예약되셨습니다. 혹시 차를 가지고 오시나요?
Empleado: Sí. Entiendo. Ya está la reserva para este sábado a la 1 y para 4. ¿Acaso trae su coche?

노라: 네. 차를 가지고 가려고 하는데요.
Nora: Sí. Pienso llevar mi coche.

직원: 저희 주차장이 좁은데다가 근처 교통이 복잡해요. 도착하시면 저희 직원에게 주차해 달라고 이야기해 주세요. 그럼 직원이 나가서 주차를 도와 드릴 거예요.
Empleado: Nuestro estacionamiento es estrecho y el tráfico alrededor es complicado. Cuando llegue, dígale a nuestro empleado que aparque por usted, por favor. Entonces un empleado saldrá para ayudarla a aparcar.

II.

Anteayer por la noche fui a un espectacular restaurante con mis amigas. Además de que el ambiente era bueno, la comida estaba estupenda, por eso, comí más de lo normal.
Pero, después de comer, empecé a sentirme mal del estómago y a tener un dolor. Mis otras amigas estaban bien y solo yo tenía mucho dolor de estómago. Entré al baño varias veces y seguía con una sensación de hinchazón en el estómago. Tomé un medicamento, pero me seguía doliendo el estómago y por eso fui al hospital al que había ido cuando tenía un resfriado.
Después de esperar un rato en el hospital y me encontré con el doctor. El doctor me dijo que le dijera desde cuándo y cómo me dolía. El doctor me dijo que tenía un malestar estomacal grave. Dijo que tuviera cuidado con la comida para mejorarme pronto. También dijo que no me exagerara porque reposar es importante. Y también dijo que tomara los medicamentos con juicio.
Es muy difícil porque entro al baño a menudo por el dolor de estómago, razón por la cual no puedo dormir bien. Espero recuperarme con los medicamentos lo antes posible.

Cultura coreana: Los medicamentos que se pueden comprar en las tiendas

¿Se podrá comprar los medicamentos sólo en la farmacia? Estos días se puede comprar los medicamentos en las tiendas. Cuando las farmacias estén cerradas a altas horas de la noche o en un fin de semana, las tiendas tienen listos los medicamentos necesarios para la vida cotidiana como el analgésico, el medicamento para la indigestión, el desinfectante, el parche caliente (para aliviar los dolores musculares), el reductor de fiebre y el medicamento para el resfriado, entre otros. Pero, si toma muchos medicamentos, puede tener problemas, así que no se puede comprar mucha cantidad de un mismo medicamento de una vez. Cuando necesite un medicamento urgente, vaya a una tienda.

Unidad 17 Hobby

<1> La presentación de hobby

Objetivo de la lección: Entender el contenido que presenta varios tipos de hobby.

Vocabulario

코미디 la comedia
액션 a acción
공포 el terror
공상 과학 la ciencia ficción
웃다 reírse
미래 el futuro
세상 el mundo
로맨틱하다 algo que es romántico/a
장면 la escena
거의 casi
이상하다 algo que es extraño/a
볼링 los bolos
즐기다 disfrutar
세 años
결과 el resultado
등 entre otros
이후 después
드라마 la telenovela

- **Vamos a escuchar**

1.

(1) 노래를 못해도 노래방에 가는 걸 좋아해요.
Aunque no canto bien, me gusta ir al karaoke.

(2) 날마다 연습해도 테니스를 잘 못 치겠어요.
No sé jugar bien al tenis aunque lo practico todos los días.

(3) 무서워도 재미있어서 공포 영화를 자주 봐요.
Veo películas de terror frecuentemente porque son divertidas, aunque me dan miedo.

(4) 한국 영화를 보고 싶어도 우리 나라 영화관에서는 한국 영화를 거의 볼 수 없어요.
Es casi imposible ver películas coreanas en los cines de mi país, por más que quiera ver.

2.

우리 언니의 취미는 노래방에 가는 거예요. 제가 아는 사람 중에 언니만큼 노래를 잘 부르는 사람이 없어요. 춤도 언니만큼 잘 추는 사람을 못 봤어요. 언니는 노래방에서 가끔 한국 노래도 부르는데 한국어 발음이 이상해서 우리 나라 노래만큼 잘 부르지는 못 해요. 언니는 한국 영화 보는 것도 좋아해요. 우리 언니만큼 한국 영화를 많이 본 사람은 없을 거예요.

El hobby de mi hermana mayor es ir al karaoke. No hay nadie que cante tan bien como mi hermana entre toda la gente que conozco. De vez en cuando, mi hermana canta también las canciones coreanas en el karaoke, pero no las canta tan bien como las canciones de mi país, porque su pronunciación del coreano es extraña. A mi hermana le gusta también ver películas coreanas. Creo que no habrá nadie que haya visto tantas películas coreanas como mi hermana.

3~4.

흐엉: 에릭 씨는 취미가 뭐예요?
Huong: ¿Cuál es su hobby, señor Eric?

에릭: 저는 볼링을 좋아해서 친구들하고 볼링장에 자주 가요. 일이 많아도 일주일에 한 번은 꼭 가요. 흐엉 씨는요?
Eric: A mí me gusta jugar a los bolos, por eso voy a la bolera con mis amigos a menudo. Por más trabajo que tenga, voy una vez a la semana sin falta. ¿Y usted, señor Huong?

흐엉: 저는 요리를 좋아해요. 저만큼 베트남 요리를 맛있게 만드는 사람은 없을 거예요. (웃음)
Huong: A mí me gusta cocinar. Creo que no hay nadie que cocine tan bien la comida vietnamita como yo. (Sonrisa)

에릭: 그래요? 한 번 먹어보고 싶은데요.
Eric: ¿De verdad? Me gustaría probar su comida.

5~7.

올리비아: 레오 씨, 취미가 뭐예요?
Olivia: ¿Cuál es su hobby, señor Leo?

레오: 저는 여행을 좋아해요. 여행을 하면 많은 경험을 할 수 있어서 좋아요.
Leo: A mí me gusta viajar. Me gusta porque cuando viajo, puedo tener muchas experiencias.

올리비아: 그럼 한국에서도 여행을 많이 하셨나요?
Olivia: Entonces, ¿ha viajado mucho en Corea también?

레오: 네, 외국 사람 중에 저만큼 여행을 많이 한 사람이 없을 거예요. 한국에서 유명한 곳은 다 가 봤어요. 올리비아 씨도 여행을 좋아하세요?
Leo: Sí, creo que no habrá nadie que haya viajado tanto como yo, entre los extranjeros. He estado en todos los lugares famosos de Corea. ¿A usted le gusta viajar también, señora Olivia?

올리비아: 네, 저도 취미가 여행이에요. 사진 찍는 것도 좋아해서 여행을 가면 사진을 많이 찍어요. 하지만 한국에서는 바빠서 많이 못 했어요.

Olivia: Sí, mi hobby también es viajar. A mí me gusta tomar fotos también, por eso cuando viajo tomo muchas fotos. Pero, no he podido viajar mucho en Corea porque he estado ocupada.

레오: 바빠도 취미 생활을 즐기세요. 다음에 시간이 되면 친구들과 함께 여행을 갑시다.

Leo: Aunque está ocupada, disfrute su hobby. Después, cuando tenga tiempo, vamos de viaje con nuestros amigos.

• **Vamos a leer**

¿Cuál será el hobby que disfrutan más los coreanos? Este es el resultado de la encuesta realizada a 3,000 hombres y mujeres entre los 15 años y los 60 años. Entre los hobby, no hay nada más popular que subir a la montaña (14%) para los coreanos. El segundo hobby más disfrutado por los coreanos es escuchar música (6%). También, hacen frecuentemente deporte (5%), juegan (4%), ven películas (4%), entre otros.
Las personas que tienen más de 40 años disfrutan más subir a la montaña como hobby. Pero las personas en los 20 años disfrutan más escuchar música. Y, frecuentemente, ven películas tanto como escuchan música. Dicen que cuando están solos, escuchan más música y cuando están con los amigos ven más películas.
Entonces, ¿a los coreanos qué tipo de película les gustan?
El tipo de película que más les gusta a los coreanos es la de acción (26%). También les gustan las películas de ciencia ficción (20%), las de drama (12%), y las comedias románticas (10%).
En el caso de los hombres, a las personas de todas las edades les gustan más las películas de acción y las ven frecuentemente. Para el caso de las mujeres, también el tipo de película más popular es la de acción. Pero, dicen que aunque a la mayoría de las mujeres le gustan la de acción, a las mujeres entre 10 y 20 años, les gusta más la comedia romántica que la acción.

<2> Las actividades de hobby

Objetivo de la lección: Entender el contenido que explica las actividades de hobby.

Vocabulario

동전 la moneda
당구 el billar
연극 el teatro
피아노 el piano
강아지 el/la cachorro/a
우표 el sello postal
드럼 la batería (instrumento musical)
키우다 criar
모으다 coleccionar
잡다 coger
소파 el sofá
책장 la estantería
밴드 la banda
모습 la figura
악기 el instrumento musical
펜팔 el/la amigo/a por correspondencia
옛날 el pasado

• **Vamos a escuchar**

1.
저는 운동을 좋아해요. 특히 탁구와 테니스를 자주 쳐요. 고향에 있을 때부터 탁구는 칠 줄 알았는데 테니스는 칠 줄 몰랐어요. 하지만 한국에 와서 테니스를 배워서 이젠 잘 칠 수 있게 됐어요. 낚시도 잘 하는데 잡은 생선으로 요리를 할 줄은 몰라요. 그리고 아직 스키를 탈 줄 몰라요. 하지만 제 친한 친구가 스키를 잘 타서 이번 겨울에 저에게 가르쳐 줄 거예요.
A mí me gustan los deportes. Sobre todo, juego ping-pong y tenis frecuentemente. Desde cuando vivía en mi ciudad natal, sabía jugar al ping-pong, mientras que no sabía jugar al tenis. Pero, cuando vine a Corea aprendí a jugar al tenis y por eso ya juego bien. Soy bueno para pescar también, pero no sé cocinar el pescado que capturo. Y no sé esquiar todavía. Pero un amigo cercano esquía bien y me va a enseñar este invierno.

2.
여기는 우리 집 거실이에요. 거실에 누나가 학생 때 취미로 치던 피아노가 있어요. 피아노 옆에는 형과 제가 어렸을 때 가지고 놀던 게임들이 많이 있고요. 소파에는 제가 그때 읽던 만화책이 있네요. 그 앞에는 어머니께서 드시던 커피도 있고요. 책장에는 아버지께서 여행을 하면서 모으신 동전 상자가 있어요. 책장 앞에 있는 강아지는 할머니께서 키우시던 강아지인데 지금은 우리 집에서 살아요.
Esta es la sala de mi casa. Hay un piano que mi hermana mayor tocaba como hobby cuando era estudiante. Al lado del piano, hay muchos juegos con los que jugaba con mi hermano mayor cuando éramos pequeños. En el sofá, hay libros de cómics que leía en ese entonces. Delante de él, hay un café que estaba tomando mi madre. En la estantería, hay una caja que tiene monedas que mi padre coleccionó mientras viajaba. El cachorro que está enfrente de la estantería es el que criaba mi abuela pero ahora vive en mi casa.

3~4.
우진: 에릭 씨, 퇴근 후에 당구 치러 갈래요?

Ujin: Señor Eric, ¿quiere ir a jugar al billar después de salir del trabajo?

에릭: 당구요? 우진 씨 미안하지만 저는 당구를 칠 줄 모르는데요.

Eric: ¿Al billar? Perdóneme señor Ujin, pero no sé jugar al billar.

우진: 그래요? 그럼 무슨 운동을 좋아하세요?

Ujin: ¿De verdad? Entonces, ¿Qué deporte le gusta?

에릭: 미국에 있을 때 자주 하던 운동은 농구인데요, 요즘은 볼링을 자주 쳐요. 우진 씨도 농구나 볼링을 좋아하세요?

Eric: El deporte que hacía frecuentemente cuando estaba en los Estados Unidos era el baloncesto, y estos días juego a los bolos a menudo. ¿A usted también le gusta el baloncesto o los bolos?

우진: 둘 다 잘 하지는 못하지만 할 줄은 알아요. 그럼 오늘은 볼링을 치러 갈까요?

Ujin: Sé jugar ambos aunque no juego bien. Entonces, ¿vamos hoy a jugar a los bolos?

5~7.

하늘: 주앙아, 사진에서 드럼 치는 이 남자가 너야?

Haneul: Juan, la persona que está tocando batería en esta foto, ¿eres tú?

주앙: 응, 하늘아. 나 고등학교 때 학교 밴드에서 드럼 쳤어. 이 사진은 내가 드럼 치던 모습을 찍은 거고.

Juan: Sí, Haneul. Cuando era estudiante en la escuela preparatoria, tocaba batería en la banda de la escuela. Esta foto fue tomada cuando estaba tocando la batería.

하늘: 와, 멋있다. 드럼도 칠 줄 알고…

Haneul: ¡Guau, estupendo!. Sabes tocar hasta la batería...

주앙: 지금도 가끔 치는데 드럼을 치면 기분이 좋아지는 것 같아. 너는 할 줄 아는 악기가 없어?

Juan: Todavía toco a veces y cuando toco la batería me siento feliz. ¿No tienes algún instrumento musical que sepas tocar?

하늘: 초등학교 때 피아노를 조금 배웠지만 별로 잘 치지는 못해. 나도 드럼 칠 줄 알면 좋겠는데…

Haneul: Aprendí un poco a tocar el piano en la escuela primaria, pero no toco tan bien. Quiero saber tocar la batería....

주앙: 그럼 나한테 배울래?

Juan: Entonces, ¿quieres que te enseñe?

- **Vamos a leer**

Q : ¿Hola? Soy un estudiante extranjero que está estudiando coreano en Corea. Todavía no hablo bien el coreano, ¿habrá alguna actividad de hobby que ayude a mi estudio del coreano? Soy estudiante internacional así que sería mejor si pudiera hacerlo gratis.

A : ¿Hola? Soy una persona que lleva, más o menos, cinco años en Corea. Le presento lo que hacía frecuentemente cuando llegué a Corea por primera vez. Son unos hobby que puede disfrutar fácilmente si sabe un poco de coreano aunque no lo hable bien.

Amigo por correspondencia con un coreano

Estos días, se puede escribir a un amigo por correspondencia más fácil y cómodo a través de las aplicaciones móviles o redes sociales, mientras que antes se hacía mediante las cartas o correos electrónicos. Si tiene un amigo por correspondencia, puede ser amigos de coreanos y asimismo aprender coreano o la cultura.

2. Caligrafiar

La caligrafía puede ser un buen hobby. Está bien, aunque no sepa bien el coreano porque es solo diseñar la letra. Solo se necesita papel y lápiz para hacerlo y también ayuda en el estudio del coreano al escribirlo mucho.

3. Escribir el diario en el blog

¿Cierto que sabe crear un blog? Entonces, cree un blog en coreano también. Si escribe su vida en Corea en su blog como si fuera un diario, lo ayuda mucho en el estudio del coreano. Sería bueno si lo subiera con fotos porque podrá recordar las comidas que disfrutaba o los lugares a los que iba a menudo en Corea después de volver a su ciudad natal.

Unidad 18 Plan

<1> El plan de vacaciones

Objetivo de la lección: Entender el contenido que explica el planear las vacaciones y el viaje.

Vocabulario

벌다 ganar　　취소하다 cancelar
연기하다 aplazar
학원 la academia (institución educativa privada)
낮 tarde　　쌓다 acumular
케이티엑스KTX (tren de alta velocidad de Corea)
순서대로 en orden　　계획대로 según lo previsto
게으르다 ser perezoso/a　　도전하다 desafiar

- **Vamos a escuchar**

1.

1) 이번 주에 에릭 씨가 저녁 먹자고 하는데 무슨 요일이 좋아요?
El señor Eric dice que almorcemos esta semana, ¿qué día prefiere?

2) 우리 이번 방학에 부산에 갈까요? 여수에 갈까요?
¿Vamos a ir a Busan o Yeosu en estas vacaciones?

3) 하늘 씨, 이번 방학에 무슨 아르바이트를 할 계획이에요?
Señor Haneul, ¿qué trabajo de medio tiempo piensa hacer en estas vacaciones?

4) 저 도서관에 가고 싶은데 그냥 들어갈 수 있나요?
Quiero ir a aquella biblioteca, ¿debo hacer algo para entrar?

2.

존: 유키 씨, 이제 방학인데 뭘 할 거예요? 다른 친구들은 무슨 계획이 있는지 알아요?

John: Señora Yuki, ya comienzan las vacaciones, ¿qué va a hacer? ¿Sabe qué plan tienen sus otros amigos?

유키: 저는 방학 동안 한국 요리를 배울 계획이에요. 오늘 요리 학원에 등록했어요. 리타오 씨는 어제 이미 고향에 돌아갔던데요. 고향에서 가족과 즐거운 시간을

보내고 있을 거예요. 노라 씨는 오늘 낮에 봤는데 도서관에 가던데요. 방학 동안 한국어를 더 공부할 계획이라고 해요. 주앙 씨는 돈도 벌고 경험도 쌓으려고 아르바이트를 할 거라고 하던데요. 내일부터 식당에서 일을 시작한다고 했어요.

Yuki: Tengo el plan de aprender cocina coreana durante las vacaciones. Hoy me he inscrito en la academia de cocina. El señor Litao ya se devolvió a su ciudad natal ayer. Estará pasando feliz con la familia en su ciudad natal. Vi a la señora Nora esta tarde y ella estaba yendo a la biblioteca. Dice que va a estudiar más el coreano durante las vacaciones. Y el señor Juan, dice que va a trabajar medio tiempo no solo para ganar dinero sino también para acumular experiencia. Dice que va a empezar a trabajar en un restaurante desde mañana.

3~4.

에릭: 올리비아 씨, 경주를 여행해 본 적이 있어요?

Eric: Señora Olivia, ¿ha viajado por Gyeongju?

올리비아: 네, 지난 가을에 다녀왔어요. 케이티엑스(KTX)를 타고 다녀왔는데 빠르고 편하던데요. 역사 도시여서 구경거리도 많았어요.

Olivia: Sí, estuve de visita el otoño pasado. Fui en KTX y fue rápido y cómodo. Había muchas cosas para ver porque es una ciudad histórica.

에릭: 이번 휴가 때 경주에 다녀올까 해요. 미리 교통편과 숙박도 알아보려고요.

Eric: Pienso ir a Gyeongju en estas vacaciones. Voy a averiguar el medio de transporte y hotel anticipadamente.

올리비아: 아직 휴가까지 시간이 많이 남았는데 벌써 계획을 세우는 거예요?

Olivia: Todavía queda mucho tiempo hasta las vacaciones, pero ¿ya está haciendo el plan?

에릭: 저는 무슨 일이든지 미리 계획을 세워요. 계획을 세우고 순서대로 하면 마음이 급하지 않고 시간을 잘 쓸 수 있던데요.

Eric: Siempre hago un plan con antelación, por si cualquier cosa. Porque cuando planeo primero y lo hago en orden, no me da prisa y asimismo puedo manejar bien el tiempo.

5~7.

흐엉: 오랜만에 친구들과 함께 가는 여행이니까 계획을 세워서 많은 것을 해야겠어요. 제주도에 가서 뭐부터 할까요?

Huong: Ya que es un viaje con amigos, el cual hace mucho no hacemos, tenemos que planear para poder hacer muchas cosas. Cuando lleguemos a Jeju, ¿qué vamos a hacer primero?

주앙: 흐엉 씨는 무슨 일이든지 계획부터 세우는 것 같아요. 비행기 표와 호텔만 예약하고 가면 되지 않을까요? 여행은 계획 없이 가서 하고 싶은 것을 할 때 더 재미있던데요.

Juan: Parece que usted siempre hace un plan primero por si cualquier cosa, señor Huong. ¿No estará bien si sólo reservamos un vuelo y el hotel y nos vamos? El viaje ha sido más divertido cuando he ido sin plan y he hecho lo que he querido hacer.

흐엉: 전 계획을 세우면 똑같은 시간에 더 많은 것을 할 수 있어서 좋던데요. 여행 가서 뭘 할지 생각할 시간에 조금 더 많은 경험을 해보는 것이 좋지요.

Huong: En mi caso, me gusta más planear porque puedo hacer más cosas en la misma cantidad de tiempo. Es mejor tener un poco más de experiencias que estar pensando qué hacer mientras viajo.

주앙: 그렇게 계획을 세웠다가 계획대로 안 되면 스트레스 받지 않아요? 그럴 때 저는 좀 피곤하던데요. 갑자기 하고 싶은 일이 있을 수도 있고 쉬고 싶을 때도 있으니까요.

Juan: Pero, si hace el plan y no sale según lo previsto, ¿no se estresa? Cuando me ha pasado, me sentí un poco cansado. Porque puede que quiera hacer algo de repente o descansar también.

흐엉: 그럼 계획을 바꾸면 돼요. 그렇게 스트레스 받을 필요 없어요.

Huong: Pues, todo lo que tiene que hacer es cambiar el plan. No tiene que estresarse tanto.

주앙: 그래요. 그럼 같이 여행 계획을 세워 봐요. 제주도 여행 사이트부터 한번 볼까요?

Juan: Vale. Entonces vamos a hacer un plan juntos. ¿Miremos las páginas web del viaje a la isla de Jeju primero?

- **Vamos a leer**

AQ: Soy un novato que entró a la universidad este año. Ya van a comenzar las primeras vacaciones y no sé qué voy a hacer. Quiero escuchar las experiencias de mis Sunbaes (superior en rango o más antiguo). ¿Qué sería bueno hacer durante las vacaciones largas?

Sunbae1: Ahora que pienso, pasé las vacaciones de verano del primer año sin ningún plan. No hacía nada y era muy perezoso. Por eso, me quedé sin nada después de terminar las vacaciones. ¿Qué le parece hacer un plan para trabajar medio tiempo o aprender a conducir en la escuela de conducción? Haga un plan por si cualquier cosa y empiece a hacer las cosas importantes primero. Vaya a ganar un poco de dinero y acumule varias experiencias. Tal vez serán unas vacaciones inolvidables.

Sunbae2: Ya que no está ocupado durante el primer año, ¿por qué no hace algo que quiera hacer? Después de un poco de tiempo, tendrá que estudiar y prepararse para entrar a una empresa aunque esté de vacaciones, por eso no tendrá tiempo de descansar. Las vacaciones del primer año son el tiempo más libre, así que ¿qué le parece hacer un plan de viaje o desafiarse a hacer algo que siempre haya querido?

<2> El plan después de la graduación.

Objeto del aprendizaje: Entender el contenido sobre un plan después de la graduación o plan de matrimonio en el futuro.

Vocabulario

결정하다 **decidir**
유학하다 **estudiar en el extranjero**
출국하다 **salir del país**
사업을 하다 **dirigir un negocio**
한 **unos** 정도 **aproximadamente**
관계 **la relación**
걱정이 되다 **estar preocupado/a**

- **Vamos a escuchar**

1.

(1) 다른 외국어도 할 수 있어요?
¿Puede hablar otro idioma también?

(2) 대학원 입학 서류는 다 준비 했어요?
¿Tiene listo los documentos de inscripción de la escuela de posgrado?

(3) 영국으로 언제 유학을 가세요?
¿Cuándo va a ir a estudiar a Inglaterra?

(4) 계획을 세우는데 시간이 얼마나 걸려요?
¿Cuánto tiempo se tarda en hacer un plan?

2.

(1) 리타오: 저는 이번 방학에 편의점에서 아르바이트를 하려고 해요.
Litao: Pienso trabajar medio tiempo en una tienda durante estas vacaciones.
유키: 저는 리타오 씨가 고향에 돌아갈 줄 알았어요.
Yuki: Pensaba que usted volvería a su ciudad natal, señor Litao.

(2) 레오: 노라 씨, 대학원 입학 준비는 잘 하고 있어요?
Leo: Señora Nora, ¿cómo va con la preparación para entrar a la escuela de posgrado?
노라: 저는 서류 준비하는 일은 쉬울 줄 알았어요. 그런데 생각보다 오래 걸리고 힘드네요.
Nora: Pensaba que sería fácil preparar los documentos. Pero se tarda más tiempo del que pensaba y es difícil.

(3) 하늘: 존, 한국어 시험 잘 봤어? 많이 어려웠지?
Haneul: John, ¿te fue bien en el examen de coreano? ¿Cierto que fue muy difícil?
존: 어려울 줄 알았는데 생각보다 쉬워서 잘 본 것 같아.
John: Creo que me fue bien porque pensaba que sería más difícil, pero fue más fácil de lo que pensaba.

(4) 존: 윤아 씨가 내년에 졸업하고 유학을 간다고 하던데요.
John: Yuna dice que va a ir a estudiar en el extranjero despúes de graduarse el próximo año.
올리비아: 진짜요? 난 윤아 씨가 회사에서 일할 줄 알았는데요.
Olivia: ¿De verdad? Pensaba que la señora Yuna trabajaría en una empresa.

3~4.

부장: 김우진 씨, 결혼 준비는 잘 하고 있어요?
Director: Señor Kim Ujin, ¿va bien la preparación del matrimonio?

우진: 네(그냥 호칭에 대답하는 느낌), 부장님. 결혼식까지 두 달밖에 안 남았는데 어디에서 살지 아직 결정하지 못했습니다. 신혼여행도 어디로 갈지 아직 생각 중이에요.
Ujin: Sí (Contesta en un tono sin ninguna emoción), Director. Solo quedan dos meses para el matrimonio, pero no hemos decidido en dónde vamos a vivir. Todavía estamos pensando también a dónde vamos a ir de luna de miel.

부장: 할 일이 많으니까 마음이 급해지지요? 요즘 사람들은 계획표를 만들어서 준비하던데요. 우진 씨도 만들었나요? 두 달이나 남았으니까 너무 걱정하지 마세요.
Director: ¿Cierto que tiene prisa por tener muchas cosas que hacer? Veo que la gente de estos días prepara el matrimonio con una tabla de programa. ¿La ha hecho usted también, señor Ujin? Todavía quedan dos meses, así que no se preocupe tanto.

우진: 부장님, 감사합니다. 금방 준비 할 수 있을 줄 알았는데 생각보다 오래 걸리는 것 같아요. 저도 계획표부터 만들고 하나하나 끝내야겠습니다.
Ujin: Muchas gracias, Director. Pensaba que podría prepararlo rápido pero

5~7.

존: 윤아야, 졸업하고 뭘 할 계획이야?
John: Yuna, ¿qué vas a hacer después de graduarte?

윤아: 아직 결정하지 못했어. 유학을 갈까 대학원에 들어갈까 회사에서 일할까 날마다 생각이 달라져. 존, 너는 무슨 계획이 있어?
Yuna: No he decidido todavía. Todos los días cambio de idea, si voy a ir a estudiar en el extranjero, si entro a la escuela de posgrado o si trabajo en una empresa. John, ¿qué plan tienes tú?

존: 나도 아직 모르겠어. 한국어를 더 공부하고도 싶고, 한국과 관계있는 일을 하고도 싶어. 나도 졸업이 1년밖에 안 남아서 걱정이 돼.
John: No sé tampoco. Me gustaría estudiar más el coreano y también me gustaría trabajar en algo que tenga relación con Corea. Me preocupo porque solo queda un año para graduarme.

윤아: 그럼 대학원에서 한국어 공부를 더 하고 회사에서 일하면 어때?
Yuna: Entonces, ¿qué te parece si estudias más el coreano en la escuela de posgrado y luego trabajas en una empresa?

존: 그것도 좋은 생각이다. 그런데 참 시간이 빨리 가는 것 같아. 나는 한국에 혼자 유학 와서 외로우니까 시간이 천천히 갈 줄 알았어.

John: Es una buena idea también. Por cierto, el tiempo pasa muy rápido. Pensaba que el tiempo pasaría despacio porque me sentía solo al venir a estudiar a Corea.

윤아: 시간 참 빠르지. 나도 앞으로 무엇을 할지 빨리 결정하고 계획을 세워야겠어.

Yuna: Es cierto que el tiempo vuela. Tengo que decidir deprisa qué voy a hacer en el futuro y hacer un plan.

- **Vamos a leer**

Queda un año para graduarme de la universidad. Pero, todavía no he decidido qué voy a hacer en el futuro. Ahora tengo muchas cosas que quiero hacer, por eso todavía estoy pensando qué voy a hacer primero.

Estoy estudiando economía, quiero tener varias experiencias y ganar mucho dinero trabajando en un banco o en una firma comisionista. También sería bueno ahorrar dinero y viajar por varios países en las vacaciones.

Por otro lado, también quiero estudiar más en detalle la economía. Para entrar a la escuela de posgrado, tengo que estudiar mi carrera con dedicación y hablar mejor, no solo el inglés, sino también el coreano. Desde el año pasado, estoy haciendo el intercambio de idiomas con un amigo estadounidense cada semana. Creía que sería difícil estudiar dos idiomas, pero lo estoy disfrutando más de lo que había pensado.

Finalmente, mi hobby es hacer pan, por eso también tengo el sueño de ir a estudiar a Francia para aprender a hacer pan. Después cuando vuelva a mi ciudad natal, quiero abrir una panadería en donde se venda el pan más delicioso del mundo. Tengo tantas cosas que quiero hacer, por eso no he podido decidir qué hacer primero. De ahora en adelante, voy a hacer los planes uno por uno y a realizarlos.

Repaso de la Unidad 17 y 18

Vocabulario

성공하다 tener éxito　　항상 siempre

I.

La vida de Leo en Corea (a)

1. ¡Estudiar coreano con juicio!
Estudio coreano con juicio para hablarlo tan bien como los coreanos. Tengo que hablar muy bien el coreano para abrir 'la clase de cocina francesa de Leo' en el futuro y enseñar la cocina francesa a los coreanos.

2. ¡Practicar cocina con dedicación!
Practico cocinar con dedicación para no olvidar las recetas con la que cocinaba rico en el restaurante francés. Asimismo, aprendo con dedicación la cocina coreana y practico para cocinar mejor. Si sé solo la cocina francesa, no podré tener éxito en Corea.

3. ¡Estar con mi familia siempre!
La gente piensa que si tiene éxito, toda familia está feliz. Pero mi éxito y la felicidad de la familia son cosas distintas. Por la felicidad de mi familia, hago cualquier cosa con ellos y disfrutamos juntos de los hobby.

Aunque sea difícil, cumplo este (a) sin falta.

II.

유키 : 흐엉 씨, 취미가 뭐예요?

Yuki: Señor Huong, ¿cuál es su hobby?

흐엉: 저는 영화 보는 걸 좋아해요. 영화 보는 것만큼 요리하는 것도 좋아하고요. 유키 씨는요?

Huong: A mí me gusta ver películas. También me gusta cocinar, tanto como ver películas. ¿Y usted, señora Yuki?

유키: 저도 요리를 좋아해요. 그래서 한국 요리를 배워 보려고 하는데 흐엉 씨는 한국 요리를 할 줄 알아요?

Yuki: A mí me gusta cocinar también. Por eso pienso aprender la cocina coreana, ¿usted sabe preparar la comida coreana?

흐엉: 아니요, 저는 베트남 요리밖에 안 해 봤어요. 레오 씨가 요리사라서 한국 요리도 잘 하던데요.

Huong: No, he preparado solo la comida vietnamita. El señor Leo es chef, por eso él cocina bien la comina coreana también.

유키: 그래요? 레오 씨는 프랑스 요리사여서 프랑스 요리만 잘 하는 줄 알았어요.

Yuki: ¿De verdad? El señor Leo es un chef francés, por eso pensaba que cocinaba bien solo la comida francesa.

흐엉: 전에 레오 씨가 요리를 배우고 싶으면 언제든지 부탁하라고 했어요. 레오 씨한테 부탁해 보세요.

Huong: Antes el señor Leo dijo que si deseaba aprender la cocina le pidiera cuando quiera. Así que pídale al señor Leo.

유키: 오후에 레스토랑에서 일한다고 들었는데 바쁘지 않을까요?

Yuki: Escuché que él trabajaba en un restaurante por la tarde, ¿no estará ocupado?

흐엉: 바빠도 도와줄 거예요. 레오 씨는 한국말로 요리 가르쳐 주는 걸 좋아 하던데요. 나중에 한국 사람들에게 프랑스 요리를 가르쳐 주려고 한국말로 요리 가르치는 걸 연습하고 있어요.

Huong: Por más ocupado que esté, la va a ayudar.

Al señor Leo le gusta enseñar a cocinar en coreano. Él está practicando para enseñar a cocinar en coreano, para poder enseñar la cocina francesa a los coreanos en el futuro.

Cultura coreana: La exitosa película coreana

En Corea, se considera una película exitosa cuando el número de la audiencia supera más de 10 millones. Las películas, que su número de audiencia han superado más de 10 millones hasta el año 2017, son 15 en total. Entre las películas exitosas, hay sobre todo películas basadas en los acontecimientos históricos (El almirante: rugido de las corrientes, Asesinato, La hermandad de la guerra, etcétera). Asimismo, hay muchas películas que tratan sobre el amor entre los miembros de la familia (Miracle in Cell No. 7, Tidal Wave, etcétera) o los problemas sociales (Veteran, Un taxista, etcétera).

Unidad 19 Viaje

<1> La reservación de hotel

Objetivo de la lección: Entender el contenido que explica sobre la reserva de un alojamiento y describe la misma.

Vocabulario

주변 alrededor
여행지 el destino de viaje
여행 기간 el período de viaje
박 -noches y
-일 -días
숙박 시설 el alojamiento
교통편 el medio de transporte
회비 la cuota
바비큐 la parrillada
이용하다 usar
전망 la vista/el panorama
해변 la playa
요금 la tarifa
여행 일정 el itinerario de viaje
체크인 el registro/check-in
체크아웃 la salida/check-out
프런트 la recepción
렌터카 el coche de alquiler
기념품 el souvenir

- **Vamos a escuchar**

1.

가: 우리 동아리 여름 여행이 8월로 결정됐어.
A: El viaje de verano de nuestro club se ha decidido para agosto.
나: 그래? 며칠이나 가?
B: ¿De verdad? ¿Por cuántos días vamos?
가: 1박 2일로 갈 거야.
A: Vamos a ir por dos días y una noche.
나: 동아리 사람들은 몇 명이나 간다고 해?
B: ¿Cuántas personas del club dijeron que irían?
가: 스무 명쯤 간다고 했어.
A: Unas 20 personas dijeron que irían.
나: 그럼 방은 몇 개나 필요할까?
B: Entonces, ¿cuántas habitaciones se necesitarán?
가: 4명이 한 방에 자면 될 것 같은데. 5개 예약하려고 해.
A: Creo que cuatro personas pueden dormir en una habitación. Voy a reservar 5 habitaciones.
나: 회비는 얼마나 준비해야 돼?
B: ¿De cuánto es la cuota?
가: 한 사람이 한 5만원 정도 내면 될 것 같아.
A: Creo que será suficiente con que cada persona pague como 50,000 wones.

2.

방학에 여행을 갈 생각을 하시는 분들이 많지요? 여행을 떠나기 전에 계획을 잘 세워 보세요. 즐겁고 편한 여행이 될 거예요. 우선 여행할 곳을 결정한 뒤에 얼마 동안 여행할지 생각해 보세요. 기간을 결정한 뒤에 숙박 시설을 알아보세요. 숙박 시설을 고른 뒤에는 교통편을 결정하세요. 그런데 저는 숙박 시설과 교통편을 알아보기 전에 인터넷에서 사람들이 쓴 글을 많이 읽어 봐요. 호텔이나 기차, 버스를 결정할 때 도움이 되니까요.

¿Cierto que muchos están pensando viajar durante las vacaciones? Hagan un buen plan antes de salir de viaje. Será un viaje divertido y cómodo. Primero, decidan el destino de viaje y piensen durante cuánto tiempo van a viajar. Después de decidir el período del viaje, busquen alojamiento. Luego de escoger el alojamiento, decidan el medio de transporte. Por cierto, leo en muchos comentarios que las personas escribieron en internet antes de buscar el alojamiento y el medio de transporte. Eso me ayuda para decidir el hotel, tren o autobús.

3~4.

직원: 네, 바다 펜션입니다.
Empleado: Sí, es la pesión Bada.
윤아: 다음 주 금요일에 예약한 이윤아라고 하는데요, 예약이 잘 되었는지 확인을 좀 하려고요.
Yuna: Soy Lee Yuna, quien hizo una reserva para el viernes de la próxima semana, y quisiera confirmar si la reserva está hecha.
직원: 네, 이윤아 고객님. 금요일 1박, 방 두 개 예약하셨네요. 그리고 저녁에 바비큐도 예약하셨는데 고기는 몇 인분이나 준비해 드릴까요?
Empleado: Sí, señora Lee Yuna. Reservó dos habitaciones por la noche del viernes. Además, veo que reservó una parrillada también, ¿para cuántas personas quiere que prepare la carne?
윤아: 4인분 준비해 주세요. 그런데 저녁에 바비큐를 한 뒤에 수영장을 이용할 수 있나요?
Yuna: Para cuatro personas por favor. Por cierto, después de hacer la parrillada, ¿podemos usar la piscina?
직원: 죄송합니다만 수영장 이용은 저녁 8시까지입니다.

Empleado: Lo siento, pero se puede usar la piscina solo hasta las 8 de la noche.

5~7.

존: 그럼 우리 3박 4일로 결정한 거지? 이제 숙박할 곳을 알아보자. 하늘 이 너는 어디가 좋아?

John: Entonces, ¿cierto que decidimos irnos por cuatro días y tres noches? Averigüemos ahora el alojamiento. ¿Dónde prefieres, Haneul?

하늘: 전에 내가 가족들하고 갔던 호텔이 있는데 전망도 좋은 데다가 해 변이 가까워서 좋았어.

Haneul: Hay un hotel en donde me quedé con mi familia la vez pasada y me gustó porque además de tener una buena vista, está cerca de la playa.

존: 그래? 그럼 그 호텔 이름을 좀 알려 줘. 요금은 얼마나 할까? 한번 검색해 보자. (잠시 후) 음, 요금이 너무 비싸다.

John: ¿De verdad? Pues, dame el nombre de ese hotel. ¿De cuánto será la tarifa? Vamos a buscar. (después de un rato) Ummm, la tarifa es muy cara.

하늘: 그래? 이렇게 비쌀 줄 몰랐는데. 그럼 게스트 하우스는 어때? 여행 갔다 온 친구가 좋다고 하던데. 게스트 하우스는 값도 싸고 여행을 온 다른 사람들도 사귈 수 있어서 좋다고 해.

Haneul: ¿Sí? No sabía que era tan cara. Entonces, ¿qué te parece un hostal? Un amigo que estuvo de viaje dijo que estaba bien. Dice que es bueno, no solo porque es barato, sino también se puede hacer amistad con otras personas que están viajando.

존: 그럼 괜찮은 게스트 하우스가 있는지 좀 찾아보자. 잘 곳을 결정한 뒤에 기차표도 예매해야 돼.

John: Pues, buscamos si hay un buen hostal. Luego de decidir en dónde vamos a quedarnos, tenemos que reservar los billetes del tren.

- **Vamos a leer**

Hotels.net

[Isla de Jeju]@ Check-in [20**/8/12] Check-out [20**/8/13]
[Una noche] [Buscar]

Hotel Y de Jeju
Tarifa: Desde 178,000 wones
Horario de check-in: 14:00~23:00, horario de check-out: 11:00
Internet: wifi gratis
Comida: Hay tres restaurantes y una cafetería dentro del hotel.
Instalaciones: Se puede usar la piscina las 24 horas. Se puede alquilar la sala de conferencia si lo solicita anticipadamente.
Servicio: En la recepción se puede obtener información sobre turismo o coches de alquiler. También tenemos servicios de lavandería y periódicos gratis.

rie_90: Fue fácil de llegar al hotel desde el aeropuerto. También fue fácil ir a cualquier lugar de turismo desde el hotel. No me gustó el edificio porque era viejo, sin embargo, la playa que se encuentra enfrente del hotel era muy hermosa, por eso, salíamos a pasear frecuentemente después de comer.
ys1223: Es un buen lugar para quedarse con los niños. A mis hijos les encantó la piscina porque era grande. Sin embargo, no me gustó mucho que el agua de la piscina estuviera tan fría.
jejusarang: Quería alquilar un coche y el empleado del hotel me enseñó cómo hacerlo muy amablemente. También me dijo en dónde podía comprar unos souvenirs. Muchas gracias. La próxima vez, me quedaré de nuevo en el hotel Y.

Hacer clic aquí para ver otros hoteles!

<2> El lugar que quiere viajar

Objetivo de la lección: Entender el contenido que comparte la información sobre los destinos de viaje y recomienda los lugares para viajar.

Vocabulario

수학여행 la excursión escolar
단체 관광 el tour en grupo
해외여행 el viaje al extranjero
유물 la reliquia　　가이드 el/la guía
오페라하우스 la Casa de la Ópera
국립 nacional　　전주 Jeonju
한옥 마을 la aldea Hanok

볼거리 las cosas para ver 먹을거리 la comida
교통수단 el medio de transporte
야경 la vista nocturna 마을 el pueblo
편안하다 algo que es cómodo
항공권 el pasaje aéreo

- **Vamos a escuchar**

1.

(1) 부산에 가자마자 바닷가에 갈 거예요.
Tan pronto como llegue a Busan, voy a ir a la playa.

(2) 제주 공항에 도착하자마자 차를 빌리려고 합니다.
Tan pronto como llegue al aeropuerto de Jeju, pienso alquilar un coche.

(3) 시내 관광이 끝나자마자 맛있는 식당에 찾아갈 거예요.
Tan pronto como termine el tour por el centro, voy a ir a un restaurante que tiene deliciosas comidas.

(4) 신혼여행에서 돌아오자마자 회사에 갔어요. T
an pronto como regresé de la luna de miel, fui a la empresa.

2.

윤아: 주앙 씨, 방학이 되면 뭘 할 거예요?
Yuna: Señor Juan, ¿qué va a hacer cuando comiencen las vacaciones?

주앙: 친구들과 같이 여행을 갈 거예요. 유명한 관광지를 구경하기로 했어 요. 호텔에서 쉬는 것도 좋지만 관광이 더 재미있잖아요. 또 우리가 가는 곳에는 유적지가 많다고 해요. 박물관에도 여러 유물이 있지만 우리는 밖에 있는 유적지를 보러 다니기로 했어요.
Juan: Voy a ir de viaje con mis amigos. Decidimos hacer un tour por famosos destinos turísticos. Porque hacer turismo es más divertido que descansar en el hotel, aunque eso también es bueno. Además, dicen que hay muchos sitios históricos en donde vamos a ir. Aunque hay varias reliquias en museos, decidimos visitar los sitios históricos que están en el exterior.

윤아: 숙박 시설과 교통편도 결정했어요?
Yuna: ¿Ya han decidido el alojamiento y el medio de transporte?

주앙: 네, 처음에는 호텔에서 자려고 했는데 친구가 좋은 민박을 안다고 했어요. 그래서 거기에 가기로 했어요. 여행지까지 기차나 버스로 갈 수 있는데 우리는 기차를 타기로 했어요.
Juan: Sí, al principio íbamos a dormir en un hotel, pero mi amigo dijo que conocía un buen alojamiento privado. Por eso decidimos quedarnos ahí. Vamos a tomar el tren, aunque podemos ir en tren o autobús hasta el destino.

3~4.

유키: 올리비아 씨, 저 다음 달에 가족들하고 호주 시드니에 여행을 가기로 했는데 제 여행 일정을 좀 봐 줄래요?
Yuki: Señora Olivia, voy a viajar con mi familia a Sídney en Australia el próximo mes, ¿me puede revisar el itinerario del viaje?

올리비아: 어디 봐요, 유키 씨. 아, 도착하자마자 오페라 하우스에 가기로 했네요. 거기에 가면 꼭 바다를 보면서 커피를 한 잔 드세요. 정말 분위기가 좋아요. 음.. 가족들이 박물관이나 미술관을 좋아하면 이날 가도 좋을 것 같은데...
Olivia: A ver, señora Yuki. Ah, van a ir a la Casa de la Ópera tan pronto como lleguen. Cuando vayan ahí, tomen un café mirando el mar, sin falta. El ambiente es muy bueno. Ummm... si a su familia les gustan los museos o museos de arte, me parece que sería bueno ir también este día...

유키: 그래요? 저희 부모님께서 그림을 좋아하시니까 미술관에 가야겠네요.
Yuki: ¿De verdad? A mis padres les gustan las pinturas, así que tendremos que ir al museo de arte.

올리비아: 그리고 국립공원에 가기로 한 것도 정말 좋은 생각이에요. 아주 큰 데다가 신기한 나무와 동물을 볼 수 있어서 사람들이 좋아해요.
Olivia: También es una muy buena idea que vayan a ir al parque nacional. A la gente le gusta porque además de ser inmenso, se puede ver los árboles y animales maravillosos.

5~7.

레오: 리타오 씨, 주말에 뭐 해요?
Leo: Señor Litao, ¿qué va a hacer durante el fin de semana?

리타오: 여행을 가기로 했어요. 친구가 전주에 같이 가자고 하는데 거기가 한국 학생들이 수학여행을 많이 가는 도시지요?
Litao: Voy a ir de viaje. Un amigo dijo que fuéramos juntos a Jeonju, ¿cierto que es la ciudad a donde muchos estudiantes coreanos van en excursiones escolares?

레오: 아니요, 수학여행을 많이 가는 곳은 경주예요. 유적지가 많아서 역 사 공부를 하기 좋은 곳이요.
Leo: No, donde van muchos en la excursiones escolares es Gyeongju. Es donde hay muchos sitios históricos, razón por la cual es bueno para estudiar la historia.

리타오: 아, 경주. 발음이 비슷해서 몰랐어요. 그럼 전주에서는 뭘 할 수 있어요?
Litao: Ah, Gyeongju. No sabía bien porque la pronunciación es similar. Pues, ¿qué se puede hacer en Jeonju?

레오: 저는 작년에 전주에 가서 한옥 마을을 구경했는데 정말 재미있던데요. 리타오 씨도 좋아할 것 같은데.
Leo: Cuando fui a Jeonju el año pasado, visité la aldea Hanok y fue muy divertido. Creo que a usted le va a gustar también, señor Litao.

리타오: 한옥 마을이요?
Litao: ¿La aldea Hanok?

레오: 네, 한옥 마을에 가면 한국의 옛날 집을 많이 볼 수 있어요. 볼거리도 많고 먹을거리도 많으니까 천천히 걸으면서 한옥 마을을 구경해 보세요. 사진도 많이

찍으시고요.

Leo: Sí, cuando vaya a la aldea Hanok, puede ver muchas casas antiguas de Corea. Hay muchas cosas para ver y también hay mucha comida, así que haga un tour por al aldea Hanok, caminando despacio.

리타오: 그래요? 그럼 오늘 수업이 끝나자마자 친구를 만나서 여행 계획을 세워야겠어요. 고마워요, 레오 씨.

Litao: ¿De verdad? Entonces, tan pronto como termine la clase de hoy, voy a verme con mi amigo y hacer el plan de viaje. Muchas gracias, señor Leo.

- **Vamos a leer**

Debe haber mucha gente que tenga plan de viajar durante los días feriados del próximo mes. También debe haber personas que ya hayan hecho la reserva de los pasajes aéreos tan pronto como vieron el calendario de este año. Los que no han hecho un plan todavía, no se preocupen tanto. Todavía no es tan tarde, así que pueden buscar desde ahora. Hoy les voy a presentar tres destinos de viaje al extranjero, los cuales son buenos para ir en estos días feriados.

1. Hong Kong

Recomiendo ir a Hong Kong a las personas que les gusta viajar por ciudades espléndidas. Además de que hay muchas cosas para ver, hay varios medios de transporte y por eso es muy cómodo andar. Pueden probar varios tipos de comida y es bueno para hacer compras también. Sobre todo, la espectacular vista nocturna parece una escena de una película.

2. Fukuoka, Japón

Si quieren viajar cerca en el extranjero, Fukuoka en Japón es un buen destino. Solo se tarda como una hora y veinte minutos desde el aeropuerto Incheon. Es cómodo viajar porque es un destino turístico adonde van muchos coreanos. Cerca de la ciudad de Fukuoka, hay muchos pueblos donde hay aguas termales y ahí pueden disfrutar del aire limpio y el hermoso paisaje, así que tienen que visitar sin falta.

3. Bali, Indonesia

¿Quieren ir a un lugar en donde pueden hacer turismo y tomar un buen descanso al mismo tiempo? Entonces, ¿qué les parece Bali? Pueden ir a los lugares de turismo en donde pueden ver la cultura antigua de Bali o solo pueden descansar sin hacer nada. Hay muchos hoteles que son magníficos y tienen buena tarifa. Además, hay muchos deportes que pueden disfrutar en el mar.

Unidad 20 Tiempo y vida diaria

<1> El pronóstico del tiempo

Objetivo de la lección: Entender el contenido sobre el pronóstico del tiempo y las diversas condiciones climáticas.

Vocabulario

태풍 el tifón
습하다 algo que es húmedo/a
강하다 algo que es fuerte
개다 despejarse
그치다 cesar
끼다 cubrir
불다 soplar
목도리 la bufanda
안개 la niebla
비구름 las nubes de lluvia
기온 la temperatura
겉 el exterior
나들이 el paseo
차이 la diferencia
최고 máximo/a
최저 mínimo/a
평년 la temperatura promedio
영상 grados por encima del cero
영하 bajo cero
도 los grados
일기예보 el pronóstico del tiempo
외출하다 salir

- **Vamos a escuchar**

1.

(1) 남: 바람이 강하게 부니까 그냥 가지 말고 장갑이나 목도리를 하고 나가.

Hombre: El viento está soplando fuerte, así que no te vayas sin nada, sino ponte los guantes o la bufanda antes de salir.

여: 네. 장갑을 끼고 나갈게요. 걱정하지 마세요.

Mujer: Sí. Voy a ponerme los guantes y salgo. No se preocupe.

(2) 남: 오늘은 도서관에서 공부할까?

Hombre: ¿Hoy estudiamos en la biblioteca?

여: 오랜만에 날씨가 좋으니까 도서관에 가지 말고 한강에 놀러 가 자.

Mujer: Ya que está haciendo buena temperatura después de tanto tiempo, vamos a ir al rio Hangang en vez de ir a la biblioteca.

(3) 남: 날씨가 더우니까 걸어가지 말고 택시를 탑시다.

Hombre: Hace calor, así que tomamos un taxi.

여: 에이. 가까우니까 그냥 걸어가요.

Mujer: Eh, vamos a pie porque es cerca.

(4) 남: 밖에 비가 많이 오니까 오늘은 나가지 말고 집에서 쉴까?

Hombre: Ya que llueve mucho afuera, ¿qué te parece si hoy descansamos en la casa sin salir?

여: 비가 와도 나가자. 꼭 사야 하는 물건이 있어.

Mujer: Salgamos aunque llueva. Tengo que comprar una cosa sin falta.

2.

(1) 가: 내일은 바람이 많이 분다고 하니까 나갈 때 옷 좀 따뜻하게 입고 가.

A: Dice que mañana va a soplar mucho viento, así que abrígate bien cuando salgas.

나: 응. 그래도 눈은 안 온다고 하니까 다행이네.

B: Sí. Pero menos mal que no va a nevar.

(2) 가: 모레 친구들과 놀러가기로 했는데 비가 오면 어떻게 하지요?

A: Voy a salir con mis amigas pasado mañana, ¿qué hago si llueve?

나: 모레는 날씨가 맑다고 하니까 걱정하지 마세요.

B: Dice que va a hacer sol pasado mañana, así que no se preocupe.

(3) 가: 다음 주에 비가 많이 온다고 하니까 여행을 취소하자

A: Dice que va a llover mucho la próxima semana, así que cancelemos el viaje.

나: 글쎄..... 비가 얼마나 올지 모르니까 조금 기다려 보자.

B: Pues.... No se sabe qué tanta lluvia va a caer, así que esperemos un poco.

(4) 가: 내일은 평소보다 안개가 심하게 낀다고 하니까 운전 조심해.

A: Dice que mañana va a estar cubierto de niebla, más de lo normal, así que conduce con cuidado.

나: 네. 조심해서 운전할게요.

B: Sí. Voy a conducir con cuidado.

3~4.

윤아: 존! 핸드폰으로 뭘 그렇게 열심히 찾아 봐?

Yuna: John, ¿qué buscas tan concentrado en tu celular?

존: 윤아야! 혹시 내일 날씨를 어디서 보는 지 알아? 내일 친구들과 등산 을 가기로 해서 날씨를 확인하려고 하는데 못 찾겠어.

John: Yuna, acaso ¿sabes en dónde puedo ver el tiempo de mañana? Mañana voy a subir la montaña con mis amigos, por eso quiero averiguar el tiempo, pero no lo encuentro.

윤아: 잠깐만. 내가 도와줄게. 내일 눈이 많이 온다고 하니까 등산은 하지 말고 다른 것을 하는 게 어때? 눈이 올 때 등산을 하면 큰 사고가 날 수도 있어.

Yuna: Un momento. Yo te ayudo. Dice que mañana va a nevar mucho, así que ¿por qué no hacen otra cosa en vez de subir la montaña? Si suben la montaña cuando cae nieve, pueden ocurrir accidentes graves.

존: 래 맞아. 친구들에게 등산하러 가지 말고 영화나 보자고 이야기해야겠어.

John: De acuerdo. Les voy a decir a mis amigos que veamos una película en lugar de ir a subir la montaña.

5~7.

금요일인 오늘은 아침부터 하늘이 흐린데요. 저녁부터는 비가 내리겠습니다. 비구름이 남쪽으로 내려오면서 서울에는 비가 많이 내린다고 하니까 잊지 말고 우산을 준비하셔야겠습니다. 하지만 비가 그치는 내일 오후부터는 기온이 조금씩 내려가면서 주말동안에는 맑은 날씨가 계속되겠습니다. 놀러 가실 분들은 이번 주말에 가족들과 나들이를 가셔도 되겠습니다. 주말 낮에는 따뜻하지만 아침에는 조금 쌀쌀하니까 얇은 옷만 입지 말고 겉옷도 준비해서 나가는 것이 좋을 것 같습니다. 아침과 낮의 기온이 차이가 크니까 감기 조심하십시오. 지금까지 날씨였습니다.

Hoy viernes, el cielo está nublado desde la mañana y va a caer lluvia desde la noche. Las nubes de lluvia van a bajar hacia el sur, razón por la cual va a llover mucho en Seúl, por lo tanto no se olviden de llevar un paraguas. Sin embargo, cuando la lluvia cese desde mañana en la tarde, la temperatura va a bajar poco a poco y va a hacer sol durante todo el fin de semana. Las personas que quieran pasear, pueden ir de paseo con la familia este fin de semana. Durante el fin de semana, el tiempo va a ser templado en la tarde, mientras que va a hacer un poco de frío en la mañana, así que no se pongan solo ropa ligera sino también llévense un abrigo cuando salgan. Deben tener cuidado para no contraer un resfriado ya que la diferencia de temperatura entre la mañana y la tarde es grande. Esto ha sido todo sobre el tiempo.

- **Vamos a leer**

Desde hoy comienzan las festividades del Año Nuevo Lunar que todos estaban esperando mucho que llegaran.
Les informo el tiempo en Seúl durante estos días feriados.
Las temperaturas serán similares a la temperatura promedio o un poco más bajas.
Hoy 27, que es el primer día del festivo, van a bajar las nubes de lluvia del norte al sur, por lo tanto va a hacer frío y empezará a nevar. Se pronostica que caiga, más o menos, 1~3 mm de nieve. La temperatura mínima de la mañana será de 3 grados bajo cero y la temperatura máxima de la tarde será de 1 grado.
Mañana 28, la temperatura subirá un poco, por lo tanto la nieve será cambiada por lluvia. Se esperan muchas lluvias, así que no se olviden de llevar un paraguas cuando salgan. Caerá aproximadamente 6mm de lluvia. La temperatura mínima de la mañana será de 0 grados y la temperatura máxima de la tarde será de 4 grados.
El 29, el último día del festivo, la lluvia cesará y la temperatura bajará mucho. Además de que la temperatura baje, el viento soplará fuerte, así que tendrán que abrigarse bien cuando salgan. La temperatura mínima de la mañana será de 4 grados bajo cero y la temperatura máxima de la tarde será de 2 grados, sin embargo, hará más frío por el viento.
Antes de salir de la casa, recomiendo verificar bien el pronóstico del tiempo, en lugar de salir sin alistar

nada ya que estará nevando o lloviendo en muchos lugares durante los días feriados. Que tengan todos un feliz festivo.

<2> El tiempo en la vida diaria

Objetivo de la lección: Entender el contenido sobre el tiempo (como fenómeno atmosférico) y las cosas que deben tener en cuenta según el mismo.

Vocabulario

미세먼지 el polvo fino
환기 la ventilación
마스크 la mascarilla
장화 las botas
우비 el impermeable
선글라스 las gafas de sol
선크림 el protector solar
실내 el interior
여의도 공원 el parque Yeouido
불국사 Bulguksa (nombre de un templo budista en Gyeongju)
석굴암 Seokguram (nombre de una gruta budista artificial en Gyeongju)
방송 la transmisión
짜증내다 molestarse
공기 청정기 el purificador de aire
창문 la ventana
땀 el sudor
흘리다 sudar
목이 마르다 tener sed
바깥 el exterior

- **Vamos a escuchar**

1.

(1) 남: 내일은 날씨가 추울 테니까 옷을 따뜻하게 입으세요.
Hombre: Mañana va a hacer frío, así que abríguese bien.
여: 네. 알려 줘서 고마워요.
Mujer: Sí. Gracias por informarme.

(2) 남: 날씨가 좋은데 여의도공원에 놀러 갈까?
Hombre: Ya que hace buen tiempo, ¿vamos al parque de Yeoido?
여: 좋아. 내가 도시락을 준비할 테니까 너는 음료수를 가지고 와.
Mujer: Vale. Voy a preparar la comida empacada, así que trae un refresco.

(3) 남: 미세먼지가 없다고 하니까 빨래도 하고 청소도 하자.
Hombre: Dice que hoy no hay polvo, así que vamos a lavar ropa y a limpiar.
여: 내가 청소를 할 테니까 빨래는 네가 해.
Mujer: Voy a limpiar, así que lava la ropa.

(4) 남: 우산이 없는데 밖에 비가 많이 오네요.
Hombre: No tengo paraguas pero está lloviendo mucho afuera.
여: 제가 빌려드릴 테니까 쓰고 가세요.
Mujer: Le presto el mío, así que úselo.

2.

내일 친구와 케이티엑스(KTX)를 타고 경주 여행을 가기로 했습니다. 여행을 가서 불국사와 석굴암을 구경하기로 했습니다. 그런데 일기예보를 보니까 내일 비가 많이 온다고 합니다. 하지만 우리는 미리 호텔을 예약했기 때문에 취소할 수 없습니다. 그래서 저는 비가 많이 와도 쓸 수 있는 큰 우산과 장화를 샀습니다. 그리고 친구는 비옷을 샀습니다. 우산과 비옷이 있으니까 비가 많이 와도 재미있게 여행을 할 수 있을 것 같습니다.

Mañana voy a ir de viaje con mi amiga a Gyeongju en KTX. Vamos a visitar Bulguksa y Seokguram en el viaje. Pero, según el pronóstico del tiempo, va a llover mucho mañana. Sin embargo, no podemos cancelar el viaje porque ya hicimos la reserva del hotel anticipadamente. Por lo tanto, compré un gran paraguas y unas botas que se pueden usar cuando llueve mucho. Y mi amiga compró un impermeable. Creo que podremos disfrutar del viaje aunque llueva mucho porque tenemos el paraguas y el impermeable.

3~4.

아침 7시부터 9시까지 여러분의 출근길을 함께 하는 라디오 '아름다운 아침'의 아나운서 강진아입니다. 지금 밖에는 첫눈이 내리고 있는데요. 첫눈이 내려서 기분 좋으시죠? 하지만 출근길이 불편해서 짜증이 나신 분들도 있을 것 같은데요. 그런 분들을 위해 첫눈 오는 날 듣기 좋은 노래를 하나 들려 드릴 테니까 기분 좋게 출근하세요. 그러면 저는 노래 듣고 다시 돌아오겠습니다.

Soy la locutora Kang Jina del radio 'la hermosa mañana', quien los acompaña en su camino al trabajo desde las 7 hasta las 9 de la mañana. Ahora está cayendo la primera nevada afuera. ¿Cierto que están felices por esta primera nieve? Pero, creo que también debe haber personas que estén molestas por los inconvenientes en el camino al trabajo. Para esas personas, voy a poner una canción que es buena para escuchar en el día que cae la primera nevada, así que vayan a trabajar felizmente. Entonces voy a volver después de escuchar la canción.

5~7.

에릭: 우진씨 ! 오늘 오후부터 비가 올 것 같아요. 아침부터 하늘이 흐리네요.
Eric: Señor Ujin, creo que va a llover desde esta tarde. El cielo está nublado desde la mañana.
우진: 제가 일기 예보를 봤는데 바람은 좀 불지만 비가 온다는 말은 없었어요. 서울에 미세 먼지가 많다고 했는데 그것 때문인 것 같아요.
Ujin: Vi el pronóstico del tiempo, no dijo que llovería aunque el viento soplaría un poco. Dijo que había mucho polvo en Seúl y es por eso, tal vez.
에릭: 아! 그래서 하늘이 흐리군요. 저는 비가 오는 줄 알았어요. 미세 먼지가 많으니까 오늘은 실내에만 있어야겠어요.
Eric: Ah, por eso el cielo está oscuro. Pensaba que llovería. Hoy tendremos que estar solo en el interior ya que hay mucho polvo.

우진: 그런데 이따가 손님을 만나러 잠깐 나갔다가 와야 해요. 그러니까 나갈 때는 마스크를 꼭 쓰고 나갑시다.

Ujin: Pero, tenemos que salir un rato para encontrarnos con un cliente. Así que, pongámonos el tapabocas sin falta cuando salgamos.

에릭: 네. 그래요. 오늘 미세 먼지가 많다고 하니까 사무실의 공기 청정기 좀 켤까요?

Eric: Vale. De acuerdo. Ya que hay mucho polvo, ¿por qué no prendemos el purificador de aire de la oficina?

우진: 네. 제가 공기청정기를 켤 테니까 에릭 씨는 창문을 잘 닫았는지 확인해 주세요.

Ujin: Sí. Voy a prender el purificador de aire, así que por favor mire si las ventanas están cerradas, señor Eric.

Vamos a leer

En este año va a hacer más calor que el año pasado, por lo tanto tienen que cuidar bien su salud. Entonces, les voy a enseñar qué hay que hacer para pasar el verano sanamente.

① Tomar mucha agua
En verano, se cansan y se agota la energía facilmente porque sudan más de lo normal. Por lo tanto, en verano tienen que tomar mucha agua cada vez que tengan sed. También es bueno comer frutas o verduras para cuidar la salud.

② Ponerse una ropa cómoda de color claro
Dicen que sudan más si se ponen ropa de color oscuro o ropa muy apretada cuando salgan al exterior. Por esta razón, es mejor ponerse ropa de color claro, que sea fácil de ponerse y quitarse.

③ No salir durante la tarde
Hace más calor desde las 12 del día hasta las 5 de la tarde. Por eso es mejor quedarse en el interior sin salir. Cuando tenga que salir, se recomienda aplicar bien el protector solar y usar una gorra.

④ Tener cuidado con la comida
Cuando hace calor, es fácil tener indigestión o malestar estomacal, por lo tanto no deben comer mucha comida fría. Asimismo, en verano tienen que guardar la comida en la nevera. Además, es mejor verificar bien la comida de la nevera antes de comer. En caso de comidas como la sopa, tienen que comer después de hervirla.

Repaso de la Unidad 19 y 20

Vocabulario

싱가포르 **Singapur**
워터파크 **el parque de agua**
물놀이 **divertirse en el agua**
서로 **uno a otro**
동물 **el animal**
동물원 **el parque zoológico**

I.

에릭: 윤아 씨는 이번 여름 방학에 뭘 할 거예요?

Eric: ¿Qué va a hacer en estas vacaciones, señora Yuna?

윤아: 가족들과 싱가포르로 여행을 가기로 했어요.

Yuna: Voy a ir de viaje a Singapur con mi familia.

에릭: 그래요? 저는 작년 겨울에 싱가포르에 다녀왔어요. 그런데 며칠이나 있을 거예요?

Eric: ¿De verdad? Estuve en Singapur el invierno pasado. A propósito, ¿cuántos días se van a quedar?

윤아: 나흘 정도 있을 생각인데 지금 가족들과 여행 일정을 얘기하는 중이에요.

Yuna: Pensamos quedarnos como cuatro días, pero estamos hablando del itinerario estos días.

에릭: 싱가포르는 여름에 기온이 높고 습할 테니까 낮에는 밖에 오랫동안 다니지 말고 저녁에 다니는 게 좋을 것 같아요. 저는 낮에 워터파크에서 물놀이를 했는데 시원한 데에 들어가서 쇼핑을 하는 것도 좋다고 하니까 생각해 보세요.

Eric: La temperatura de Singapur es alta y es húmedo en verano, por eso creo que es mejor andar en la noche en lugar de andar largo tiempo durante el día. En mi caso, me divertía en el parque de agua durante el día, aunque dicen que también es bueno hacer compras en los lugares frescos, así que piénselo.

윤아: 네, 워터파크와 쇼핑 모두 재미있겠는데요. 알려 줘서 고마워요.

Yuna: Sí, suena divertido tanto el parque de agua como las compras. Muchas gracias por la información.

II.

Jueves, 12 de julio, hace sol
Segundo día del viaje por Singapur. A pesar del calor y la humedad, estamos viajando cómodos porque no es tan grave como pensaba. Sin embargo, el sol está muy fuerte. Esta mañana, mi mamá y yo nos aplicamos mucho protector solar antes de salir del hotel. Nuestras caras estaban demasiado blancas, por eso nos reímos mucho mirándonos la una a la otra. Creo que fue bueno que lo hiciéramos así. Mi hermano menor no tenía gafas de sol, por eso hoy las compró tan pronto como llegamos al almacén. Fui donde el señor Eric me dijo y me gustó porque no solo era cómodo para hacer compras sino también

había muchos restaurantes que tienen deliciosas comidas. Mis padres dijeron que todas las comidas que comimos hoy eran de su agrado. Los restaurantes que averigüé antes de salir de viaje nos resultaron exitosos.
Después de hacer compras, fuimos al safari nocturno. Era un lugar al que habíamos decidido ir sin falta desde antes de viajar porque a toda mi familia nos gustan los animales. Aunque no pudimos tomar bien las fotos de los animales porque era de noche y estaba oscuro, fue maravilloso y divertido. Volvimos al hotel a altas horas de la noche. La habitación del hotel es un poco pequeña. Pensaba que era más grande cuando la vi en la página de la reserva.
Dice que va a hacer buen tiempo mañana también, así que podremos pasear felices. Mañana vamos a tomar fotos y hablar más también en lugar de hacer compras solamente.

Cultura coreana: El índice de vida diaria

El índice de vida diaria expresa en cifras cuánto influye el tiempo en nuestra vida cotidiana. La vida se vuelve más fácil si revisan el índice de vida diaria junto con el pronóstico del tiempo. Hay un índice de incomodidad, índice de rayos ultravioleta, índice de intoxicación alimenticia e índice de lavado de automóviles, entre otros. Por ejemplo, el índice de incomodidad muestra si el estado de humor de las personas es bueno o malo, dependiendo de la temperatura y la humedad, por lo tanto cuando la humedad es alta y también es alta la temperatura en verano, sube el índice de incomodidad y las personas se sienten molestas frecuentemente.

새 연세한국어 듣기와 읽기 2

연세대학교 한국어학당 편

연세대학교 대학출판문화원

머리말

연세대학교 한국어학당은 1959년에 설립된 한국 최초의 외국어로서의 한국어 교육 기관이다. 연세대학교 한국어학당은 그간의 역사와 명성에 걸맞게 다양한 한국어 교재 편찬 및 관련 연구를 해 옴으로써 한국어 교육을 선도해 왔다. 지금까지 전 세계에서 온 약 147개국의 14만 명에 이르는 한국어 학습자들에게 한국어와 한국 문화를 가르쳐 왔으며, 최근에는 오프라인 한국어 교육뿐만 아니라 세계 각국의 한국어 학습자들을 대상으로 글로벌 온라인 대중 공개 강좌(MOOC)를 개설하여 학습자들로부터 큰 호응을 얻고 있다. 특히 최근 빠른 속도로 변화해 가는 교육 환경에 맞추어 새로운 교수법과 교수 자료 개발에 힘을 기울이는 등 끊임없는 노력을 하고 있다.

연세대학교 한국어학당은 그간 일반 목적 한국어 학습자들뿐만 아니라 특수 목적 한국어 학습자들을 대상으로 정규 과정, 단기 과정, 대학 한국어 과정 등 다양한 교육 과정을 개설 운영하면서 학습자의 요구에 부응하는 최상의 교재를 개발해 왔다. 이러한 교재들은 국내외의 한국어 교육 기관에서 교사와 학습자들의 다양한 요구를 충족시키며 양질의 한국어 교수·학습을 위해 널리 사용되고 있다.

연세대학교 한국어학당은 그간 가장 큰 호응을 받아 왔던 '연세한국어' 1급~6급의 뒤를 이을 새로운 교재로 '새 연세한국어' 시리즈를 기획 출간하게 되었다. 이 교재의 개발을 위해 한국어 교육 현장 경험이 풍부한 전문 한국어 교육학자 및 교사들이 대거 투입되었고 최상의 한국어 교수법 및 학습자 집단의 요구에 대한 이해를 바탕으로 개발 작업이 장기간에 걸쳐 수행되었다.

이번에 출간된 '새 연세한국어' 시리즈는 총 6단계로 각 단계마다 어휘와 문법 교재, 말하기와 쓰기 교재, 듣기와 읽기 교재로 구성되어 있다. '새 연세한국어 어휘와 문법'은 한국어 학습자들이 각 숙달도별로 가장 필수적으로 익혀야 하는 주요 어휘와 문법에 대한 이해와 활용을 중심으로 구성되었다. '새 연세한국어 말하기와 쓰기'는 원활한 한국어 의사소통을 위해 꼭 필요한 표현 기능을 수행할 수 있도록 말하기, 쓰기 과제를 중심으로 구성되었다. 또한 '새 연세한국어 듣기와 읽기'는 듣기, 읽기 과제를 중심으로 각 급별 숙달도에 적절한 이해 능력을 함양시킬 수 있도록 구성되었다. 이 세 권의 교재는 어휘·문법, 표현, 이해 능력의 고른 발달을 위해 패키지로 함께 사용될 수도 있고, 교육 현장 여건이나 학습자의 요구에 따라 별도로 사용될 수도 있다. 또한 어휘와 문법 교재의 경우 별도의 지침서가 무료로 제공되므로 교육 경험이 다소 부족한 국내외의 한국어 교사들에게 유용한 길잡이가 될 수 있을 것이다.

연세대학교 한국어학당은 앞으로도 전 세계의 한국어 학습자들의 요구와 기대에 부응하는 교재 개발을 위해 최선을 다할 것이다. 아울러 본 교재가 국내외에서 한국어 교육을 위해 노력을 아끼지 않는 많은 교사와 한국어 학습을 위해 노력하는 모든 학습자들에게 크게 도움이 되기를 바란다.

연세대학교 언어연구교육원

한국어학당 교재편찬위원회

일러두기

01 이 책은 <새 연세한국어 어휘와 문법2>, <새 연세한국어 말하기와 쓰기2>와 함께 한국어 초급 학습자들을 위한 교재이다.

02 이 책은 한국어 초급 학습자들이 한국어로 된 글과 말을 읽거나 듣고 이해할 수 있는 능력을 키우기 위해 구성된 이해 능력 개발 교재이다.

03 이 책은 총 20과이며 각 과는 2개 항으로 구성되어 총 40개 항이 있다. 그리고 2개 과마다 복습을 할 수 있도록 복습 10개 항을 구성하였다. 각 항은 각각 50분 수업 분량으로 이 책은 총 50개 항으로 구성되어 있다. 복습 항마다 한국 문화에 대한 소개가 있다.

04 이 책의 각 항은 '제목, 학습 목표, 준비해 봅시다, 들어 봅시다, 읽어 봅시다, 따라해 봅시다. 정리해 봅시다'의 5단계로 구성되었다.

05 각 과의 제목은 <새 연세한국어 어휘와 문법 2>와 동일하나 각 항의 제목은 해당 항의 내용을 대표할 수 있는 개념으로 항의 제목을 설정하였다. 또한 제목 옆에 QR코드를 넣어 녹음된 내용을 쉽게 확인할 수 있도록 하였다.

06 학습 목표는 '-을 이해할 수 있다', 또는 ' ~ 관련 내용을 이해할 수 있다'와 같이 이해 기능이 드러나도록 기술하였다.

07 '준비해 봅시다'는 각 항의 들어가기에 해당되며 해당 단원의 읽기와 듣기 내용의 이해를 돕기 위한 준비 단계이다. 단원 학습 내용과 관련된 필수적인 어휘 학습으로 구성된다. 그러나 단순 어휘 학습이 아니라 이해 교재의 특성이 잘 반영될 수 있도록 문장이나 맥락 안에서 사용된 어휘를 접하도록 하여 학습자들의 이해를 돕고자 하였다.

08 '들어 봅시다'는 구어를 통해 실생활에서 활용 가능한 의사소통 능력을 배양할 수 있도록 하였다. 듣기 지문의 경우 문장 단위에서 시작하여 대화, 그리고 담화로 듣기 단위를 순차적으로 확대하여 제시하였으며 짧은 것에서 긴 것으로, 쉬운 것에서 어려운 것으로 단계를 구분하여 제시하였다.

09 '읽어 봅시다'는 초급 단계의 학습 목표에 따라 일상생활에서의 문어 의사소통 능력을 향상시키는 데 초점을 두어 일상생활과 관련된 내용을 담고 있는 다양한 유형의 글(메모, 일기, 이메일, 광고, 초대장, 블로그나 인터넷 게시판의 글 등)을 읽고 내용을 파악하도록 하였다.

10 '따라해 봅시다'는 발음 연습을 위한 부분으로 교재의 읽기 지문이나 듣기 지문에 제시된 어휘 중에 음운 변화가 포함되거나 학습자의 오류율이 높은 발음을 단원별로 선정하여 동일한 규칙을 포함한 어휘를 제시하였고 이 어휘가 포함된 문장도 함께 제시하였다.

11 '정리해 봅시다'는 학습한 내용을 학습자 스스로 확인 및 점검을 하면서 다른 언어 능력과의 통합 교육을 통해 언어 능력을 강화하고자 설정한 부분이다. 이 부분에서는 듣기와 읽기로 학습한 내용을 말하기 또는 쓰기 활동과 통합할 수 있도록 구성하였다.

12 '복습'에서는 선행 학습된 2개 과의 어휘와 문법, 내용을 활용할 수 있도록 읽기와 듣기의 두 부분으로 구성되었다. 각 항에서 배운 내용을 감안하여 듣기나 읽기 중 한 기능에 초점을 두고 다른 한 기능을 연계시켜 통합적인 학습이 가능하도록 유도하였다.

13 '문화'는 복습 항 마지막 부분에 문화 텍스트가 삽화 자료와 함께 제시된다. 문화 항목 중 이해 교재의 특성에 부합하는 내용을 선정하여 정보 문화 중심으로 구성하였다.

14 '부록'에는 정답과 어휘 색인 목록을 제시하였으며, 별책에 읽기 번역과 듣기 지문 및 번역을 함께 실었다.

단원 구성

과	제목	학습 목표	문법	문화(복습항)
1과 인사와 소개	1. 안부 인사	안부를 묻고 대답하는 내용을 이해할 수 있다.	-게[1], -어지다	호칭
	2. 소개	직장과 전공을 소개하는 내용을 이해할 수 있다.	-은 지, -으려고	
2과 친구와 가족	1. 내 친구	친구를 묘사하고 소개하는 내용을 이해할 수 있다.	-네요, -겠다[2]	
	2. 가족과 친척 모임	가족 및 친척 소개와 가족 모임의 내용을 이해할 수 있다.	-을 때, 의	
3과 고향	1. 친구의 고향	고향의 위치와 환경을 설명하는 내용을 이해할 수 있다.	-만에, -어 보다[1]	한국인의 집
	2. 아름다운 내 고향	고향의 자연 환경과 생활 모습을 묘사하는 내용을 이해할 수 있다.	-기 때문에, -는데[2]	
4과 집	1. 이사	이사를 준비하고 집을 찾는 내용을 이해할 수 있다.	-었으면 좋겠다, -어야겠다	
	2. 내가 사는 집	집안일과 내가 살고 있는 집을 소개하는 내용을 이해할 수 있다.	-는 중이다, -나요?	
5과 음식	1. 음식 소개	음식을 먹는 방법을 소개하는 내용을 이해할 수 있다.	-어 보다[2], -는데[3]	광장 시장
	2. 음식 재료와 요리	음식 재료와 요리법을 설명하는 내용을 이해할 수 있다.	-은 적이 있다, 에다가	
6과 시장	1. 편의점	쇼핑 장소를 소개하는 내용을 이해할 수 있다.	-을까요?[3], -을 거예요[2]	
	2. 인터넷 쇼핑몰	쇼핑 장소를 추천하는 내용을 이해할 수 있다.	-는데[4], -어 하다	
7과 쇼핑	1. 사고 싶은 물건	물건을 사는 상황과 사고 싶은 물건을 묘사하는 내용을 이해할 수 있다.	-어도 되다, -으면 안 되다	집들이 선물
	2. 물건 소개	산 물건을 소개하고 팔고 싶은 물건을 묘사하는 내용을 이해할 수 있다.	ㅎ동사, 얼마나 -는지 모르다	

과	제목	학습 목표	문법	문화(복습항)
8과 초대	1. 모임 초대	모임을 소개하고 초대하는 내용을 이해할 수 있다.	-어, -을까 하다	집들이 선물
	2. 집들이 선물	선물 준비와 집들이에 관련된 내용을 이해할 수 있다.	-어 가지고, -지 마	
9과 약속	1. 약속 시간과 장소 정하기	만남이나 모임을 위해 친구와 약속하는 내용을 이해할 수 있다.	-는다, -니?, -을게요	인기 약속 장소
	2. 약속 바꾸기	약속을 바꾸거나 취소하는 내용을 이해할 수 있다.	-어라, -자, -게 되다	
10과 부탁	1. 친구에게 부탁하기	개인적으로 부탁하고 부탁 받는 내용을 이해할 수 있다.	-을래요?, -었다가[1]	
	2. 사무실에서 부탁하기	모르는 사람에게 부탁하거나 공공 기관에서 부탁하는 내용을 이해할 수 있다.	-습니다만, -는지 알다	
11과 교통	1. 대중교통	대중교통을 이용하는 방법을 설명하는 내용을 이해할 수 있다.	-다가, 으로[3]	도서관 이용
	2. 길 안내	택시에서 길을 설명하거나 운전을 해서 길을 찾는 내용을 이해할 수 있다.	-으려면[1], 으로 해서	
12과 학교생활	1. 수업과 시험	수업과 시험을 설명하는 내용을 이해할 수 있다.	-어야 -으면 되다	
	2. 학교 프로그램	사무실에서 학교생활에 대해 문의하는 내용을 이해할 수 있다.	-는데요, -거나	
13과 공공 기관	1. 은행	은행 이용 관련 내용을 이해할 수 있다.	부터, -는 동안	공과금 자동 납부기
	2. 우체국	우체국 이용 관련 내용을 이해할 수 있다.	-을 건가요?, 이나[2]	
14과 전화	1. 휴대 전화	휴대 전화의 다양한 기능을 설명하는 내용을 이해할 수 있다.	-는다고 하다, -냐고 하다	
	2. 메시지	메시지나 메모의 내용을 이해할 수 있다.	-자고 하다, -으라고 하다	

과	제목	학습 목표	문법	문화(복습항)
15과 예약과 주문	1. 식당 예약	다양한 방법으로 식당을 예약하는 내용을 이해할 수 있다.	-어 달라고/(주라고) 하다, 이라서	편의점에서 살 수 있는 약
	2. 배달 주문	음식을 배달 시키고 확인하는 내용을 이해할 수 있다.	만, -었던	
16과 건강	1. 병원	친구나 의사 선생님에게 아픈 증세를 설명하는 내용을 이해할 수 있다.	-는 데다가, ㅅ동사	
	2. 약국	약의 종류와 효과를 설명하는 내용을 이해할 수 있다.	이라도, -지 않으면 안 되다	
17과 취미	1. 취미 소개	다양한 취미를 소개하는 내용을 이해할 수 있다.	만큼, -어도	한국의 흥행 영화
	2. 취미 활동	취미 활동을 설명하는 내용을 이해할 수 있다.	-을 줄 알다(모르다), -던	
18과 계획	1. 방학 계획	방학과 여행 계획을 세우는 내용을 이해할 수 있다.	-던데요, 이든지	
	2. 졸업 후의 계획	졸업 후의 계획이나 미래의 결혼 계획에 대한 내용을 이해할 수 있다.	밖에, -을 줄 알았다	
19과 여행	1. 호텔 예약	숙박 시설을 예약하고 묘사하는 내용을 이해할 수 있다.	이나[3], -은 뒤에	생활 지수
	2. 여행 가고 싶은 곳	여행지에 대한 정보를 나누고 여행할 만할 곳을 추천하는 내용을 이해할 수 있다.	-기로 하다, -자마자	
20과 날씨와 생활	1. 일기 예보	일기 예보와 여러 날씨에 대한 내용을 이해할 수 있다.	-는다고 하니까, -지 말고	
	2. 생활 속의 날씨	날씨와 날씨에 따른 유의 사항을 전하는 내용을 이해할 수 있다.	접속사, -을 테니까	

차례

머리말 / iii
일러두기 / iv
단원 구성 / vi
등장인물 / x

1과 인사와 소개 2
2과 친구와 가족 14
3과 고향 20
4과 집 28
5과 음식 38
6과 시장 46
7과 쇼핑 56
8과 초대 64
9과 약속 74
10과 부탁 82
11과 교통 92
12과 학교생활 100
13과 공공 기관 110
14과 전화 118
15과 예약과 주문 128
16과 건강 136
17과 취미 146
18과 계획 154
19과 여행 164
20과 날씨와 생활 172

부록 모범 답안 / 182
색인 / 194

별책 언어별 번역 / 듣기 지문

등장인물 | Main characters

에릭 파커
- 미국
- 한국어학당 학생
- 한국 전자 직원

존 카마우
- 케냐
- 한국어학당 학생
- 교환 학생

사토 유키
- 일본
- 한국어학당 학생
- 기자

리타오
- 중국
- 한국어학당 학생
- 대학 입학 예정자

노라 한슨
- 노르웨이
- 한국어학당 학생
- 대학원 입학 예정자

최주앙
- 브라질
- 한국어학당 학생
- 대학 휴학생

응웬 흐엉
- 베트남
- 한국어학당 학생

레오 마르탱
- 프랑스
- 한국어학당 학생
- 요리사

올리비아 스미스
- 호주
- 한국어학당 학생
- 외교관

이윤아
- 한국
- 대학생

정하늘
- 한국
- 대학생

김우진
- 한국
- 한국 전자 직원

새 연세한국어

듣기와 읽기 2

01 과

인사와 소개

1. 안부 인사

MP3 / 01

• 학습 목표: 안부를 묻고 대답하는 내용을 이해할 수 있다.

Ⅰ. 준비해 봅시다

어디에서 일을 합니까? 일하는 곳을 연결하십시오.

1) 

저는
KBC 뉴스 기자
한석호입니다.

• ❶ 잡지사

2) 

저는 박미경인데요,
여행 잡지를 만들어요.

• ❷ 방송국

3) 

저는 외국에 물건을
파는 일을 합니다.

• ❸ 항공사

4) 

반갑습니다.
저는 비행기
스튜어디스예요.

• ❹ 무역 회사

Ⅱ. 들어 봅시다

1 한국에서 어떻게 지냅니까? 문장을 듣고 알맞은 그림을 고르십시오.

1) (　　　)　2) (　　　)　3) (　　　)　4) (　　　)

❶ 

❷ 

❸ 

❹ 

잡지사　방송국　항공사　무역 회사　스튜어디스　지내다

2 이 사람의 한국 생활은 어떻습니까? 이야기를 듣고 맞는 그림에 ✔하십시오.

( )

( )

( )

( )

( )

( )

( )

( )

[3-4] 대화를 듣고 질문에 답하십시오.

3 알맞은 그림을 연결하십시오.

1)  • • ① 

2)  • • ② 

4 맞으면 O, 틀리면 X 하십시오.

1) 노라 씨는 지난주부터 중국어를 공부합니다. ( )

2) 노라 씨는 중국어에 익숙해졌습니다. ( )

처음 즐겁다 열심히 익숙하다 건강하다 곧

[5-7] 대화를 듣고 질문에 답하십시오.

5 대화를 듣고 이름과 알맞은 그림을 연결하십시오.

1) 주앙 • 2) 에릭 • 3) 올리비아 •

① 

② 

③ 

6 맞는 것을 고르십시오. (   )

① 에릭 씨는 회사원입니다.

② 세 사람은 같이 부산에 여행을 갔습니다.

③ 주앙 씨는 부산에 있는 여행사에서 일합니다.

④ 올리비아 씨는 연휴에 학교에서 공부했습니다.

7 주앙 씨는 여행을 하고 무엇이 좋아졌습니까?

________________, ________________

Ⅲ. 읽어 봅시다

최수지 선생님께

선생님 안녕하세요? 저 흐엉이에요. 오랜만에 인사드려요. 그동안 안녕하셨어요? 계속 바쁘게 지내세요?

저는 고향에서 즐겁게 지내고 있어요. 가족들과 맛있는 고향 음식도 먹고 친구들과 같이 여행도 다녔어요.

한국은 많이 추워졌지요? 다음 달에 한국에 돌아가야 하는데 날씨가 걱정이에요. 그리고 한국말도 걱정이에요. 방학 동안 고향에서 한국말을 공부하지 않아서 많이 잊어버렸어요. 그래도 한국에 돌아갈 생각을 하면 기분이 좋아져요. 선생님과 친구들을 만나서 다시 재미있게 한국어를 공부하고 싶어요.

그럼 다음 달에 학교에서 만나서 다시 인사드릴게요. 그때까지 안녕히 계세요.

2019. 12. 10

흐엉 올림

연휴　다녀오다　오랜만　다니다　걱정　잊어버리다

1 이 글은 어떤 글입니까? (   )

❶ 일기 ❷ 편지 ❸ 메모 ❹ 문자 메시지

2 맞는 것을 고르십시오. (   )

❶ 이 글은 흐엉 씨가 읽을 겁니다.
❷ 흐엉 씨는 지금 한국에 있습니다.
❸ 흐엉 씨는 다음 달에 학교로 돌아갈 겁니다.
❹ 흐엉 씨는 방학 동안 한국말을 열심히 공부했습니다.

3 다음 중 고향에 있는 흐엉과 어울리는 말을 모두 찾아 ○표 하십시오.

바빠요	즐거워요	추워요
여행해요	한국어를 공부해요	가족을 만나요
학교에 다녀요	선생님을 만나요	맛있는 음식을 먹어요

따라해 봅시다

<모음1>

/ㅏ/	/ㅓ/	/ㅗ/	/ㅜ/	/ㅡ/	/ㅣ/
바빠요	걱정	공부	운동	그럼	기분

- 요즘 **공부할** 것이 많아서 **바빠요**.
- 건강이 **걱정되면 운동을** 하세요.
- 산책합시다. **그럼 기분이** 좋아질 거예요.

정리해 봅시다

1. 여러분은 요즘 어떻게 지내십니까?
2. 친구와 오랜만에 만났습니다. 어떻게 인사합니까?

글 일기 편지 메모

01과 인사와 소개

2. 소개

MP3 / 02

• 학습 목표: 직장과 전공을 소개하는 내용을 이해할 수 있다.

Ⅰ. 준비해 봅시다

이 사람들은 무엇을 전공했을까요? 알맞은 것과 연결하십시오.

1) 

저는 한국어를 가르쳐요. • • ❶ 의학

2) 

저는 아픈 환자를 보면 도와주고 싶어요. • • ❷ 경제학

3) 

저는 은행에서 일한 지 3년 됐어요. • • ❸ 국어 국문학

4) 
저는 별 보는 걸 좋아합니다. • • ❹ 천문 우주학

Ⅱ. 들어 봅시다

1 문장을 듣고 맞는 그림에 ✔하십시오.

1)  

❶ ( ) ❷ ( )

2)  

❶ ( ) ❷ ( )

3) 

❶ ( ) ❷ ( )

4) 

❶ ( ) ❷ ( )

의학 경제학 국어 국문학 천문 우주학 돕다 별 고등학교 졸업하다

2 이야기를 듣고 순서대로 쓰십시오.

❶ 한국에 왔어요. ❷ 한국 드라마를 봤어요.
❸ 고등학교를 졸업했어요. ❹ 한국어 공부를 시작했어요.

( ) → ( ) → ( ) → ( )

[3-4] 대화를 듣고 질문에 답하십시오.

3 대화를 듣고 표에 쓰십시오.

	전공	일하고 싶은 곳
존		
하늘		

4 맞으면 O, 틀리면 X 하십시오.

1) 두 사람은 대학교를 졸업했습니다. ( )
2) 두 사람은 직업을 바꾸려고 합니다. ( )

[5-7] 대화를 듣고 질문에 답하십시오.

5 두 사람에게 알맞은 단어를 찾아 연결하십시오.

1)  •

2)  •

• ❶ 무역 회사
• ❷ 방송국
• ❸ 한국어학당
• ❹ 경영학
• ❺ 신문 방송학

신문 방송학 전공 컴퓨터 공학 교수 경영학 멋있다

6 맞는 것을 고르십시오. ( )

① 알렉스 씨는 한국 방송국에서 일합니다.
② 알렉스 씨는 한국어를 여섯 달 동안 공부했습니다.
③ 미선 씨의 회사는 미국에 있어서 미국에 자주 갑니다.
④ 미선 씨는 알렉스 씨와 경영학을 공부하고 싶어 합니다.

7 맞으면 O, 틀리면 X 하십시오.

1) 알렉스 씨와 미선 씨는 친구입니다. ( )
2) 두 사람은 회사 일을 하려고 만났습니다. ( )

III. 읽어 봅시다

한국대학교

자기 소개서

[전공 및 학습 계획]

저는 독일 베를린 대학교에서 아시아학을 전공했습니다. 고등학교 때 한국 친구와 중국 친구를 만난 후에 아시아 문화에 관심이 생겨서 아시아학을 공부했습니다. 그런데 대학교에서 한국 문화 수업을 듣고 한국 문화를 더 자세히 알고 싶어졌습니다. 그래서 혼자 열심히 한국 문화 책도 보고 한국의 영화와 방송을 찾아서 봤습니다.

한국 문화를 잘 알고 싶으면 한국어가 필요합니다. 그래서 대학교를 졸업하고 한국어를 배우려고 한국으로 유학을 왔습니다. 한국에서 한국어를 공부한 지 1년쯤 됐습니다.

그리고 이제 한국 문화를 좀 더 자세히 공부하고 싶어서 대학원에서 한국학을 전공하려고 합니다. 아직 독일에는 한국 문화를 잘 모르는 사람이 많습니다. 제가 이 학교에 입학하면 한국의 문화를 열심히 공부해서 한국을 잘 이해하고 싶습니다. 그래서 좋은 한국의 문화를 독일에 소개하겠습니다.

소개 자기 소개서 필요하다 및 학습 아시아 관심 생기다 자세히 유학 입학하다 이해하다

1 이 사람은 왜 이 글을 썼습니까? (　　)

① 한국어를 배우려고 썼습니다.
② 대학교를 졸업하려고 썼습니다.
③ 대학원에 들어가려고 썼습니다.
④ 독일에 한국을 소개하려고 썼습니다.

2 이 사람은 대학교에서 무엇을 전공했습니까? 대학원에서 무엇을 전공하려고 합니까?

대학교	대학원

3 맞지 않는 것을 고르십시오. (　　)

① 고등학교 때 한국 친구가 있었습니다.
② 한국에서 한국말을 1년 동안 공부했습니다.
③ 독일에 한국 문화를 모르는 사람이 많습니다.
④ 대학교 수업에서 한국 영화와 방송을 공부했습니다.

따라해 봅시다

<모음2>

/ㅔ/	/ㅘ/	/ㅙ/	/ㅢ/
이제	문화	왜	의학

- **왜 이제** 왔어요?
- 한국 **문화를** 배우고 싶어요.
- **의학을** 전공할 거예요.

정리해 봅시다

1. 언제 한국어 공부를 시작했습니까? 왜 한국어를 배웁니까?
2. 친구들에게 직업과 전공을 소개해 보십시오.

02과

친구와 가족

1. 내 친구

MP3 / 03

• 학습 목표: 친구를 묘사하고 소개하는 내용을 이해할 수 있다.

Ⅰ. 준비해 봅시다

누구를 이야기합니까? 알맞은 것을 연결하십시오.

1) 

2) 

3) 

4) 

① 잘생겨서 인기가 많아요.

② 운동을 해서 날씬해졌어요.

③ 책을 많이 읽어서 똑똑해요.

④ 목소리가 좋아서 아나운서가 됐어요.

Ⅱ. 들어 봅시다

1 문장을 듣고 알맞은 대답을 고르십시오.

1)	2)	3)	4)

( )	( )	( )	( )
① 참 착하네요.	② 귀여운데 조금 뚱뚱하네요.	③ 어렸을 때는 머리가 짧고 안경을 꼈네요.	④ 영어를 잘하겠네요.

잘생기다 날씬하다 똑똑하다 목소리가 좋다 아나운서 착하다 귀엽다
뚱뚱하다 어리다 안경을 끼다

2 문장을 듣고 알맞은 대답을 연결하십시오.

1) • • ① 인기가 많겠어요.

2) • • ② 날마다 바쁘겠어요.

3) • • ③ 많이 피곤하겠어요.

4) • • ④ 정말 반가웠겠어요.

[3-4] 대화를 듣고 질문에 답하십시오.

3 왕샤오링 씨는 누구입니까? (   )

① 에릭 씨 고향 친구 ② 에릭 씨 회사 친구

③ 리타오 씨 고향 친구 ④ 리타오 씨 회사 친구

4 맞으면 O, 틀리면 X 하십시오.

1) 왕샤오링 씨는 대학원에서 한국어를 공부합니다. (   )

2) 에릭 씨는 회사원입니다. (   )

[5-7] 대화를 듣고 질문에 답하십시오.

5 유키 씨의 한국 친구와 관계있는 것을 연결하십시오.

1) 미선 •

2) 영수 •

• ① 귀엽다

• ② 친절하다

• ③ 재미있다

• ④ 키가 크다

• ⑤ 눈이 크다

• ⑥ 머리가 짧다

• ⑦ 성격이 밝다

6 유키 씨는 지난달에 한국 친구들과 무엇을 했습니까?

성격이 좋다 교육학 경주 성격이 밝다

7 맞으면 O, 틀리면 X 하십시오.

1) 유키 씨는 제주도에서 미선 씨를 처음 만났습니다. (　　)
2) 영수 씨는 제주도에서 대학교에 다닙니다. (　　)
3) 흐엉 씨는 아직 한국 친구가 없습니다. (　　)

Ⅲ. 읽어 봅시다

제목 | 친구를 찾습니다.

저는 러시아에서 온 마리아입니다. 3개월 전에 한국에 왔습니다. 오전에는 한국어학당에서 한국어를 배우고 있는데 수업이 끝나면 특별히 할 일이 없습니다. 도서관에 가서 공부를 하는 날도 있고 공원에 가서 산책을 하는 날도 있습니다. 친구가 없어서 혼자 시간을 보내고 공부하니까 조금 지루할 때가 있습니다. 그래서 수업이 끝나고 만나서 공부도 하고 같이 놀 수 있는 친구를 찾으려고 합니다.

저는 성격이 밝고 이야기하는 것을 좋아합니다. 작년에는 일본에서 공부를 했고, 올해는 한국에 유학을 왔습니다. 한국 노래를 좋아해서 날마다 음악을 듣고 노래방에 가끔 갑니다. 저와 취미가 같아서 함께 노래방에 갈 수 있는 친구를 만나면 좋겠습니다. 저와 같이 공부하면서 친구가 되실 분은 연락해 주십시오.

↳ 일본에서 공부했네요. 일본어도 잘하겠어요.

↳ 한국 노래를 좋아하시는군요. 저도 노래방에 가는 것을 좋아하는데 전화 드리겠습니다.

↳ 저도 요즘 친구가 없어서 심심해요. 같이 공부하고 놀면 재미있겠네요.

지루하다

1 이 사람은 누구를 찾고 있습니까? (　　)

❶ 같이 공부할 친구　　❷ 방을 같이 쓸 친구
❸ 일본어를 가르쳐 줄 친구　　❹ 한국어학당에 같이 다닐 친구

2 맞지 않는 것을 고르십시오. (　　)

❶ 마리아는 한국에 온 지 3개월 됐습니다.
❷ 마리아는 성격이 밝고 이야기하는 것을 좋아합니다.
❸ 마리아는 일본어를 공부하러 일본에 가려고 합니다.
❹ 마리아는 한국 노래를 좋아해서 노래방에 가끔 갑니다.

3 마리아는 친구하고 무엇을 하고 싶어 합니까?

따라해 봅시다

<모음3>	/ㅐ/	/ㅕ/	/ㅚ/	/ㅝ/	/ㅠ/
	노래	여자	회사	뭐	유학

- 제 **여자** 친구는 **노래**를 좋아해요.
- **회사** 이름이 **뭐**예요?
- 왜 한국에 **유학** 왔어요?

정리해 봅시다

1. 한국 친구가 있습니까? 소개해 보십시오.
2. 고향 친구와 찍은 사진이 있습니까? 사진을 보고 이야기해 봅시다.

02과 친구와 가족

2. 가족과 친척 모임

MP3 / 04

• 학습 목표: 가족 및 친척 소개와 가족 모임의 내용을 이해할 수 있다.

I. 준비해 봅시다

누구일까요? 알맞은 것을 연결하십시오.

1) 내 동생의 아들 •	• ❶ 조카
2) 아버지의 형의 아내 •	• ❷ 외숙모
3) 어머니의 언니의 남편 •	• ❸ 이모부
4) 어머니의 아버지의 아들의 아내 •	• ❹ 큰어머니

II. 들어 봅시다

1 무엇을 이야기합니까? 문장을 듣고 보기에서 알맞은 것을 골라 쓰십시오.

보기

오늘 삼촌 내일 외할머니

고향 날씨 메뉴 직업

1) ______의 ______

2) ______의 ______

3) ______의 ______

4) ______의 ______

2 문장을 듣고 그림에서 우리 가족을 골라 ✔하십시오.

1)

❶ ( ) ❷ ( )

2)

❶ ( ) ❷ ( )

3)

❶ ( ) ❷ ( )

4)

❶ ( ) ❷ ( )

조카 외숙모 이모부 큰어머니 삼촌 외할머니

[3-4] 대화를 듣고 질문에 답하십시오.

3 오늘은 무슨 날입니까?

4 맞으면 O, 틀리면 X 하십시오.

1) 윤아 씨는 어머니가 꽃을 좋아해서 꽃다발을 샀습니다. ( )

2) 윤아 씨는 오늘 큰아버지와 큰어머니를 만날 겁니다. ( )

[5-7] 대화를 듣고 질문에 답하십시오.

5 우진 씨는 주말에 어디에 갔습니까?

6 맞으면 O, 틀리면 X 하십시오.

1) 우진 씨는 주말에 가족과 친척들을 만났습니다. ( )

2) 한국 사람들은 아이의 생일 때마다 돌잔치를 합니다. ( )

7 우진 씨는 조카에게 무엇을 선물했습니까? 왜 그 선물을 샀습니까?

외삼촌 이모 외할아버지 생신 큰아버지 친척 돌잔치 장난감

저는 한국에서 태어났지만 두 살 때부터 브라질에서 살아서 한국말을 잘 못해요. 아버지께서 저에게 보통 한국말로 이야기하셔서 들을 때는 괜찮은데 말하는 것은 어려웠어요. 그래서 한국어를 배우려고 한국에 왔어요. 한국에 온 지 3개월 됐는데 이제 한국말로 말하는 것에 조금 익숙해졌어요.

지난 주말에 셋째 고모의 결혼식이 있었어요. 고모부의 고향이 대전이어서 그곳에서 결혼식을 했어요. 결혼식에는 할아버지, 할머니와 많은 친척들이 왔는데, 친척들과 한국말로 이야기했어요. 모르는 것이 있을 때는 작은어머니께서 옆에서 도와주셨어요. 조금 어려웠지만 친척들과 한국말로 이야기할 수 있어서 기분이 좋았어요. 한국에서 결혼식을 처음 봤는데 브라질의 결혼식과 다르고 아주 재미있었어요.

태어나다 대전 고모부 작은어머니

1 이 사람은 지난 주말에 왜 친척들을 만났습니까?

2 맞지 않는 것을 고르십시오. (　　)

❶ 이 사람은 3개월 전에 한국에 왔습니다.
❷ 이 사람은 말하기보다 듣기가 쉽습니다.
❸ 이 사람은 결혼식이 있어서 한국에 왔습니다.
❹ 고모부가 대전 사람이어서 대전에서 결혼식을 했습니다.

3 이 사람은 왜 기분이 좋았습니까?

따라해 봅시다

<모음 어울림 1> /ㅏ/+았→았 /ㅗ/+았→왔

샀어요 갔어요 왔어요 봤어요

- 무슨 선물을 **샀어요?**
- 돌잔치에 **다녀왔어요**.
- 한국에서 결혼식을 처음 **봤어요**.

정리해 봅시다

1. 부모님의 형제를 소개하십시오.
2. 여러분은 언제 친척들을 만납니까? 이야기해 봅시다.

복습

MP3 / 05

1 대화를 듣고 질문에 답하십시오.

1) **두 사람은 그동안 어떻게 지냈습니까?**

존	리타오

2) **맞는 것을 고르십시오. (　　)**

① 리타오 씨는 신문 방송학을 전공하고 싶어 합니다.
② 존 씨는 대학교 공부가 어려워져서 힘들었습니다.
③ 리타오 씨는 한국 대학교에서 공부하고 있습니다.
④ 윤아 씨는 존 씨의 친구인데 성격이 밝고 착합니다.

3) **맞으면 O, 틀리면 X 하십시오.**

① 두 사람은 그동안 자주 만났습니다. (　　)
② 존 씨는 리타오 씨를 도와줄 사람을 소개할 겁니다. (　　)

2 다음을 읽고 질문에 답하십시오.

YONSEI EMAIL

보낸 사람	yihana@hankuk.ac.kr
받는 사람	fighting_litao@yonsei.ac.kr
제　　목	안녕하세요?

리타오 씨, 안녕하세요? 존 씨의 소개를 받고 이메일을 드려요.

제 이름은 이한아예요. 대학교에서 신문 방송학을 공부하는 학생이에요. 신문 방송학을 공부한 지 2년쯤 됐어요. 처음에는 신문 방송학이 좀 어렵게 생각됐어요. 그런데 이제는 점점 재미있어지네요. 그래서 졸업 후에 방송국에서 일하려고 해요.

리타오 씨도 대학교에서 신문 방송학을 전공하려고 하지요? 혼자 준비하기가 힘들겠어요. 준비하면서 물어보고 싶은 게 있으면 연락하세요. 열심히 도와 드리겠습니다. 제 연락처는 010-2123-3464예요. 연락 기다리겠습니다.

이한아 드림

1) **이한아 씨는 왜 이 글을 썼습니까? (　　)**

① 존 씨를 소개하려고
② 존 씨의 전공을 알려 주려고
③ 리타오 씨를 도와주고 싶어서
④ 리타오 씨의 전공을 알고 싶어서

2) **맞는 것을 고르십시오. (　　)**

① 이한아 씨가 리타오 씨에게 먼저 전화할 겁니다.
② 이한아 씨는 대학교를 졸업하고 방송국에서 일하고 있습니다.
③ 이한아 씨는 대학교에서 2년 동안 신문 방송학을 공부했습니다.
④ 이한아 씨가 생각할 때 신문 방송학은 리타오 씨에게 어렵습니다.

문화

호칭

한국에서는 가족이 아닌 사람에게도 가족이나 친척 호칭을 사용합니다. 예를 들면, 친한 경우에 남성이 자기보다 나이가 많은 사람을 '형' 또는 '누나'라고 부릅니다. 친구의 어머니를 그냥 '어머니'라고 부르기도 합니다.

식당에서 일하시는 분을 부를 때 '이모'라고 하는 것도 자주 들을 수 있을 겁니다. 가족이 아닌 사람을 가족처럼 부르면 사람과 사람의 관계를 더 가깝게 만들 수 있습니다.

1. **한국에서는 가족이 아닌 사람에게 왜 가족 호칭을 씁니까?**
2. **여러분 나라에서도 특별하게 사용하는 호칭이 있습니까?**

점점　부탁하다　연락처

03과

고향

1. 친구의 고향

MP3 / 06

• 학습 목표: 고향의 위치와 환경을 설명하는 내용을 이해할 수 있다.

Ⅰ. 준비해 봅시다

다음 문장과 어울리는 장소를 연결하십시오.

1) 빌딩이 많고 복잡합니다. •	• ❶ 섬
2) 조용하고 경치가 아름답습니다. •	• ❷ 도시
3) 바닷가가 있고 해산물이 많습니다. •	• ❸ 시골
4) 공기가 좋고 등산을 할 수 있습니다. •	• ❹ 산

Ⅱ. 들어 봅시다

1 언제 했습니까? 문장을 듣고 알맞은 그림과 연결하십시오.

1)

2)

3)

4)

10년 전	3년 전	3개월 전	일주일 전	지금
•	•	•	•	

빌딩 해산물 섬 도시 시골

2 대화를 듣고 이 사람이 한 일에 ✔하십시오.

1)

❶ ( ) ❷ ( )

2)

❶ ( ) ❷ ( )

3)

❶ ( ) ❷ ( )

4)

❶ ( ) ❷ ( )

[3-4] 대화를 듣고 질문에 답하십시오.

3 리타오 씨의 고향은 어디입니까? 고향이 어디에 있습니까?

고향	위치
( )	( )의 ( )

4 맞으면 O, 틀리면 X 하십시오.

1) 레오 씨는 리타오 씨의 고향에 가 봤습니다. ( )

2) 리타오 씨의 고향에는 유명한 곳이 많습니다. ( )

[5-7] 대화를 듣고 질문에 답하십시오.

5 흐엉 씨와 노라 씨의 고향 이야기입니다. 빈칸에 알맞은 단어를 고르십시오.

흐엉 씨의 고향은 베트남의 (하노이, 호찌민)입니다.

베트남의 (남쪽, 북쪽)에 있습니다.

노라 씨의 고향은 (노르웨이, 네덜란드)의 오슬로입니다.

북쪽 유명하다 관광지 위치 하노이 호찌민 남쪽 노르웨이
네덜란드 오슬로

6 흐엉 씨는 고향에 가서 무엇을 했습니까?

____________을/를 만나고 ____________을/를 먹었습니다.

7 맞는 것을 고르십시오. (   )

① 두 사람은 어제 만났습니다.
② 노라 씨의 고향에는 바다가 있습니다.
③ 흐엉 씨는 노라 씨의 고향에 가 봤습니다.
④ 흐엉 씨는 4개월 만에 고향에 다녀왔습니다.

III. 읽어 봅시다

저는 지난 주말에 영수 씨를 만나러 오랜만에 속초에 다녀왔습니다. 속초는 영수 씨의 고향입니다. 이번에도 영수 씨가 여기저기 안내를 잘 해 줘서 즐겁게 여행했습니다. 지금부터 속초에서 제가 가 본 곳을 소개해 드리겠습니다.

서울에서 버스를 타고 동쪽으로 두 시간쯤 가면 속초가 나옵니다. 속초에는 설악산과 동해 바다가 있어서 구경거리도 많고 할 수 있는 것도 많습니다. 설악산에 가면 등산을 할 수도 있고 케이블카로 산 위에 올라갈 수도 있습니다. 속초에서 보는 동해 바다는 정말 푸르고 깨끗합니다. 여름에는 해수욕장에서 즐거운 시간을 보낼 수 있습니다. 바다와 가까운 곳에 큰 호수도 있는데 산책을 하거나 자전거를 빌려서 탈 수 있습니다. 또 근처에 예쁜 커피숍이 많습니다. 아름다운 경치를 보면서 커피를 마시면 기분이 아주 좋아집니다. 속초에는 맛있는 음식도 많으니까 아직 못 가 보신 분들은 꼭 가십시오.

속초 동쪽 동해 구경거리 케이블카 푸르다

1 이 사람은 언제 속초에 갔습니까? 왜 속초에 갔습니까?

1) 언제 ____________________

2) 왜 ____________________

2 맞는 것을 고르십시오. (　　)

① 이 사람은 속초에 처음 갔습니다.
② 이 사람은 속초까지 영수 씨와 같이 갔습니다.
③ 서울에서 속초까지 버스로 두 시간쯤 걸립니다.
④ 속초를 구경할 때 이 사람이 영수 씨를 안내했습니다.

3 장소와 관계있는 문장을 연결하십시오.

1) 설악산 •
2) 동해 •
3) 호수 •

• ① 등산을 합니다.
• ② 자전거를 탑니다.
• ③ 케이블카를 탑니다.
• ④ 푸르고 깨끗합니다.
• ⑤ 해수욕장이 있습니다.
• ⑥ 근처에 커피숍이 있습니다.

따라해 봅시다

<모음 어울림 2>	/ㅓ/+었→었	/ㅜ/+었 →웠	/ㅡ/+었→었	/ㅣ/+었→였
	건넜습니다	줬습니다	썼습니다	드렸습니다

• 영수가 안내를 잘 해 **줬습니다**.
• 고향에 계시는 부모님께 편지를 **썼습니다**.
• 친구가 할머니께 인사를 **드렸습니다**.

정리해 봅시다

1. 여러분의 고향은 어디에 있습니까?
2. 여러분의 고향에는 무엇이 많습니까?

03과 고향

2. 아름다운 내 고향

MP3 / 07

• 학습 목표: 고향의 자연환경과 생활 모습을 묘사하는 내용을 이해할 수 있다.

Ⅰ. 준비해 봅시다

이야기의 빈칸에 알맞은 단어를 보기에서 찾아서 쓰십시오.

저는 한국에 온 지 6개월 되었습니다. 한국 생활은 재미있지만 가끔 (   )습니다/ㅂ니다. 고향에 있는 가족들이 (   )을/ㄹ 때가 많습니다. 제 고향은 한국에서 먼데 리에 씨는 고향이 가까워서 방학마다 고향에 다녀옵니다. 리에 씨가 정말 (   )습니다/ㅂ니다. 고향에 가서 가족들을 만나면 아주 (   )을/ㄹ 것 같습니다.

보기

그립다　　행복하다　　부럽다　　외롭다

Ⅱ. 들어 봅시다

1 문장을 듣고 알맞은 그림과 연결하십시오.

1)  • 　　　　• ① 

2)  • 　　　　• ② 

3) 

• 　　　　• ③ 

4)  • 　　　　• ④ 

그립다　행복하다　부럽다　외롭다

2 이야기를 듣고 친구의 고향과 어울리는 단어에 모두 ✔하십시오.

☐ 큽니다 ☐ 작습니다 ☐ 공기가 좋습니다 ☐ 산이 있습니다
☐ 바다가 있습니다 ☐ 바쁘게 지냅니다 ☐ 한가하게 지냅니다

[3-4] 대화를 듣고 질문에 답하십시오.

3 제니 씨는 한국과 고향에서 어떻게 지냅니까? 맞는 것을 연결하십시오.

1) 고향에서 •
2) 한국에서 •

• ① 열심히 공부해요.
• ② 산책을 자주 해요.
• ③ 친구들과 많이 놀아요.
• ④ 가족들과 자주 전화해요.

4 맞으면 ○, 틀리면 X 하십시오.

1) 제니 씨는 한국에 온 지 한 달 되었습니다. ( )
2) 제니 씨의 고향에는 아름다운 공원이 많습니다. ( )

[5-7] 대화를 듣고 질문에 답하십시오.

5 두 사람은 지금 어디에 있습니까? ( )

① 서울 ② 일본 ③ 정희 씨 고향 ④ 유키 씨 고향

6 맞는 것을 고르십시오. ( )

① 정희 씨는 항상 풍경이나 음식 사진을 찍습니다.
② 두 사람은 이제 수영을 하러 바닷가에 가겠습니다.
③ 두 사람은 서울에서 점심을 먹고 이곳에 왔습니다.
④ 오늘은 날씨가 맑기 때문에 경치를 보기가 좋습니다.

이렇게 특별하다 신선하다 풍경 해운대

7 왜 해운대에 사람들이 많이 옵니까?

III. 읽어 봅시다

제 고향은 미국 하와이입니다. 하와이는 미국 캘리포니아의 서쪽, 일본의 동쪽에 있는 섬입니다. 바다가 아름답고 구경거리도 많은 곳입니다. 우리 집은 하와이의 호놀룰루에 있습니다. 호놀룰루에는 여러 나라에서 온 사람들이 많이 살기 때문에 세계의 문화를 만날 수 있고 여러 나라의 음식도 먹을 수 있습니다. 맛있는 한식집도 물론 있습니다.

호놀룰루의 유명한 관광지인 와이키키 해변은 외국에서 여행을 오는 사람들로 복잡합니다. 신혼여행을 온 사람들도 많이 볼 수 있습니다. 구경할 것도 많고 쇼핑하기도 편하기 때문입니다. 많은 사람들이 커피와 초콜릿을 삽니다. 하와이의 커피는 냄새가 아주 좋고 맛이 특별합니다.

저는 고향에 있을 때 바다에서 많은 시간을 보냈습니다. 친구들과 수영도 하고 서핑도 했습니다. 서핑은 처음에는 조금 무서웠는데 지금은 많이 연습해서 쉬워졌습니다. 시원한 바다에서 친구들과 서핑을 하면 정말 행복합니다.

1 이 사람의 고향은 어디입니까? 고향에서 유명한 관광지는 어디입니까?

고향	유명한 관광지
( )의 ( )	( )

하와이 캘리포니아 서쪽 호놀룰루 세계 물론 와이키키 해변 냄새 서핑

2 보기에서 알맞은 단어를 모두 찾아 쓰십시오.

왜 와이키키 해변에 신혼여행을 많이 옵니까?	
하와이에 여행 온 사람들이 무엇을 삽니까?	
이 사람은 고향 바다에서 무엇을 했습니까?	

보기

수영　　구경거리　　초콜릿　　서핑　　커피　　쇼핑

3 맞는 것을 고르십시오. (　　)

① 하와이는 일본의 서쪽에 있는 섬입니다.
② 호놀룰루에서는 한식을 먹기 어렵습니다.
③ 이 사람은 처음부터 서핑을 쉽게 했습니다.
④ 호놀룰루에서 여러 나라의 문화를 만날 수 있습니다.

Ⅴ. 따라해 봅시다

<모음 어울림 3>　/하/+였→했

했습니다　공부했습니다　피곤했습니다

- 고향에서 친구들과 서핑을 **했습니다**.
- 한국에 오기 전부터 한국어를 **공부했습니다**.
- 고향에서는 일이 많아서 항상 **피곤했습니다**.

Ⅶ. 정리해 봅시다

1. 여러분의 고향에서는 무엇을 할 수 있습니까?
2. 여러분의 고향은 무엇이 유명합니까?

04과 집

1. 이사

MP3 / 08

• 학습 목표: 이사를 준비하고 집을 찾는 내용을 이해할 수 있다.

Ⅰ. 준비해 봅시다

어떻게 이사를 합니까? 맞는 순서대로 번호를 쓰십시오.

1 
계약하다

2 
이사를 하다

3 

살 집을 알아보다

4 
짐을 싸다

5 
이삿짐센터에 예약하다

(　　　　) → (　　　　) → (5) → (　　　　) → (　　　　)

Ⅱ. 들어 봅시다

1 문장을 듣고 이어질 수 있는 말을 연결하십시오.

1) •　　　　• ① 빨리 가서 쉬어야겠습니다.

2) •　　　　• ② 아르바이트를 해야겠습니다.

3) •　　　　• ③ 다른 곳으로 이사해야겠습니다.

4) •　　　　• ④ 같이 살 친구를 찾아야겠습니다.

2 문장을 듣고 알맞은 그림을 고르십시오.

1) (　　)　2) (　　)　3) (　　)　4) (　　)

① 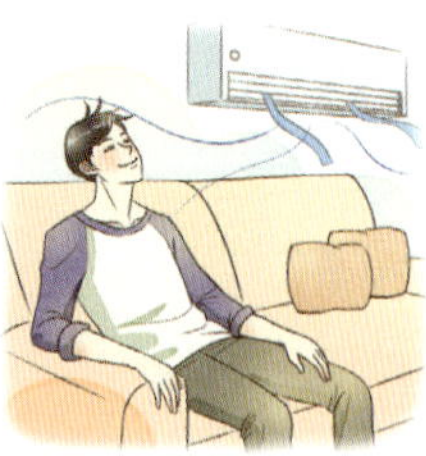

② 

③ 

④ 

이사하다　이삿짐센터　짐　싸다　계약하다　불편하다　별로　하숙집　트럭　싣다　에어컨

[3-4] 대화를 듣고 질문에 답하십시오.

3 리타오 씨는 왜 걱정을 합니까?

____

4 맞으면 O, 틀리면 X 하십시오.

1) 리타오 씨는 모레 이사를 갑니다. (　　)
2) 흐엉 씨는 리타오 씨의 이사 준비를 도와주겠습니다. (　　)

[5-7] 대화를 듣고 질문에 답하십시오.

5 무엇에 대한 이야기입니까? (　　)

① 원룸 고르기　② 이삿짐 찾기　③ 이사하기　④ 계약하기

6 맞는 것을 고르십시오. (　　)

① 주앙 씨는 요즘 바쁘지 않습니다.
② 주앙 씨는 이사를 준비하고 있습니다.
③ 주앙 씨의 원룸에는 문제가 있습니다.
④ 주앙 씨는 이삿짐센터를 예약했습니다.

7 주앙 씨는 어디에서 어디로 이사를 갑니까?

__________ 에서 __________ 으로/로 이사를 갑니다.

원룸　잊다

III. 읽어 봅시다

저는 지금 연세 대학교 기숙사에서 살고 있습니다. 기숙사는 연세 대학교에 있기 때문에 한국어학당에 올 때 아주 편합니다. 기숙사는 두 사람이 방 하나를 같이 써서 좀 불편합니다. 저는 혼자 편하게 살고 싶어서 이사 갈 집을 찾고 있습니다.

반 친구가 살고 있는 하숙집을 소개해 줘서 그 집에 가 봤습니다. 하숙집 아주머니가 친절하시고 방도 깨끗했습니다. 그런데 방이 생각보다 작고 좀 어두워서 마음에 들지 않았습니다.

그래서 좋은 집을 알아보려고 부동산에 갔습니다. 부동산 아저씨는 저에게 원룸을 하나 보여 줬습니다. 원룸은 하숙집보다 방이 크고 밝았습니다. 방 안에 작은 화장실도 있었습니다. 하지만 관리비가 조금 비쌉니다. 관리비가 조금 더 쌌으면 좋겠습니다. 이 원룸에서 살면 앞으로의 생활이 더 편할 것 같습니다. 내일 부동산에 가서 원룸을 계약해야겠습니다. 새집에서 좋은 일이 많이 생겼으면 좋겠습니다.

1 무엇에 대한 설명입니까? 관계있는 것을 연결하십시오.

1) 기숙사 •
2) 하숙집 •
3) 원룸 •

• ❶ 방이 좀 어둡습니다.
• ❷ 방이 크고 밝았습니다.
• ❸ 관리비가 조금 비쌉니다.
• ❹ 아주머니가 친절하십니다.
• ❺ 한국어학당에 올 때 편합니다.
• ❻ 두 사람이 한 방을 같이 씁니다.

알아보다　마음에 들다　관리비　어둡다　밝다

2 맞으면 O, 틀리면 X 하십시오.

1) 이 사람은 편하게 살고 싶어서 이사를 하려고 합니다. ( )

2) 이 사람은 앞으로 하숙집에서 살 것 같습니다. ( )

3) 같은 반 친구가 이 사람에게 원룸을 소개해 줬습니다. ( )

3 이 사람은 내일 무엇을 하겠습니까?

따라해 봅시다

<모음 어울림 4>

/ㅐ/ + 었	/ㅔ/ + 었	/ㅚ/ + 었	/ㅟ/ + 었
보냈습니다	셌습니다	되었습니다	쉬었습니다.

- 이사 갈 집으로 이삿짐을 **보냈습니다.**
- 열심히 일해서 제 집을 사게 **되었습니다.**
- 이사가 너무 힘들어서 빨리 끝내고 **쉬었으면** 좋겠습니다.

정리해 봅시다

1. 여러분은 지금 어떤 집에서 삽니까?
2. 여러분이 집을 알아볼 때 중요하게 생각하는 것은 무엇입니까?

중요하다

04과 집

2. 내가 사는 집

MP3 / 09

• 학습 목표: 집안일과 내가 살고 있는 집을 소개하는 내용을 이해할 수 있다.

Ⅰ. 준비해 봅시다

그림을 보고 관계있는 것을 연결하십시오.

1)  • • ❶ 신발을 벗습니다.

2)  • • ❷ 깨끗하게 손을 씻습니다.

3)  • • ❸ 가족들이 모여서 TV를 봅니다.

4)  • • ❹ 요리를 하는 곳입니다.

Ⅱ. 들어 봅시다

1 대화를 듣고 무엇을 이야기하는지 고르십시오. (　　)

❶ 
❷ 
❸ 
❹ 
❺ 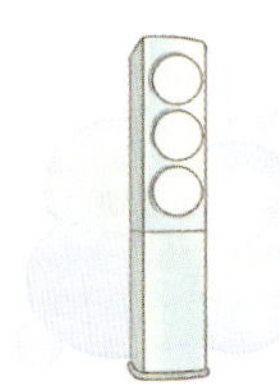

거실　부엌　현관　사용하다

2 대화를 듣고 알맞은 그림을 고르십시오.

1) (　　)　2) (　　)　3) (　　)　4) (　　)

①

②

③

④

[3-4] 대화를 듣고 질문에 답하십시오.

3 유키 씨는 지금 무엇을 하고 있습니까?

4 맞으면 O, 틀리면 X 하십시오.

1) 두 사람은 같은 집에서 삽니다. (　　)

2) 유키 씨가 이사한 원룸은 필요한 게 다 있어서 편리합니다. (　　)

[5-7] 대화를 듣고 질문에 답하십시오.

5 이 동네에 없는 것은 무엇입니까? (　　)

① 공원　② 찜질방　③ 마트　④ 미용실

6 맞지 않는 것을 고르십시오. (　　)

① 두 사람은 같은 동네에 삽니다.

② 존 씨는 이 동네를 잘 모릅니다.

③ 두 사람은 같이 마트에 가려고 합니다.

④ 존 씨는 겨울옷을 세탁하고 싶어 합니다.

7 세탁소는 어디에 있습니까?

베란다　정리하다　나중에　새로　편리하다　동네　미용실　찜질방　세탁소　건물

빨리 만나고 싶어요!

기숙사에서 요리를 할 수 없어서 힘든가요? 하숙집 아주머니의 음식이 맛이 없나요? 그럼 원룸에서 요리를 잘하는 룸메이트와 맛있는 음식을 만들어서 먹는 건 어때요?

안녕하세요? 저는 일본에서 온 유키입니다. 제 원룸에서 같이 살 룸메이트를 찾고 있는 중입니다. 원룸에서 혼자 사니까 심심하고 재미없어서 같이 지낼 룸메이트를 찾고 있습니다.

제 원룸은 학교 근처에 있기 때문에 학교까지 걸어서 5분 걸립니다. 원룸 근처에는 세탁소와 미용실도 있어서 편하게 이용할 수 있습니다. 또 방도 크고 화장실도 깨끗합니다. 원룸 안에 에어컨과 세탁기도 있어서 아주 편리합니다. 집에 작은 부엌도 있어서 요리도 편하게 할 수 있습니다.

저는 요리를 잘하고 좋아하기 때문에 요리를 못하는 친구도 괜찮습니다. 그렇지만 청소는 잘 못하기 때문에 청소를 잘하는 친구가 룸메이트였으면 좋겠습니다. 저와 같이 맛있는 음식도 먹고 재미있게 지내고 싶은 분은 제 이메일로 연락해 주세요.

이메일 kliyuki@yonsei.ac.kr

1 이 사람은 왜 이 글을 썼습니까? (　　)

❶ 하숙집에서 살고 싶지 않아서
❷ 원룸의 시설을 소개하고 싶어서
❸ 같이 살 룸메이트를 찾고 싶어서
❹ 요리를 잘하는 친구를 만나고 싶어서

룸메이트　부엌

2 맞으면 ○, 틀리면 X 하십시오.

1) 이 사람은 지금 원룸에서 살고 있습니다. ( )
2) 이 사람 원룸은 세탁소와 가깝습니다. ( )
3) 이 사람은 요리와 청소를 모두 잘합니다. ( )

3 이 사람은 어떤 룸메이트를 찾고 있습니까?

라해 봅시다

<소리이음1> 음식이[음시기] 일본에서[일보네서] 있어서[이써서]

- **음식이** 맛이 없나요?
- **일본에서** 온 유키입니다.
- 세탁기도 **있어서** 편리해요.

리해 봅시다

1. 여러분이 지금 살고 있는 집을 소개하십시오.
2. 지금 살고 있는 집의 좋은 점은 무엇인가요?

복습

MP3 / 10

1 대화를 듣고 질문에 답하십시오.

1) **두 사람은 무엇에 대해서 이야기합니까? (　　)**

① 학교 숙제
② 살고 싶은 집
③ 리타오 씨 고향
④ 리타오 씨 가족

2) **맞지 않는 것을 고르십시오. (　　)**

① 윤아 씨는 베이징에 가 보지 못했습니다.
② 리타오 씨는 이사한 지 오래되었습니다.
③ 베이징 사람들은 아파트에서 많이 삽니다.
④ 리타오 씨 할아버지는 공원에서 운동을 합니다.

3) **리타오 씨는 숙제를 한 후에 무엇을 하겠습니까?**

2 다음을 읽고 질문에 답하십시오.

이 사진은 베이징에 있는 우리 집 사진입니다. 처음 이사를 온 날 부모님과 함께 찍었습니다. 아버지께서는 일하는 곳과 집이 가깝기 때문에 이 집을 좋아하십니다. 어머니께서는 거실과 부엌이 넓어서 좋아하시고요. 거실과 부엌은 큰데 베란다는 좀 작습니다. 저는 베란다에 제가 좋아하는 책을 모두 놓고 작은 서재를 만들었습니다. 우리 동네는 살기가 아주 편합니다. 백화점과 식당, 공원 같은 편의 시설이 많습니다. 베이징 사람들은 공원에 자주 가서 산책도 하고 운동도 합니다. 저는 이사를 하고 한 달 만에 한국에 왔기 때문에 아직 집 근처 공원에는 못 가 봤습니다. 방학이 되면 고향에 돌아가서 가족들과 같이 (　　　　) 좋겠습니다.

1) **맞으면 ○, 틀리면 X 하십시오.**

① 이 집 근처에 어머니의 회사가 있습니다. (　　)

② 이 집의 베란다에서 책을 읽을 수 있습니다. (　　)

③ 이 동네에 백화점과 공원이 있습니다. (　　)

2) **빈칸에 가장 알맞은 것을 고르십시오. (　　)**

① 한국에 왔으면

② 이삿짐을 정리했으면

③ 공원에서 산책했으면

④ 백화점에서 쇼핑했으면

문화

한국인의 집

한국에서는 다양한 모습의 집을 볼 수 있습니다. 가장 많이 볼 수 있는 것은 아파트입니다. 아파트는 정해진 공간 안에서 많은 사람들이 살 수 있는 데다가 편리하고 안전하다고 생각되어서 도시의 대표적인 집이라고 할 수 있습니다. 그 밖에 빌라와 단독 주택도 한국인들이 많이 사는 곳입니다. 또한 한국의 전통 집인 한옥에 살고 있는 사람들도 있습니다.

1. **한국 사람들이 가장 많이 사는 집은 무엇입니까?**
2. **여러분 나라 사람들은 어떤 집에서 가장 많이 삽니까?**

만리장성　발표　서재　편의 시설

05과

음식

1. 음식 소개

MP3 / 11

• 학습 목표: 음식을 먹는 방법을 소개하는 내용을 이해할 수 있다.

Ⅰ. 준비해 봅시다

어울리는 양념과 먹는 방법을 찾아 연결하고 문장을 완성하십시오.

1) 커피	간장	뿌리다
2) 초밥	고추장	넣다
3) 냉면	식초	찍다
4) 비빔밥	설탕	비비다

1) 커피에 설탕을 넣어서 마셔요.

Ⅱ. 들어 봅시다

1 대화를 듣고 두 사람이 말하는 것에 O표 하십시오.

1)

2)

3)

4)

2 말하지 않은 것에 모두 ✔하십시오.

❶ (　　)

❷ (　　)

❸ (　　)

❹ (　　)

❺ (　　)

고추장　식초　설탕　뿌리다　넣다　찍다　비비다　닭고기　채소　만두　양념
직접　소스　음료　무료

[3-4] 대화를 듣고 질문에 답하십시오.

3 주앙 씨가 제일 좋아하는 음식은 무엇입니까? 그 음식은 어떤 양념과 먹으면 좋습니까?

좋아하는 음식	양념

4 맞으면 O, 틀리면 X 하십시오.

1) 파전은 맵지 않습니다. (   )

2) 유키 씨는 파전을 먹어 봤습니다. (   )

[5-7] 대화를 듣고 질문에 답하십시오.

5 두 사람은 어떤 음식을 이야기합니까? (   )

① ② ③ ④

6 맞지 <u>않는</u> 것을 고르십시오. (   )

① 설렁탕은 밥하고 같이 먹습니다.
② 존 씨는 설렁탕을 먹어 봤습니다.
③ 윤아 씨는 설렁탕을 아주 좋아합니다.
④ 설렁탕은 깍두기하고 같이 먹으면 맛있습니다.

7 설렁탕에 들어가는 것을 모두 찾아 O표 하십시오.

파전 파 중에서 설렁탕 소고기 국 말다 소금 반찬 깍두기

Blog

Notice (2)　　　　+ 이웃추가

올리비아의 한국 생활 20**.8.5

나와 내 친구들은 치맥을 사랑해요!
그래서 지난주에 대구 치맥 페스티벌에 다녀왔어요.

사람들이 정말 많았어요. 치킨도 정말 많았고요.
그 중에서 우리가 선택한 메뉴는 프라이드치킨과 마늘 치킨, 그리고 양념 치킨이었어요.
치맥에는 맥주가 꼭 필요하지요?
그래서 시원한 맥주도 샀어요.

친구들은 프라이드치킨을 제일 좋아했어요.
마늘 소스를 찍어서 먹는 마늘 치킨도 인기가 많았고요.
양념 치킨은 맵고 달았는데 나는 이 양념 치킨이 제일 맛있었어요.
안 먹어 본 사람들은 꼭 드셔 보세요~

치맥을 먹으면서 콘서트도 무료로 볼 수 있었어요.
정말 재미있었어요. 대구 치맥 페스티벌에 꼭 가 보세요~!!!

태그 #대구 #치맥 #페스티벌 #한국 축제 #치킨 #맥주

치맥　대구　페스티벌　선택하다　메뉴　프라이드치킨　콘서트

1 이 사람은 어디에 다녀왔습니까?

2 이 사람은 무엇을 먹고 마셨습니까?

먹은 것	마신 것

3 맞는 것을 고르십시오. (　　)

① 양념 치킨의 맛은 맵고 답니다.
② 이 사람은 치맥을 처음 먹어 봤습니다.
③ 페스티벌이 끝나고 콘서트를 봤습니다.
④ 사람들이 양념 치킨을 제일 좋아했습니다.

따라해 봅시다

<소리 이음 2> 떡볶이[떡뽀끼] 값을[갑쓸] 읽으십시오[일그십씨오]

- 이 식당 **떡볶이가** 맛있어요.
- **값을** 깎아 주세요.
- 크게 **읽으십시오.**

정리해 봅시다

1. 좋아하는 한국 음식이 무엇입니까? 어떤 음식입니까?
2. 여러분 나라의 음식을 소개해 보십시오. 어떻게 먹습니까?

05과 음식

2. 음식 재료와 요리

MP3 / 12

• 학습 목표: 음식 재료와 요리법을 설명하는 내용을 이해할 수 있다.

Ⅰ. 준비해 봅시다

어떤 음식입니까? 맞는 음식과 연결하십시오.

1) 면을 삶은 후에 소스를 넣고 볶아요. • • ① 

2) 채소를 썰고 소스를 뿌려서 먹어요. • • ② 

3) 소고기를 끓인 후에 파와 소금을 넣어서 먹어요. • • ③ 

4) 밥과 김치를 볶아서 만들어요. • • ④ 

Ⅱ. 들어 봅시다

1 문장을 듣고 맞는 그림에 ✔하십시오.

1) ①  ( ) ②  ( )

2) ①  ( ) ②  ( )

3) ①  ( ) ②  ( )

4) ①  ( ) ②  ( )

2 이 사람이 한국에 처음 왔을 때 한 실수가 아닌 것에 ✔하십시오.

① ( )

② ( )

③ ( )

④ ( )

면 삶다 볶다 썰다 냄비 프라이팬 접시 덜다 따로 실수 잃어버리다 섞다

[3-4] 대화를 듣고 질문에 답하십시오.

3 삼계탕에 무엇이 들어갑니까? 모두 쓰십시오.

4 맞으면 O, 틀리면 X 하십시오.

1) 로라 씨는 삼계탕을 먹은 적이 없습니다. (　　)
2) 삼계탕은 끓여서 만드는 음식입니다. (　　)

[5-7] 대화를 듣고 질문에 답하십시오.

5 김치찌개는 어떻게 만듭니까? 순서대로 그림 번호를 쓰십시오.

(　　) → (　　) → (　　) → (　　)

6 맞지 않는 것을 고르십시오. (　　)

❶ 김치찌개에는 두부와 양파, 파가 들어갑니다.
❷ 김치찌개는 재료를 볶은 후에 끓여서 만듭니다.
❸ 돼지고기가 없으면 김치찌개를 만들 수 없습니다.
❹ 에릭 씨는 김치찌개를 만드는 방법을 몰랐습니다.

7 맞으면 O, 틀리면 X 하십시오.

1) 레오 씨는 한국 음식을 만든 적이 있습니다. (　　)
2) 두 사람은 김치찌개 맛을 이야기합니다. (　　)

삼계탕　인삼　마늘　대추　끓이다　방법　돼지고기　두부　햄

<요리로 배우는 한국어>

잡채

잡채를 만들어 본 적이 있어요?
잡채는 한국에서 잔치 때
꼭 먹는 음식이에요.
잡채를 만들어 볼까요?

재료 당면, 소고기, 버섯, 당근,
양파, 시금치, 달걀

양념 다진 마늘, 참기름, 간장,
소금, 설탕, 후추

1. 고기에다가 마늘, 간장, 설탕, 참기름, 후추를 넣고 섞으세요.
2. 끓는 물에 시금치를 넣으세요. 그리고 1분 후에 꺼내세요.
   시금치에 마늘과 소금을 넣어서 양념하세요.
3. 달걀을 얇게 부친 후에 써세요.
4. 양파, 버섯, 당근을 써세요.
5. 먼저 양파를 볶으세요. 그 후에 당근, 버섯, 고기를 따로 볶으세요.
6. 당면을 6~7분 동안 삶으세요.
7. 프라이팬에 당면과 간장을 넣고 볶으세요.
8. 당면에다가 볶은 채소와 고기를 넣고 잘 섞으세요. 필요하면 간장, 참기름, 설탕, 후추를 조금 더 뿌리세요.
9. 잡채를 접시에 담으세요. 그 위에다가 달걀을 예쁘게 올리세요.

잡채 재료 당면 버섯 당근 양파 시금치 달걀 다지다 참기름 후추
끓다 꺼내다 부치다[1] 담다

1 이 글은 어떤 글입니까? (　　)

① 잡채를 설명하는 글
② 잡채 요리 방법을 알려 주는 글
③ 잡채 먹는 방법을 알려 주는 글
④ 잡채가 맛있는 식당을 소개하는 글

2 알맞게 그림의 순서를 쓰십시오.

①　②　③　④　⑤

(④) → (　　) → (　　) → (　　) → (　　)

3 맞으면 O, 틀리면 X 하십시오.

1) 잡채를 만들 때 재료를 따로 볶습니다.　(　　)
2) 접시에다가 달걀을 제일 먼저 담습니다.　(　　)

따라해 봅시다

<소리 이음 3> 놓으세요[노으세요] 많았습니다[마낟씁니다]
괜찮아요[괜차나요]

- 여기에 젓가락을 **놓으세요**.
- 여러 가지 채소가 **많았습니다**.
- 이 음식 맛이 **괜찮아요**.

정리해 봅시다

1. 한국 음식을 만들어 본 적이 있습니까? 무슨 음식을 만들었습니까?
2. 맛있게 만들 수 있는 음식이 있습니까? 어떻게 만듭니까?

06과 시장

1. 편의점

MP3 / 13

• 학습 목표: 쇼핑 장소를 소개하는 내용을 이해할 수 있다.

Ⅰ. 준비해 봅시다

마트에서 파는 물건의 종류를 알맞게 연결하십시오.

1)

2)

3)

4)

① 식료품 ② 음료 ③ 생활용품 ④ 냉동식품

Ⅱ. 들어 봅시다

1 문장을 듣고 알맞은 대답을 연결하십시오.

1) • • ① 편의점에서도 팔 거예요.

2) • • ② 음료를 파는 곳에 있을 거예요.

3) • • ③ 과일이나 채소를 파는 곳에 있을 거예요.

4) • • ④ 생활용품이 있는 곳에는 없을 거예요. 식료품이 있는 곳으로 가 보세요.

식료품 생활용품 냉동식품 생수 치약 라면

2 대화를 듣고 이 사람이 추천하는 것에 ✔하십시오.

1)

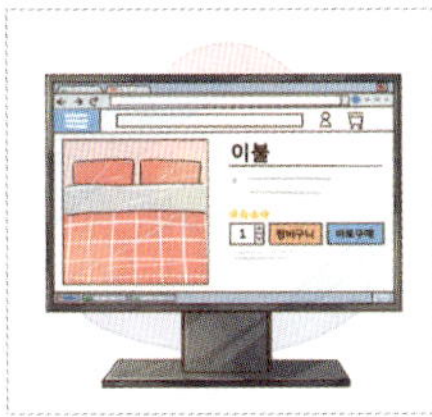

❶ (   )

❷ (   )

2)

❶ (   )

❷ (   )

3)

❶ (   )

❷ (   )

4)

❶ (   )

❷ (   )

[3-4] 대화를 듣고 질문에 답하십시오.

3 이 두 사람은 어디에 갔습니까? (   )

❶ 마트
❷ 백화점
❸ 동대문 시장
❹ 남대문 시장

4 맞으면 O, 틀리면 X 하십시오.

1) 존 씨는 시장에 처음 왔습니다. (   )

2) 존 씨는 백화점에서 이불을 사려고 했습니다. (   )

[5-7] 안내 방송을 듣고 질문에 답하십시오.

5 무슨 요일에 무슨 물건을 싸게 팝니까? 알맞게 연결하십시오.

1) 월요일 •		• ❶ 라면
2) 금요일 •		• ❷ 치약
3) 토요일 •		• ❸ 만두

이불 손님 여러분 방문하다 장을 보다

6 날마다 7시 이후에 싸게 파는 물건은 무엇입니까?

7 맞으면 O, 틀리면 X 하십시오.

1) 5월에 냉동식품과 음료를 30% 싸게 팝니다. ( )
2) 5월에 이 마트는 다른 달보다 싸게 팝니다. ( )

III. 읽어 봅시다

한국에서 외국인들이 좋아하는 곳은 어디일까요? 사람마다 다를 거예요. 제가 한국에서 제일 좋아하는 곳은 편의점이에요. 식료품이나 생활용품을 파는 곳이 많지만, 그중에서 저는 편의점에 제일 자주 가요.

편의점은 우리가 생활하는 곳에는 모두 있는 것 같아요. 우리 하숙집 근처에도 편의점이 있어서 자주 가요. 마트는 일찍 문을 닫는데 편의점은 24시간 문을 열어서 밤 늦게도 갈 수 있어요. 우리 생활에 있어야 하는 모든 것을 편의점에서 살 수 있고 요즘은 택배도 보낼 수 있어서 더 편리해졌어요. 특히 여러 가지 도시락이 있어서 편의점에서 식사를 할 수도 있어서 좋아요.

편의점은 크지 않지만 없는 물건이 없어요. 생활용품, 식료품, 채소나 과일, 음료, 냉동식품을 다 파는데 저는 보통 생수나 우유, 과일을 많이 사요. 혼자 살아서 마트에서 과일을 사면 너무 많아서 잘 안 사 먹었는데, 편의점에서는 조금씩 파니까 좋아요. 앞으로 근처에 편의점이 더 많아졌으면 좋겠어요.

1 이 사람이 좋아하는 곳은 어디입니까?

특히　택배　도시락

2 이 사람이 편의점에서 하지 않는 일을 고르십시오. (　　)

❶ 과일을 삽니다.　　❷ 식사를 합니다.
❸ 택배를 보냅니다.　　❹ 도시락을 만듭니다.

3 맞으면 O, 틀리면 X 하십시오.

1) 이 사람은 편의점에서 채소와 과일을 많이 삽니다. (　　)
2) 이 사람의 집 근처에는 편의점이 없습니다. (　　)

따라해 봅시다

<거센소리1> /ㄱ/+/ㅎ/ → [ㅋ]

백화점[배콰점]　축하[추카]　좋겠어요[조켄써요]

- 시장이 **백화점**보다 쌀 거예요.
- 생일을 **축하**합니다.
- 편의점에서 사는 것이 **좋겠어요**.

정리해 봅시다

1. 어디에서 식료품을 자주 삽니까? 그곳을 소개하십시오.
2. 집 근처에서 식료품이나 생활용품을 파는 곳을 이야기해 봅시다.

06과

시장

2. 인터넷 쇼핑몰

MP3 / 14

• 학습 목표: 쇼핑 장소를 추천하는 내용을 이해할 수 있다.

Ⅰ. 준비해 봅시다

여기는 백화점입니다. 무슨 매장일까요? 알맞게 연결하십시오.

1) • • ❶ 여성복 매장

2) • • ❷ 패션 잡화 매장

3) • • ❸ 가전제품 매장

4) • • ❹ 스포츠용품 매장

Ⅱ. 들어 봅시다

1 대화를 듣고 앞으로 쇼핑하러 갈 곳에 ✔하십시오.

1)

❶ (　　　)

❷ (　　　)

2)

❶ (　　　)

❷ (　　　)

3)

❶ (　　　)

❷ (　　　)

4)

❶ (　　　)

❷ (　　　)

패션 잡화　가전제품　스포츠용품　장갑　축구화　식당가

2 이야기를 듣고 그림과 관계있는 사람을 보기 에서 골라 쓰십시오.

1) (   ) 2) (   ) 3) (   ) 4) (   )

보기
주앙
에릭
흐엉
노라

[3-4] 대화를 듣고 질문에 답하십시오.

3 윤아 씨는 요즘 어디에서 자주 쇼핑합니까?

4 문장을 읽고 맞으면 O, 틀리면 X 하십시오.

1) 윤아 씨가 자주 쇼핑하는 곳에서는 여성복을 항상 싸게 살 수 있습니다. (   )
2) 윤아 씨가 자주 쇼핑하는 곳 근처에 꽃집도 있습니다. (   )

[5-7] 대화를 듣고 질문에 답하십시오.

5 올리비아 씨는 무엇을 사고 싶어 합니까?

6 올리비아 씨는 어디에서 물건을 사겠습니까?

7 맞는 것을 고르십시오. (   )

❶ 올리비아 씨는 백화점에 가는 길입니다.
❷ 올리비아 씨는 인터넷 쇼핑을 해 본 적이 없습니다.
❸ 미선 씨는 인터넷에서 물건을 본 후에 백화점에서 삽니다.
❹ 미선 씨는 올리비아 씨하고 같이 물건을 사고 싶어 합니다.

인터넷 쇼핑 빙수 쿠폰 고속 터미널 상가 비교하다

Ⅲ. 읽어 봅시다

생필품, 여성복, 가구를 사고 싶은데 어디에서 한번에 편하게 살 수 있을까요? 백화점 상품부터 마트의 생활용품, 식료품까지 몇 번의 클릭으로 편하게 주문하고 집에서 상품을 받을 수 있습니다.

여름에 가족들이 많이 더워 하나요? 에어컨을 사려고 하세요? 백화점 가전제품 매장에 갈 필요가 없어요. 우리 쇼핑몰에서 더 싸고 편하게 사세요.

더운 여름날 가족들이 삼계탕을 먹고 싶어 하지요? 그럼 삼계탕 재료를 준비해 보세요. 우리 쇼핑몰에서는 매주 특별 상품 몇 가지를 할인해서 싸게 쇼핑할 수 있습니다.

우리 쇼핑몰에서는 항상 할인하는 상품이 있고, 회원이 되면 생일 쿠폰도 드립니다. 생일이 있는 달에 더 많이 할인 받을 수 있습니다. 우리 쇼핑몰에서 싸고 편하게 쇼핑하세요.

GANA SHOPPING MALL

생필품 클릭 회원

1 어떤 쇼핑 장소를 광고합니까?

① 마트 ② 백화점 ③ 홈쇼핑 ④ 인터넷 쇼핑

2 맞지 않는 것을 고르십시오. (   )

① 이곳에서는 회원의 생일에 할인 쿠폰을 줍니다.
② 이곳에서는 매주 특별히 할인하는 상품이 있습니다.
③ 이곳은 바쁘고 시간이 없는 사람들이 이용하면 좋습니다.
④ 에어컨은 가전제품 매장에 직접 가면 싸게 살 수 있습니다.

3 이 쇼핑몰의 좋은 점은 무엇입니까? 두 가지를 쓰십시오.

따라해 봅시다

<거센소리2> /ㅂ/+/ㅎ/ → [ㅍ]

패션 잡화[패션 자퐈] 입학[이팍] 답답해요[답따패요]

- 장갑은 **패션 잡화** 매장에서 팔아요.
- 조카의 **입학** 선물로 뭘 살까요?
- 쇼핑할 때 한국말을 잘 못해서 **답답해요**.

정리해 봅시다

1. 최근에 쇼핑한 곳을 친구들과 이야기해 봅시다.
2. 좋은 쇼핑 장소가 있습니까? 추천해 보십시오.

복습

MP3 / 15

1 다음을 읽고 질문에 답하십시오.

저는 한국에 온 지 3개월 됐습니다. 지금까지 서울의 여러 곳을 구경했습니다. 제가 제일 좋아하는 곳은 (　　　　)입니다. 그중에서 두 곳을 소개하겠습니다.

한국에서 유명한 동대문 시장은 여러 가지 물건도 많고 구경거리도 많아서 재미있게 쇼핑을 할 수 있습니다. 그리고 근처에서 맛있는 한국 음식도 먹을 수 있습니다. 물건을 항상 세일해서 파는 할인 매장도 있는데, 그 안에 여성복, 남성복, 패션 잡화 매장이 있어서 여러 가지 사고 싶은 것을 아주 싸게 살 수 있습니다.

얼마 전에는 반 친구들과 같이 광장 시장에 한 번 간 적이 있습니다. 거기에서 비빔밥과 빈대떡을 먹었습니다. 광장 시장에서 파는 비빔밥은 지금까지 먹어 본 비빔밥과 조금 달랐습니다. 그릇에다가 제가 좋아하는 채소를 골라서 넣고 고추장과 참기름을 조금 넣어 비벼서 먹었습니다. 내가 직접 만들어서 먹으니까 더 맛있는 것 같았습니다.

고향 친구들이 한국에 오면 같이 시장에 가 보십시오. 즐겁게 쇼핑도 하고 맛있는 한국 음식도 드셔 보십시오. 친구들이 쇼핑도 즐겁게 할 수 있고, 한국 음식도 맛있어 할 거예요.

1) 이 글은 무엇에 대한 글입니까? (　　　)

① 한국 음식　② 고향 친구　③ 할인 매장　④ 한국의 시장

2) 맞지 않는 것을 고르십시오. (　　　)

① 이 사람은 3개월 전에 한국에 왔습니다.
② 시장에서 한국 음식을 먹을 수 있습니다.
③ 이 사람은 고향 친구들과 광장 시장에 가 봤습니다.
④ 동대문 시장에 물건을 항상 싸게 파는 매장이 있습니다.

3) 빈칸에 들어갈 알맞은 말을 쓰십시오.

2 대화를 듣고 질문에 답하십시오.

1) **남자는 친구와 무엇을 할까요? 순서대로 쓰십시오.**

① 쇼핑을 합니다. ② 김치볶음밥을 만듭니다.
③ 김치볶음밥을 먹습니다. ④ 마트에서 물건을 삽니다.

(　　) → (　　) → (　　) → (　　)

2) **맞는 것을 고르십시오. (　　)**

① 여자의 가족이 내일 한국에 옵니다.
② 여자는 김치볶음밥 만드는 방법을 모릅니다.
③ 남자는 마트에서 채소와 과일을 살 것입니다.
④ 남자의 고향 친구는 한식집에 가고 싶어 합니다.

문화

광장 시장

광장 시장은 서울 종로에 있는 100년이 넘은 오래된 시장입니다. 서울 중심에 있기 때문에 외국인 관광객이 많고 한국 사람들에게도 오랜 시간 동안 사랑을 받고 있는 시장입니다. 이곳에는 전통 한복 가게와 이불 가게가 아주 많습니다. 특히, 여러 가지 한국 음식을 먹을 수 있는 먹거리 골목이 있어서 유명합니다. 빈대떡과 비빔밥, 김밥, 육회 등이 아주 유명해서 하루 종일 맛있는 한국 전통 음식을 찾는 사람들의 발길이 끊이지 않습니다.

1. **사람들이 왜 광장 시장에 많이 갈까요?**
2. **여러분 나라의 유명한 시장을 소개해 보십시오.**

빈대떡　김치볶음밥　간을 보다

07과 쇼핑

1. 사고 싶은 물건

MP3 / 16

• 학습 목표: 물건을 사는 상황과 사고 싶은 물건을 묘사하는 내용을 이해할 수 있다.

Ⅰ. 준비해 봅시다

문장을 읽고 맞는 색깔과 옷을 연결하십시오.

1) 검은색 양복을 사고 싶어요.

2) 흰색 블라우스를 입고 있어요.

3) 분홍색 원피스가 어울릴까요?

4) 아이들이 하늘색 운동복을 입었네요.

Ⅱ. 들어 봅시다

1 어디에서 하는 말입니까? 문장을 듣고 알맞은 그림을 고르십시오.

1) (　　) 2) (　　) 3) (　　) 4) (　　)

①

②

③

④

양복 흰색 블라우스 분홍색 원피스 하늘색 운동복 어울리다 에스엔에스(SNS)

2 이야기를 듣고 이 장소에서 해도 되는 일에 모두 ○ 하십시오.

[3-4] 대화를 듣고 질문에 답하십시오.

3 남자는 무엇을 사러 왔습니까? 왜 그 옷이 필요합니까?

옷	
필요한 이유	

4 맞으면 ○, 틀리면 X 하십시오.

1) 요즘 젊은 사람들은 검은색 옷을 좋아합니다. ( )

2) 남자는 회색 옷을 입어 보겠습니다. ( )

[5-7] 대화를 듣고 질문에 답하십시오.

5 여기는 어디입니까?

6 여자는 무엇을 샀습니까?

회색 디자인 립스틱 유행이다 로션

7 맞는 것을 고르십시오. (   )

❶ 뒤에 있는 립스틱을 발라도 됩니다.
❷ 점원은 이 로션을 써 본 적이 없습니다.
❸ 이 립스틱은 인기 가수 때문에 유행입니다.
❹ 로션을 한 개 사면 한 개 더 받을 수 있습니다.

깜스's 블로그

깜스(kks7752)
< 멋을 아는 사람들>

카카오톡 아이디: kks7752

프로필 > 쪽지 > 이웃추가

- 프롤로그
- 블로그
- 여자 스타일
- 남자 스타일
- 데일리 룩
- 패션 피플
- 내 이야기

데일리 룩 (68)

여름에 신을 운동화 베스트3!

오늘은 여름에 신기 좋은 운동화를 소개하겠습니다. 요즘 제일 인기 있는 스포츠용품 회사 세 곳의 운동화를 골랐습니다.

A 운동화 ★★★★

모양이 예쁘고 색깔도 여러 가지여서 여자들이 좋아할 것 같습니다. 운동할 때 신어도 되고 보통 때 신어도 좋습니다. 운동화 안으로 바람이 잘 들어와서 아주 시원합니다. 세탁기에 넣어도 됩니다.

B 운동화 ★★★

큰 사이즈도 있어서 발이 아주 큰 남자들도 신을 수 있습니다. 신발 안으로 물이 들어오지 않게 만들었기 때문에 비가 오는 날 신고 나가도 됩니다. 하지만 색깔이 흰색만 있어서 쉽게 더러워지니까 깨끗하게 신어야 합니다. 세탁기에 넣으면 안 됩니다.

C 운동화 ★★★★★

디자인이 아주 예쁘지는 않지만 운동할 때 매우 좋습니다. 가볍고 편해서 신발을 신지 않은 기분이 듭니다. 운동화에 이름을 써 주는 서비스가 있어서 나만의 운동화를 특별히 주문할 수 있습니다. 세탁기에 넣어도 됩니다.

베스트　모양　매우

1 무엇을 소개하는 글입니까?

2 관계있는 것과 연결하십시오.

1) A 운동화 •
2) B 운동화 •
3) C 운동화 •

• ❶ 가볍고 편합니다.
• ❷ 디자인이 예쁩니다.
• ❸ 비가 오는 날 신으면 좋습니다.
• ❹ 바람이 잘 들어와서 시원합니다.
• ❺ 발이 큰 남자가 신을 수 있습니다.
• ❻ 이름을 써 주는 서비스가 있습니다.

3 맞으면 O, 틀리면 X 하십시오.

1) 세 운동화는 같은 회사의 운동화입니다. (　　)
2) 세 운동화 모두 세탁기에 넣으면 안 됩니다. (　　)
3) 이 사람은 C 운동화가 제일 좋습니다. (　　)

따라해 봅시다

<거센소리 3> /ㄷ/ + /ㅎ/ → [ㅌ] /ㅎ/ + /ㄷ/ → [ㅌ]

깨끗하게 [깨끄타게] 못합니다 [모탐니다] 좋다 [조타]

- 운동화를 **깨끗하게** 신어야 합니다.
- 이 가게에서는 카드로 사지 **못합니다**.
- 새로 산 바지가 참 **좋다**.

정리해 봅시다

1. 여러분이 사고 싶은 물건은 무엇입니까?
2. 친구가 입고 있는 옷을 설명해 보십시오.

07과

쇼핑

2. 물건 소개

MP3 / 17

• 학습 목표: 산 물건을 소개하고 팔고 싶은 물건을 묘사하는 내용을 이해할 수 있다

Ⅰ. 준비해 봅시다

문장을 읽고 이어질 단어를 연결하십시오.

1) 신발을 신어 봤는데 사이즈가 ______ • • ① 어두워요

2) 바닷가에서 입는 셔츠는 보통 디자인이 ______ • • ② 비슷해요

3) 이 옷은 색깔이 좀 ______ • • ③ 잘 맞아요

4) 제가 산 가방이 친구의 가방과 모양이 ______ • • ④ 화려해요

Ⅱ. 들어 봅시다

1 문장을 듣고 이어질 말을 연결하십시오.

1) • • ① 물건을 얼마나 많이 샀는지 몰라요.

2) • • ② 쇼핑백이 얼마나 무거운지 몰라요.

3) • • ③ 쇼핑을 얼마나 자주 하는지 몰라요.

4) • • ④ 쇼핑하기가 얼마나 편한지 몰라요.

사이즈 비슷하다 맞다 화려하다 쇼핑백

2 문장을 듣고 맞는 그림에 ✔하십시오.

1)

① (　　)

② (　　)

2)

① (　　)

② (　　)

3)

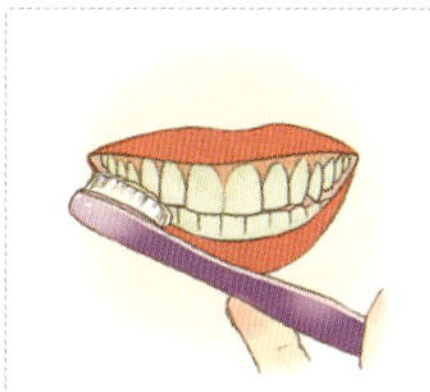
① (　　)

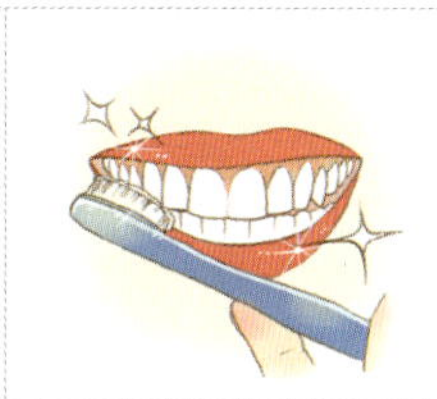
② (　　)

4)

① (　　)

② (　　)

[3-4] 대화를 듣고 질문에 답하십시오.

3 유키 씨는 이 목걸이를 보면 왜 좋습니까?

4 맞으면 O, 틀리면 X 하십시오.

1) 유키 씨의 외할머니께서 이 목걸이를 사 주셨습니다. (　　)

2) 이 목걸이의 디자인은 요즘 유행이 아닙니다. (　　)

[5-7] 대화를 듣고 질문에 답하십시오.

5 레오 씨는 어디에서 노트북을 샀습니까? (　　)

① 백화점　② 마트　③ 홈 쇼핑　④ 인터넷

까맣다　파랗다　하얗다　빨갛다　사실　의미　마트　홈 쇼핑

6 레오 씨의 새 노트북은 어떻습니까?

7 맞는 것을 고르십시오. (　　)

❶ 주앙 씨는 이번에 작은 노트북을 샀습니다.

❷ 레오 씨는 노트북을 사러 백화점에 가 봤습니다.

❸ 홈 쇼핑은 전화를 하면 설명을 들을 수 있습니다.

❹ 레오 씨가 전에 사용한 노트북은 사이즈가 너무 컸습니다.

Ⅲ. 읽어 봅시다

중고나라

전체글보기 | 공지사항 | 중고판매 | 가구

카페정보 나의활동

매니저 tnqlsrnt1234

숲 16,252,456

즐겨찾는 멤버 3,567,246
게시판 수 235,356
접속자 수 36,678

초대 채팅

카페글쓰기

검색

게시판
- 이벤트 체험판
  - ㄴ당첨자발표/종료이벤트
- 공지사항
- 등업신청
- 안전결제이용방법

중고나라판매
- ㄴ 의류
- ㄴ 가구
- ㄴ 전자제품
- ㄴ 식품

행복나눔

우리 이야기

사기신고

^이전글 다음글 ∨ 목록

식탁 & 의자 팝니다.

ID: yschoi　　이메일: yschoi @yonsei.com

두 명이 쓸 수 있는 작은 식탁 하나와 편한 의자 두 개입니다. 산 지 1년이 조금 지났는데 아주 깨끗합니다. 이제 유학 생활이 끝나고 고향에 돌아가기 때문에 팔려고 합니다. 제가 마트에서 샀을 때 값은 25만원이었는데 여기에서는 10만원에 팔겠습니다.

식탁은 어두운 갈색이고 의자는 까만색입니다. 무늬가 없는 단순한 디자인이기 때문에 어디에나 잘 어울릴 거예요.

저는 이 식탁에서 식사도 하고 공부도 했습니다. 사이즈가 크지는 않지만 책을 여러 권 놓고 공부할 수 있고 무거운 물건을 올려도 됩니다. 얼마나 튼튼한지 몰라요.

물건을 사시면 의자에 놓을 수 있는 방석을 드리겠습니다. 체크무늬가 있는 파란색 방석인데 식탁과 잘 어울리고 쉽게 더러워지지 않아서 좋습니다.

관심이 있으신 분들은 저에게 이메일을 보내 주십시오.

갈색　무늬　단순하다　올리다　체크무늬　넘다

1 이 사람이 팔고 싶어 하는 물건은 무엇입니까? 값은 얼마입니까?

물건	값

2 물건의 색깔과 무늬를 찾아 연결하십시오.

❶ 까만색 •	• 1) 식탁 •	• ❹ 무늬가 없다
❷ 파란색 •	• 2) 의자 •	• ❺ 체크무늬
❸ 어두운 갈색 •	• 3) 방석 •	

3 맞는 것을 고르십시오. (　　)

❶ 식탁은 무겁기 때문에 아주 튼튼합니다.
❷ 의자에 놓을 방석을 싸게 살 수 있습니다.
❸ 식탁과 의자를 사용한 지 1년이 넘었습니다.
❹ 고향에 있는 마트에서 이 식탁과 의자를 샀습니다.

따라해 봅시다

<거센소리 4> /ㅈ/ + /ㅎ/ → [ㅊ]　/ㅎ/ + /ㅈ/ → [ㅊ]

않지만 [안치만]　좋지요 [조치요]　꽂혀 [꼬쳐]

- 식탁이 크지 **않지만** 튼튼합니다.
- 이 노트북이 정말 튼튼하고 **좋지요**?
- 꽃병에 꽃이 **꽂혀** 있어요.

정리해 봅시다

1. 여러분이 좋아하는 물건을 친구에게 소개하십시오.
2. 한국에서 산 물건이 있으면 소개하십시오.

08과

초대

1. 모임 초대

MP3 / 18

• 학습 목표: 모임을 소개하고 초대하는 내용을 이해할 수 있다.

I. 준비해 봅시다

문장을 읽고 알맞은 것을 연결하십시오.

1) 고등학교를 졸업한 후에 친구들이 오랜만에 다시 만났습니다.	•	• ❶ 송별회
2) 친구가 다음 주에 고향에 돌아가기 때문에 이번 주말에 반 친구들과 파티를 하려고 합니다.	•	• ❷ 동창회
3) 우리는 모두 수영을 좋아하는 친구들이어서 같이 수영을 하려고 토요일마다 만납니다.	•	• ❸ 환영회
4) 학교에 새 학생이 들어와서 환영하려고 같이 밥을 먹으러 갑니다.	•	• ❹ 동아리

II. 들어 봅시다

1 친구들이 주말에 무엇을 하겠습니까? 문장을 듣고 알맞은 그림을 고르십시오.

1) (　　)　2) (　　)　3) (　　)　4) (　　)

❶

❷

❸

❹

동아리　동창회　동호회　모임　송별회　환영회　환영하다　초대하다

2 대화를 듣고 맞는 그림에 ✔하십시오.

1) 

❶ (　　)　❷ (　　)

2) 

❶ (　　)　❷ (　　)

3) 

❶ (　　)　❷ (　　)

4) 

❶ (　　)　❷ (　　)

[3-4] 대화를 듣고 질문에 답하십시오.

3 두 사람은 어떤 모임에 대해서 이야기합니까? (　　)

❶ 동창회　❷ 송별회　❸ 환영회　❹ 뒤풀이

4 맞으면 ○, 틀리면 X 하십시오.

1) 윤아 씨는 이번 금요일에 모임에 가겠습니다. (　　)

2) 존 씨가 윤아 씨를 모임에 초대했습니다. (　　)

[5-7] 대화를 듣고 질문에 답하십시오.

5 두 사람은 무슨 동호회에 대해 이야기합니까? (　　)

❶ 여행 동호회　❷ 맛집 동호회　❸ 사진 동호회　❹ 게임 동호회

6 맞지 않는 것을 고르십시오. (　　)

❶ 흐엉 씨는 한국말을 잘 못합니다.

❷ 동호회 모임 사람들은 친절하고 재미있습니다.

❸ 흐엉 씨는 이 동호회 모임에 가 본 적이 있습니다.

❹ 올리비아 씨는 이번 주말에 동호회 모임에 갑니다.

서두르다　보라색　뒤풀이　맛집

7 두 사람은 언제 어디에서 만나겠습니까?

3학년 2반 친구들에게

애들아 안녕? 오랜만이야. 고등학교를 졸업하고 한 번도 못 봤으니까 우리가 만난 지 3년 정도 됐지? 다들 졸업하고 어떻게 지냈어? 그동안 잘 지냈어?

내가 이렇게 초대장을 보내는 이유는 동창회 모임 때문이야. 곧 신촌 고등학교 3학년 2반 동창회를 하려고 하는데 모두 동창회에 꼭 왔으면 좋겠어. 모두 보고 싶으니까 바쁜 일이 없으면 이번 동창회에 꼭 나와.

오랜만에 친구들을 만나서 맛있는 것도 먹고 재미있는 이야기도 할 거야. 선생님께서도 그날 우리를 보러 오실 것 같아. 밥을 먹은 후에는 다 같이 노래방에 갈까 하는데 혹시 다른 좋은 장소가 있으면 나에게 이야기해 줘. 다 같이 사진도 찍을 거니까 예쁘게 하고 와.

미진이는 외국에서 유학 중이어서 못 올 것 같은데 혹시 그날 못 오는 사람이 있으면 나에게 미리 연락해 줘. 그럼 동창회 날에 만나.

혜진이가

일시 20**년 5월 20일 저녁 6시 반
장소 신촌 북경반점

초대장　미리　다들

1 이 사람은 왜 이 글을 썼습니까?

2 맞지 않는 것을 고르십시오. (   )

① 동창회에서 다 같이 사진을 찍겠습니다.
② 동창회가 끝난 후에 노래방에 갈까 합니다.
③ 친구들은 졸업하고 3년 동안 못 만났습니다.
④ 동창회는 5월 20일 오전에 북경반점에서 합니다.

3 이 동창회에는 누가 오지 않습니까? (   )

① 3학년 2반 친구들　　② 선생님　　③ 미진이　　④ 혜진이

따라해 봅시다

<된소리 1>

/ㄲ/	/ㄸ/	/ㅃ/	/ㅆ/	/ㅉ/
꼭	또	예쁘게	써서	찍다

- 사진도 **예쁘게 찍을** 거니까 **꼭** 와.
- **또** 밥을 먹은 후에는 노래방에도 갈 거야.
- 초대장을 **써서** 친구에게 보냈어요.

정리해 봅시다

1. 여러분은 모임에 가 본 적이 있습니까? 어떤 모임이었습니까?
2. 언제 사람들을 초대합니까?
   사람들을 모임에 초대할 때 무엇을 준비해야 합니까?

08과

초대

2. 집들이 선물

MP3 / 19

• 학습 목표: 선물 준비와 집들이에 관련된 내용을 이해할 수 있다.

I. 준비해 봅시다

친구에게 어떤 선물을 하겠습니까? 주고 싶은 선물을 연결하십시오.

1) 친구가 이사를 해서
집들이에 초대를 받았습니다.

2) 아파서 병원에 있는
친구의 병문안을 갑니다.

3) 친구들과 크리스마스
파티를 하려고 합니다.

4) 친구가 결혼을 해서 그 친구에게
선물을 주고 싶습니다.

① 

② 

③ 

④ 

⑤ 

⑥ 

⑦ 

⑧ 

II. 들어 봅시다

1 대화를 듣고 알맞은 그림을 고르십시오.

1) (　　)　2) (　　)　3) (　　)　4) (　　)

① 

② 

③ 

④ 

과일　집들이　와인　병문안

2 이야기를 듣고 누가 무엇을 준비했는지 보기 에서 찾아서 쓰십시오.

보기

불고기　　샴페인　　디지털 카메라　　화분

레오	
유키	
하늘	
흐엉	

[3-4] 대화를 듣고 질문에 답하십시오.

3 노라 씨는 왜 선물을 사려고 합니까?

4 맞으면 O, 틀리면 X 하십시오.

1) 노라 씨는 커피와 차를 자주 마십니다. (　　)

2) 백화점에 싸고 예쁜 찻잔이 많습니다. (　　)

[5-7] 대화를 듣고 질문에 답하십시오.

5 오늘 파티에는 누가 오지 않습니까? (　　)

① 존　　② 하늘　　③ 노라　　④ 제임스

6 맞으면 O, 틀리면 X 하십시오.

1) 이 모임은 집들이입니다. (　　)

2) 이 사람들은 갈비찜과 샐러드를 먹겠습니다. (　　)

3) 친구가 오기 전에 먼저 식사를 시작하겠습니다. (　　)

7 사람들이 무슨 선물을 사 왔습니까? 모두 쓰십시오.

찻잔　샴페인　디지털 카메라　화분　빈손　급하다　갈비찜　샐러드

에릭: 오늘 리타오 집들이가 있는 거 알고 있지? 오전9:47

흐엉: 그럼. 근데 집들이에 뭘 사 가지고 가지? 오전9:47

에릭: 글쎄....... 지난번에 보니까 집에 시계가 없는 것 같았는데 시계를 선물하는 건 어때? 오전9:47

민준: 그거 괜찮을 것 같아. 벽에 걸 수 있는 큰 시계로 살까? 오전9:48

흐엉: 벽시계는 사지 마. 중국에서 시계는 끝의 의미를 가지고 있어서 선물하면 안 돼. 오전9:48

에릭: 그럼 한국에서는 집들이에 초대를 받으면 뭘 사 가지고 가? 오전9:48

민준: 보통 휴지나 비누, 세제 같은 생활용품을 많이 선물해. 근데 요즘에는 향초나 디퓨저 같은 것도 선물로 인기가 있어. 오전9:48

흐엉: 그럼 우리는 휴지를 사 가지고 갈까? 휴지는 많이 쓰는 물건이니까. 오전9:49

민준: 그래. 그리고 화장실에 놓을 디퓨저도 하나 사 가지고 가. 리타오가 좋아할 거야. 오전9:49

에릭: 큰 두루마리 휴지로 사 가면 되지? 오전9:49

흐엉: 디퓨저는 내가 살까? 오전9:49

민준: 좋아. 그럼 다들 이따가 학교 앞에서 5시 반에 봐. 오전9:49

흐엉: 알겠어. 😊 오전9:49

벽시계 끝 향초 디퓨저 두루마리

1 세 사람은 오늘 어떤 모임에 갑니까?

2 왜 리타오에게 시계를 선물하지 않습니까? (　　)

❶ 가게에 큰 시계가 없었기 때문에
❷ 리타오 씨 집에 시계가 있기 때문에
❸ 시계가 너무 비싸서 살 수 없기 때문에
❹ 중국에서는 시계에 끝의 의미가 있기 때문에

3 맞지 않는 것을 고르십시오. (　　)

❶ 세 사람은 친구입니다.
❷ 선물로 휴지와 디퓨저를 사 가려고 합니다.
❸ 한국에서는 생활용품을 선물하지 않습니다.
❹ 세 사람은 5시 30분에 학교 앞에서 만나겠습니다.

따라해 봅시다

<된소리 2> 받침 [ㄱ, ㄷ, ㅂ] 뒤의 /ㄱ/ →[ㄲ]

학교[학꾜] 받기[받끼] 입고[입꼬]

- 이따가 **학교** 앞에서 만나겠습니다.
- 선물을 **받기**가 좀 미안하네요.
- 편한 옷을 **입고** 집들이에 갈까 해요

정리해 봅시다

1. 친구의 집에 갈 때 무엇을 사 가지고 갑니까?
2. 여러분 고향에서는 집들이에 선물하는 특별한 물건이 있습니까?

복습

MP3 / 20

1 대화를 듣고 질문에 답하십시오.

1) **누가 어디에 초대를 했습니까?**

______ 이/가 ______ 에 초대했습니다.

2) **맞는 것을 고르십시오. (　　)**

❶ 이 모임에는 윤아 씨도 오겠습니다.

❷ 하늘 씨는 혼자 샤브샤브와 잡채를 준비합니다.

❸ 유키 씨는 같이 먹을 음식을 사 가지고 가겠습니다.

❹ 다음 주 금요일에 두 사람은 커피숍에서 만나겠습니다.

3) **맞으면 O, 틀리면 X 하십시오.**

❶ 만나서 같이 맛있는 음식도 먹고 영화도 보겠습니다. (　　)

❷ 유키 씨는 7시까지 모임에 가야 합니다. (　　)

2 다음을 읽고 질문에 답하십시오.

저는 다음 주에 친구 집들이에 초대를 받았습니다. 한국 사람 집에 처음 가 보는 것이어서 얼마나 기대가 되는지 모릅니다. 친구 집에 빈손으로 가면 안 되기 때문에 친구에게 줄 선물과 꽃다발을 사 가지고 집들이에 갈까 합니다.

그래서 친구 선물을 사러 남대문 시장에 갔습니다. 남대문 시장에서는 여러 가지 특별한 물건들을 살 수 있고, 계산을 카드로 해도 됩니다. 친구에게 예쁜 벽시계가 있으면 좋을 것 같아서 가게에서 벽시계를 골랐습니다. 처음 본 벽시계는 크고 화려한 까만색 시계였습니다. 친구가 이사한 곳은 작은 원룸이기 때문에 이 큰 시계는 어울리지 않을 것 같았습니다.

그다음에 본 벽시계는 하얗고 귀여운 강아지 그림이 있는 시계였습니다. 그런데 생각보다 비싸서 그 시계를 살 수 없었습니다. 마지막으로 본 벽시계는 디자인은 단순하지만 크기도 작고 친구가 좋아하는 파란색 시계였습니다. 그래서 이 시계를 골랐습니다. 아저씨가 물건 값을 많이 깎아 주셔서 싸게 샀습니다. 이 시계가 친구 마음에 들었으면 좋겠습니다.

1) **이 사람이 산 벽시계는 어떻습니까?**

2) **맞는 것을 고르십시오. (　　)**

① 전에 한국 사람의 집에 가 본 적이 있습니다.

② 남대문 시장에서는 카드로 계산할 수 없습니다.

③ 두 번째로 본 시계는 다른 시계보다 좀 비쌌습니다.

④ 처음 본 시계는 커서 친구 방에 잘 어울릴 것 같습니다.

문화

집들이 선물

한국 사람들은 보통 집들이 선물로 휴지나 비누, 세제 등 생활용품을 많이 선물합니다. 휴지는 나쁜 일을 닦아내고, 모든 일이 잘 풀리기를 바란다는 의미로 선물합니다. 비누나 세제는 거품처럼 돈이 많아지고 좋은 일이 많이 생기기를 바란다는 뜻으로 선물합니다. 하지만 집들이에 선물하면 안 되는 물건도 있습니다. 사람과 사람 사이의 관계를 끊어버린다는 의미가 있어서 칼이나 가위는 집들이에 선물하지 않습니다.

1. **한국에서는 집들이에 어떤 물건을 많이 선물합니까?**
2. **여러분 고향에도 다른 사람 집을 방문할 때 선물하면 안 되는 물건이 있습니까?**

샤브샤브　세제

09과 약속

1. 약속 시간과 장소 정하기

MP3 / 21

• 학습 목표: 만남이나 모임을 위해 친구와 약속하는 내용을 이해할 수 있다.

Ⅰ. 준비해 봅시다

잘못 말하는 사람을 고르십시오.

1) 

2) 

3) 

4) 

Ⅱ. 들어 봅시다

1 문장을 듣고 관계가 있는 그림과 연결하십시오.

1) 

• • ❶

2) 

• • ❷

3) 

• • ❸

4) 

• • ❹

아/야 저희 선배 전혀 앞으로 바로

2 대화를 듣고 알맞은 그림과 연결하십시오.

1) 2) 3) 4)

① 

② 

③ 

④ 

[3-4] 대화를 듣고 질문에 답하십시오.

3 두 사람은 무엇에 대해 이야기합니까?

① 주말 계획 ② 생일 파티 약속
③ 아르바이트 시간 ④ 동아리 모임 약속

4 맞으면 O, 틀리면 X 하십시오.

1) 이 사람들은 토요일 7시에 만날 것이다. ( )
2) 두 사람은 모임 장소를 결정했다. ( )

[5-7] 대화를 듣고 질문에 답하십시오.

5 두 사람은 무슨 약속을 합니까? ( )

① 전화할 약속 ② 주말에 만날 약속
③ 방학에 만날 약속 ④ 고향에 돌아갈 약속

벌써 너희 그래 이가/가 무척

6 타오에 대해 맞는 것을 고르십시오. (　　)

❶ 타오는 방학 계획이 없다.
❷ 타오는 방학에 한국에 있다.
❸ 타오는 한강 공원에 가 본 적이 없다.
❹ 타오는 토요일에 민재를 한강 공원에서 만난다.

7 맞으면 O, 틀리면 X 하십시오.

1) 두 사람 모두 주말에 약속이 없었다. (　　)
2) 한강 공원에 가는 길이 어렵지 않다. (　　)

III. 읽어 봅시다

> 다음글　　목록

여러분, 안녕하세요? 자유게시판　　2018. 09.02. 16:40 | 삭제

여러분, 안녕하세요? 존입니다. 여름 방학이 끝나고 드디어 가을 학기가 시작됐습니다. 길고 더운 여름이 가고 시원한 가을이 온 것을 축하하면서 다 같이 모여서 즐거운 시간을 보냅시다. 여기에 원하는 시간과 장소를 써 주세요.

↳ **주말 아르바이트 중** 안녕? 잘 지냈니? 난 주말에 바빠서 주말에는 안 될 것 같아.

↳ **너무 심심해 ㅜㅜ** 오랜만이다! 난 요즘 너무 심심하다. 언제나 좋아~

↳ **바쁘다 바빠!** 나 다음 주부터 인턴 시작한다!!! 빨리 만나면 좋겠다.

↳↳ **모여야 한다** 그럼 이번 주 금요일에 만날까? 모두 금요일 괜찮니?

↳ **주말 아르바이트 중** 금요일 좋아. 시간은 저녁 6시가 어때?

↳ **바쁘다 바빠!** 6시 좋다! 근데 내가 바빠서 멀리 가는 건 안 된다. 학교 앞에서 만나는 건 어떠니?

↳ **모여야 한다** 좋아. 그럼 학교 앞에서 만나. 그런데 타오가 아무 말이 없네.

↳↳ **너무 심심해 ㅜㅜ** 내가 타오에게 연락할게.

↳ **모여야 한다** 고맙다. 그럼 내가 학교 근처 식당 알아보고 예약할게. 모두 이번 금요일 6시에 학교 앞에서 만나~

드디어　학기　모이다　원하다　인턴

1 이 사람들은 언제 어디에서 만납니까?

약속 시간	약속 장소

2 맞는 것을 고르십시오. (　　)

① 곧 여름 방학이 시작된다.
② 윤아는 주말에는 만날 시간이 없다.
③ 주앙은 방학 중에 존을 자주 만났다.
④ 하늘이는 너무 바빠서 모임에 갈 수 없다.

3 앞으로 존과 주앙은 뭘 할까요?

존	주앙

따라해 봅시다

<된소리 3>　받침 [ㄱ, ㄷ, ㅂ] 뒤의 /ㄷ/ → /ㄸ/

좋겠다[조켇따]　고맙다[고맙따]　식당[식땅]

- 금요일에 만나면 **좋겠다**.
- 연락해 줘서 **고맙다**.
- 이 근처에 맛있는 **식당을** 알아요?

정리해 봅시다

1. 여러분은 언제 어디에서 친구와 자주 만납니까?
2. 친구들과 반 모임 약속을 해 보십시오.

09과 약속

2. 약속 바꾸기

MP3 / 22

• 학습 목표: 약속을 바꾸거나 취소하는 내용을 이해할 수 있다.

Ⅰ. 준비해 봅시다

'오늘' 사람들이 하는 이야기입니다. 이야기를 보고 달력에 표시하십시오.

1) 

2) 

3) 

4) 

4월

SUN	MON	TUE	WED	THU	FRI	SAT
	1	2	3	4	5	6
7	8	9	10	11	12	13
14	15	16	17	18	19	20 오늘
21	22	23	24	25	26	27
28	29	30				

서른 살 생일, 고향에 간 날
동아리 모임, 친구 생일 파티

Ⅱ. 들어 봅시다

1 문장을 들은 사람이 할 행동을 고르십시오.

1) (   )   2) (   )   3) (   )   4) (   )

❶ 

❷ 

❸ 

❹ 

사흘 열흘 닷새 이틀 서른 살 씻다

2 이야기를 듣고 지난주에 한 것에 모두 ✔하십시오.

( )

( )

( )

( )

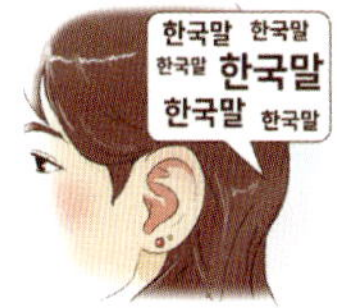

( )

[3-4] 대화를 듣고 질문에 답하십시오.

3 윤아는 왜 전화했습니까? ( )

❶ 생일 파티에 늦을 것 같아서
❷ 생일 파티에 못 갈 것 같아서
❸ 생일 파티를 취소하고 싶어서
❹ 생일 파티 약속을 하고 싶어서

4 맞으면 O, 틀리면 X 하십시오.

1) 윤아는 아르바이트 가게에서 한 시간 일한다. ( )
2) 두 사람은 같이 생일 파티에 갈 것이다. ( )

[5-7] 대화를 듣고 질문에 답하십시오.

5 두 사람은 무슨 이야기를 합니까? ( )

❶ 고향 방문 약속
❷ 주말 약속 취소
❸ 흐엉 아버지의 출장 계획
❹ 흐엉 아버지를 만날 약속

취소 연습 축하 지키다 갑자기 어쩔 수 없다

6 맞는 것을 고르십시오. (   )

① 흐엉의 아버지는 한국 회사원이다.
② 흐엉은 아버지와 같은 회사에 다닌다.
③ 정민이는 흐엉의 아버지를 만날 것이다.
④ 정민이는 흐엉의 연락을 기다릴 것이다.

7 흐엉의 아버지는 한국에 며칠 동안 계십니까?

III. 읽어 봅시다

타오야, 왜 전화 안 받니? 전화 좀 잘 받아라. 내일 우리 하숙집 소풍이 취소됐다. 주인아주머니께서 몸이 안 좋으셔서 소풍을 갈 수 없게 됐어. 심심하면 나한테 연락해라. 농구 게임하자.

-옆방 형-

에릭 씨, 안녕하십니까? 세계 무역 회사 김진태입니다. 여러 번 전화 드렸지만 연락이 되지 않아서 문자를 드립니다. 제가 급한 일 때문에 내일 갑자기 출장을 가게 됐습니다. 화요일 약속을 사흘 후로 연기해도 되겠습니까? 정말 죄송합니다. 문자 보시면 연락 주십시오.

주앙아, 할머니다. 반찬 놓고 가니까 맛있게 먹어라. 요즘 날씨가 더워서 생선 요리는 금방 못 먹게 되니까 빨리 먹어라.
고모 집들이는 연기된 거 알지? 고모 집에 일이 생겨서 일주일 뒤에 하게 됐다.
그때 보자.
사랑한다. 내 손자.

몸 일주일 금방

1 약속을 어떻게 바꿨습니까? 또는 바꾸고 싶어합니까? 연결하십시오.

1) 타오 하숙집 소풍 •		• ❶ 취소
2) 주앙 고모 집들이 •		• ❷ 3일 뒤로 연기
3) 에릭과 김진태의 약속 •		• ❸ 7일 뒤로 연기

2 맞는 것을 고르십시오. (　　)

❶ 세 사람은 모두 약속을 잘 안 지킨다.
❷ 타오는 옆방 형과 농구 게임 약속을 했다.
❸ 주앙은 할머니 집에서 할머니와 같이 산다.
❹ 김진태 씨는 회사 일 때문에 약속을 바꾸고 싶어 한다.

3 메시지를 보고 꼭 연락해야 하는 사람은 누구입니까? (　　)

❶ 타오　　❷ 주앙　　❸ 에릭　　❹ 세 사람 모두

따라해 봅시다

<된소리 3>　받침 [ㄱ, ㄷ, ㅂ] 뒤의 /ㅈ/ → /ㅉ/

갑자기[갑짜기]　숙제[숙쩨]　듣지[듣찌]

- **갑자기** 출장을 가게 됐습니다.
- **숙제를** 하지 못해서 걱정이에요.
- 아무도 그 소리를 **듣지** 못했어요.

정리해 봅시다

1. 무슨 일 때문에 약속을 취소하게 됩니까?
2. 친구와 한 약속 시간을 바꾸고 싶습니다. 어떻게 말합니까?

10과

부탁

1. 친구에게 부탁하기

MP3 / 23

• 학습 목표: 개인적으로 부탁하고 부탁 받는 내용을 이해할 수 있다.

I. 준비해 봅시다

다음 그림의 상황과 맞는 것을 보기 에서 골라 쓰십시오.

1)　　　2)　　　3)　　　4)

(　　　　)　(　　　　)　(　　　　)　(　　　　)

보기

부탁을 하다　　부탁이 있다　　부탁을 받다　　부탁을 들어주다

II. 들어 봅시다

1 문장을 듣고 알맞은 대답을 연결하십시오.

1) •	•	❶ 네, 여기에 쓰면 될까요?
2) •	•	❷ 네, 다시 말씀 드릴게요.
3) •	•	❸ 어떻게 하지? 나도 지금 바쁜데.
4) •	•	❹ 어제 배운 문법인데 내가 가르쳐 줄게.

부탁을 하다　부탁이 있다　부탁을 받다　부탁을 들어주다　입국

2 대화를 듣고 다음에 이어질 상황에 ✔하십시오.

1)

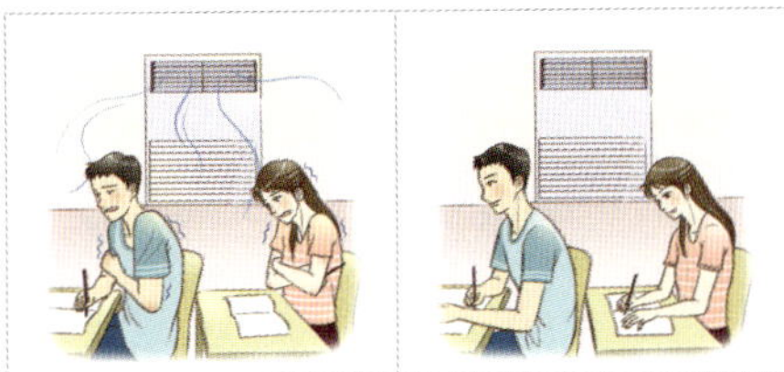

❶ (　　) ❷ (　　)

2)

❶ (　　) ❷ (　　)

3)

❶ (　　) ❷ (　　)

4)

❶ (　　) ❷ (　　)

[3-4] 대화를 듣고 질문에 답하십시오.

3 에릭 씨는 우진 씨에게 무엇을 빌리려고 합니까?

4 맞으면 O, 틀리면 X 하십시오.

1) 우진 씨는 에릭 씨의 부탁을 들어줬다. (　　)

2) 에릭 씨는 한국말을 잘 못해서 서비스 센터에 가지 않았다. (　　)

[5-7] 대화를 듣고 질문에 답하십시오.

5 존 씨가 원하는 것은 무엇입니까? 모두 고르십시오. (　 ,　)

❶ 공책을 빌린다.
❷ 수업 설명을 듣는다.
❸ 공항에 같이 다녀온다.
❹ 교수님을 같이 만난다.

고장 나다　서비스 센터　그대로　동양　문화　적다　설명

6 윤아 씨는 왜 존 씨의 부탁을 들어주지 못했습니까? (　　)

❶ 학교에 결석해서　　❷ 고향에 돌아가서

❸ 칠판에 빨리 썼다가 지워서　　❹ 교수님 말씀이 너무 빨라서

7 맞으면 O, 틀리면 X 하십시오.

1) 존 씨는 지난번 수업 때 윤아 씨를 못 만났다. (　　)

2) 존 씨는 하늘 씨에게 부탁하려고 한다. (　　)

III. 읽어 봅시다

친구에게 부탁을 해 본 적이 있나요? 또 부탁을 받은 적이 있나요? 여러분은 어떻게 말합니까?

자리에 앉았다가 에어컨 때문에 너무 추워서 자리를 바꾸고 싶을 때 어떻게 부탁하면 좋을까요? "미안하지만 자리 좀 바꿔 줄 수 있어? 나는 좀 추워서.", "부탁이 있는데 좀 들어줄래? 자리 좀 바꿔도 될까?"

말은 쉬운데 친한 친구한테도 부탁은 참 어렵습니다. 부탁을 했는데 친구가 들어주지 않으면 기분이 나쁠 것 같습니다. 사람들은 진짜로 부탁은 하지 않고, 친구가 들어주지 않을 것 같아서 걱정만 합니다.

설명을 잘 하고 부탁하면, 좋은 친구는 여러분의 이야기를 잘 들어줄 것입니다. 부탁을 받은 사람도 상황이 어려워서 들어줄 수 없을 때 '아니요'라고 말하는 것을 너무 어려워하지 마세요. 또 친구가 부탁을 들어주지 않을 때 너무 기분 나빠하지 마세요. 친구 사이에서 부탁을 너무 힘들어하지 마세요.

걱정하다　사이

1 이 글에서 이야기하고 있는 것은 무엇입니까? (   )

① 친구 사이에 부탁은 하지 않는 것이 좋다.
② 친구에게 부탁을 받으면 꼭 들어줘야 한다.
③ 친구에게 부탁하는 것을 너무 어려워할 필요가 없다.
④ 들어주지 않을 것 같으면 부탁은 하지 않는 것이 좋다.

2 사람들은 친구한테 부탁하는 것을 왜 어려워합니까?

3 맞으면 O, 틀리면 X 하십시오.

1) 친구한테 부탁하는 일은 아주 쉬운 일이다. (   )
2) 친구에게 부탁할 때 내용을 말하지 않아도 된다. (   )

따라해 봅시다

<된소리 5> 받침 /ㄱ,ㄷ,ㅂ/ 뒤의 /ㅅ/ → [ㅆ]

식사[식싸] 닫습니다[닫씁니다] 어렵습니다[어렵씁니다]

- **식사**를 하면서 친구에게 부탁을 했어요.
- 창문을 **닫습니다**.
- 부탁은 참 **어렵습니다**.

정리해 봅시다

1. 친구에게 부탁할 때 어떻게 말합니까?
2. 친구에게 무슨 부탁을 해 봤습니까? 이야기해 봅시다.

10과

부탁

2. 사무실에서 부탁하기

MP3 / 24

• 학습 목표: 모르는 사람에게 부탁하거나 공공 기관에서 부탁하는 내용을 이해할 수 있다.

Ⅰ. 준비해 봅시다

다음 빈칸에 어울리는 말을 보기 에서 골라 쓰십시오.

1) (　　), 서류가 어디 있지?

2) (　　), 저도 지금 일이 많은데요.

3) (　　), 이제 회의를 시작할까요?

4) (　　), 실례합니다만 박 과장님께 이 메모 좀 전해 주시겠습니까?

보기

저기　　음　　어　　자

실례하다　저기　음　어　자

II. 들어 봅시다

1 지금 어떤 상황입니까? 문장을 듣고 알맞은 그림을 연결하십시오.

1) • 2) • 3) • 4) •

❶ 

❷ 

❸ 

❹ 

2 대화를 듣고 유키 씨가 아는 것에 모두 ✔하십시오.

1) □ 은행의 위치
2) □ 은행 문 닫는 시간
3) □ 체크 카드 만들 때 필요한 것
4) □ 체크 카드 만들 때 걸리는 시간

[3-4] 대화를 듣고 질문에 답하십시오.

3 리타오 씨가 알고 싶은 것은 무엇입니까? (　　)

❶ 비자 연장에 필요한 서류
❷ 출입국 관리 사무소 위치
❸ 비자 연장 인터넷 예약 방법
❹ 출입국 관리 사무소 문 여는 시간

4 맞으면 O, 틀리면 X 하십시오.

1) 리타오 씨는 이미 필요한 서류를 모두 준비했다. (　　)
2) 인터넷으로 예약하고 가면 일이 더 빨리 끝난다. (　　)

저　아　체크 카드　신분증　글쎄요　연장하다　출입국 관리 사무소　서류
재학 증명서

[5-7] 대화를 듣고 질문에 답하십시오.

5 노라 씨는 오늘 사무실에 왜 왔습니까?

6 노라 씨는 오늘 최 과장님을 왜 못 만났습니까? (　　)

① 노라 씨가 수업이 있어서
② 노라 씨가 아르바이트가 바빠서
③ 최 과장님이 회의 때문에 나가서
④ 최 과장님과 약속을 하지 못해서

7 맞으면 O, 틀리면 X 하십시오.

1) 노라 씨는 최 과장님과 어제 전화를 했다. (　　)
2) 사무실 직원은 최 과장님이 어디에 갔는지 모른다. (　　)

III. 읽어 봅시다

한국에 와서 처음으로 국립 중앙 박물관에 다녀왔다. 4호선 이촌역에서 내렸는데 어디로 나가는지 몰라서 지나가는 아저씨께 길을 물어봤다.

"저, 실례합니다만 국립 중앙 박물관에 가려고 하는데 몇 번 출구로 나가는지 아세요?"

아저씨가 친절하게 가르쳐 주셔서 쉽게 찾을 수 있었다. 국립 중앙 박물관은 돈을 내지 않고 무료로 들어갔다. 박물관을 구경할 때 설명을 잘 듣고 싶어서 외국어 음성 안내기를 빌리러 갔다.

"죄송합니다만, 영어 음성 안내기를 빌리고 싶은데 어떻게 해야 합니까?"

"신분증과 3천 원을 내면 빌릴 수 있습니다."

음성 안내기로 설명을 들으면서 박물관을 천천히 구경하니까 이해하기 쉽고 정말 재미있었다. 유키도 한국 역사에 관심이 많은데 다음에는 같이 가야겠다. 다음에 갈 때는 안내 선생님의 설명도 신청해서 직접 들으면서 구경하고 싶다.

빌다　퇴근하다　신청　지나가다　음성 안내기

1 이 사람이 지나가는 아저씨에게 물어본 것은 무엇입니까?

2 이 사람은 박물관에서 왜 음성 안내기를 빌렸습니까? (　　)

❶ 무료여서
❷ 설명을 잘 듣고 싶어서
❸ 박물관을 하루에 다 보기 어려워서
❹ 선생님의 설명을 직접 들을 수 있어서

3 맞으면 O, 틀리면 X 하십시오.

1) 이 사람은 전에 국립 중앙 박물관에 가 본 적이 있다. (　　)
2) 음성 안내기를 빌리고 싶으면 신분증이 필요하다. (　　)

따라해 봅시다

<콧소리 1> 받침 /ㄴ, ㅁ, ㅇ/

은행　　감사합니다만　　영어

- **은행**이 어디에 있는지 알아요?
- **감사합니다만** 다음 역에서 내립니다.
- **영어** 음성 안내기를 빌리고 싶은데요.

정리해 봅시다

1. 모르는 사람한테 부탁할 때 어떻게 말합니까?
2. 공공 기관에서 무슨 부탁을 해 봤습니까? 이야기해 봅시다.

1 다음을 읽고 질문에 답하십시오.

11월 5일 화요일 맑음

우리 신문사에 갑자기 급한 일이 생겨서 내일부터 사흘 동안 일본에 출장을 갔다가 오게 됐다. 그런데 이틀 후에 학교에서 발표가 있다.

그래서 부장님께서 출장을 말씀하셨을 때 부탁을 드렸다.

"저… 부장님, 죄송합니다만 다른 사람이 가면 안 될까요?"

부장님은 부탁을 들어주시지 않았다.

"유키 씨, 힘든 건 알겠습니다만 이번 출장은 꼭 유키 씨가 가야 합니다."

이럴 때는 어떻게 해야 하는지 잘 모르겠다. 학교의 발표 날짜를 바꿔야 하나? 선생님께 출장 서류를 내면 발표 날짜를 바꿀 수 있을까? 친구하고 발표 날짜를 바꾸면 괜찮을까? 발표를 못하면 2급을 다시 공부하게 될까? 역시 회사를 다니면서 공부를 하는 건 힘들다.

1) 맞는 것을 고르십시오. (　　)

① 유키 씨는 이틀 동안 일본에 갔다가 올 것이다.

② 유키 씨는 출장을 못 가게 돼서 부장님께 죄송해 한다.

③ 유키 씨는 출장을 갔다가 와서 이틀 후에 발표를 할 것이다.

④ 유키 씨는 신문사 일 때문에 학교의 발표 날짜를 바꿔야 한다.

2) 앞으로 유키 씨가 할 일로 맞는 것을 고르십시오. (　　)

① 발표 준비를 한다.

② 부장님께 다시 부탁한다.

③ 회사의 급한 일을 할 사람을 찾는다.

④ 발표 날짜를 바꿀 수 있는지 알아본다.

3) 맞으면 ○, 틀리면 X 하십시오.

① 선생님께 출장 서류를 내면 발표 날짜를 바꿀 수 있다. (　　)

② 유키 씨는 회사 일과 학교 공부를 같이 하는 것이 힘들다. (　　)

2 대화를 듣고 질문에 답하십시오.

1) **맞는 것을 고르십시오. (　　)**

① 유키 씨는 노라 씨에게 신문사 일을 부탁한다.
② 노라 씨는 유키 씨의 부탁을 들어주지 않았다.
③ 노라 씨는 유키 씨와 같이 보고 싶은 영화가 있었다.
④ 유키 씨는 출장 후에 노라 씨와 같이 영화를 볼 것이다.

2) **맞으면 ○, 틀리면 X 하십시오.**

① 유키 씨는 노라 씨보다 나이가 많다. (　　)
② 유키 씨는 주말 약속을 하려고 노라 씨를 만났다. (　　)

문화

인기 약속 장소

서울에서 약속 장소로 인기가 많은 곳은 어디일까요? 인터넷에서 제일 많이 검색된 5대 인기 약속 장소는 홍대, 강남역, 압구정, 가로수길, 이태원입니다. 이 중 1위인 홍대는 맛있는 식당과 분위기 좋은 카페, 개성 있는 스타일의 옷가게, 재미있는 클럽과 술집, 다양한 길거리 공연(버스킹) 등으로 유명해서 젊은 사람들이 많이 찾습니다. 강남역, 압구정, 가로수길은 세련된 분위기를 느낄 수 있고, 이태원은 여러 나라의 다양한 문화를 느낄 수 있는 곳입니다.

1. **서울에서 인기가 많은 약속 장소는 어디입니까?**
2. **여러분 고향에서는 어떤 곳이 약속 장소로 인기가 많습니까?**

내다　역시　순서　끝내다

11과 교통

1. 대중교통

MP3 / 26

• 학습 목표: 대중교통을 이용하는 방법을 설명하는 내용을 이해할 수 있다.

Ⅰ. 준비해 봅시다

문장을 읽고 그림에서 알맞은 사람을 찾아 번호를 쓰십시오.

1) 하차하고 있습니다. (   )
2) 벨을 누르려고 합니다. (   )
3) 버스 노선도를 보고 있습니다. (   )
4) 단말기에 교통 카드를 대고 있습니다. (   )

Ⅱ. 들어 봅시다

1 문장을 듣고 맞는 그림에 ✔하십시오.

1)

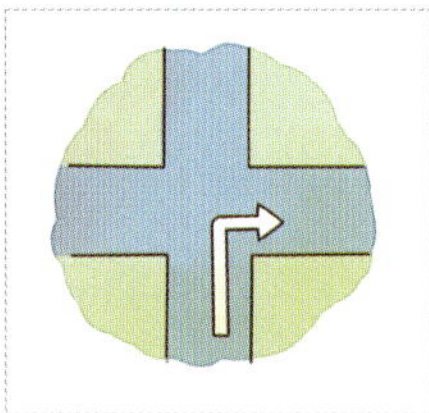

① (   )

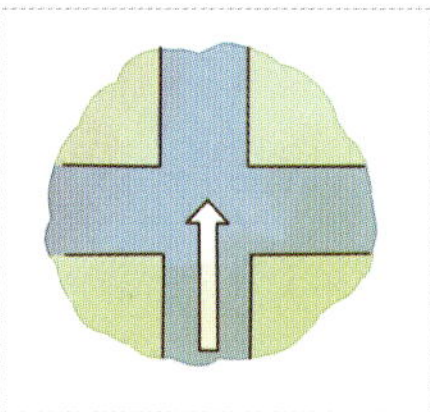

② (   )

2)

① (   )

② (   )

3)

① (   )

② (   )

4)

① (   )

② (   )

하차 벨 누르다 노선도 단말기 교통 카드 대다

2 대화를 듣고 맞는 그림에 ✔하십시오.

1)

① (　　)

② (　　)

2)

① (　　)

② (　　)

3)

① (　　)

② (　　)

4)

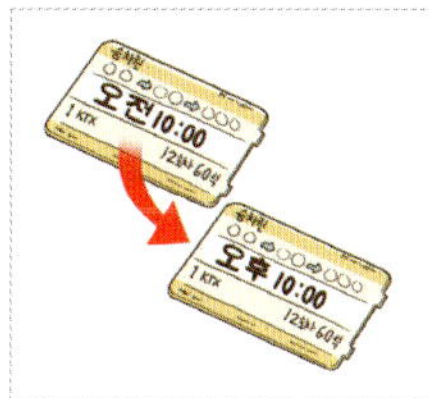

① (　　)

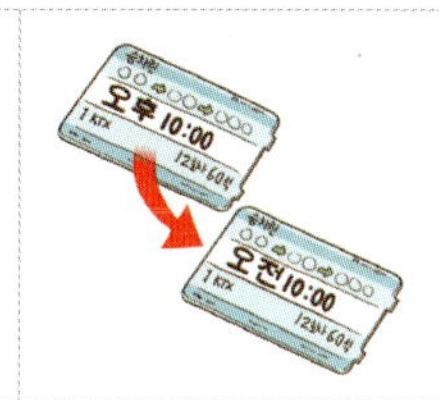

② (　　)

[3-4] 안내 방송을 듣고 질문에 답하십시오.

3 이 방송은 어디에서 들을 수 있습니까? (　　)

① 버스 안　② 버스 정류장　② 지하철역 승강장　④ 지하철 열차 안

4 맞으면 ○, 틀리면 X 하십시오.

1) 이번 역에서 5호선으로 갈아탈 수 있다. (　　)

2) 이번 역은 열차와 승강장 사이가 넓어서 조심해야 한다. (　　)

[5-7] 대화를 듣고 질문에 답하십시오.

5 학교에서 압구정까지 가는 방법을 쓰십시오. (　　)

1) 학교에서 ______ 에 가서 지하철 ______ 으로 갈아탄다.

2) 병원 앞 버스 정류장에서 ______ 번 버스를 탄다.

특실　당산역　을지로 3가역　전동차　승강장　열차　압구정역　팬 사인회

6 맞으면 O, 틀리면 X 하십시오.

1) 존과 윤아는 내일 압구정까지 같이 갈 것이다. (   )

2) 존은 내일 좋아하는 배우를 보려고 압구정에 간다. (   )

7 존은 왜 버스를 타지 않고 지하철을 탑니까?

III. 읽어 봅시다

다음 주에 있을 한국 문화 수업 장소 안내입니다. 오전에는 서울 역사 박물관에서 수업을 하고 오후에는 경복궁에 가겠습니다. 박물관은 학교에서 가깝기 때문에 찾아가기 어렵지 않을 겁니다. 가는 방법을 잘 읽고 다음 주 금요일 오전 10시까지 늦지 않게 도착하십시오. 교통 카드를 준비하는 것도 잊지 마시고요!

서울 역사 박물관

신촌역 출발 신촌역에서 지하철 2호선을 타고 가다가 충정로역에서 5호선으로 갈아탑니다. 광화문역 7번 출구로 나와서 500m 정도 걸어갑니다.

학교 출발 학교 앞 버스 정류장에서 470번, 710번 버스를 타고 서울 역사 박물관 앞 정류장에서 하차합니다.

- 박물관에서 경복궁까지 걸어서 15분쯤 걸립니다. 경복궁 쪽으로 걸어가다가 왼쪽에 있는 한국 식당에 들어가서 점심 식사를 하십시오. 메뉴는 불고기나 비빔밥으로 할 수 있습니다. 2시에 경복궁 매표소 앞에서 만납시다.
- 오전 박물관 수업을 신청하지 않은 학생들은 학교에서 경복궁으로 직접 오십시오. 학교 앞 버스 정류장에서 272번, 601번, 606번 버스를 타고 경복궁에서 하차합니다.

안내　박물관　서울 역사 박물관　경복궁　충정로역　매표소　신청하다

1 무엇을 안내하는 글입니까?

2 이 글을 읽고 알 수 없는 것은 무엇입니까? (　　)

❶ 박물관에서 만나는 시간
❷ 경복궁에서 만나는 장소
❸ 박물관에서 학교에 가는 방법
❹ 신촌역에서 박물관에 가는 방법

3 맞는 것을 고르십시오. (　　)

❶ 학생들은 모두 오전에 박물관에 있을 것이다.
❷ 학교에서 경복궁까지 470번 버스를 타야 한다.
❸ 박물관에서 경복궁까지 버스로 15분쯤 걸린다.
❹ 신촌역에서 박물관까지 가려면 지하철을 갈아타야 한다.

라해 봅시다

<콧소리 2>　콧소리 2 /ㄴ/, /ㅁ/ 앞의 /ㄱ/ → [ㅇ]

박물관 [방물관]　한국말 [한궁말]　작년 [장년]

- **박물관**에서 문화 수업을 하겠습니다.
- **한국말** 수업을 들으러 가요.
- **작년**에 한국에 왔을 때 기차로 여행했습니다.

리해 봅시다

1. 여러분 집에서 인천 공항까지 어떻게 갑니까? 설명해 보십시오.
2. 여러분 고향과 한국의 대중교통은 어떻게 다릅니까? 이야기해 보십시오.

11과 교통

2. 길 안내

MP3 / 27

• 학습 목표: 택시에서 길을 설명하거나 운전을 해서 길을 찾는 내용을 이해할 수 있다.

Ⅰ. 준비해 봅시다

문장과 관계있는 단어를 연결하십시오.

1) 똑바로 가면 학교가 있어요.	•	• ① 우회전
2) 조금 가다가 오른쪽으로 가세요.	•	• ② 유턴
3) 반대쪽 차선으로 가려고 차를 돌렸어요.	•	• ③ 주차
4) 차를 세우고 건물 안으로 들어갔어요.	•	• ④ 직진

Ⅱ. 들어 봅시다

1 문장을 듣고 맞는 그림에 ✔하십시오.

1)

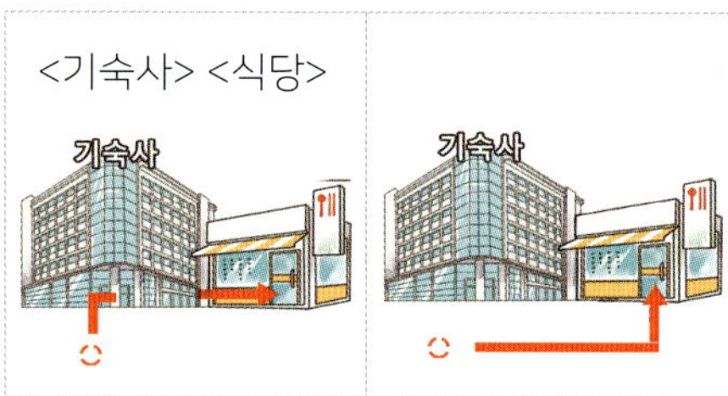

① (　　)　② (　　)

2)

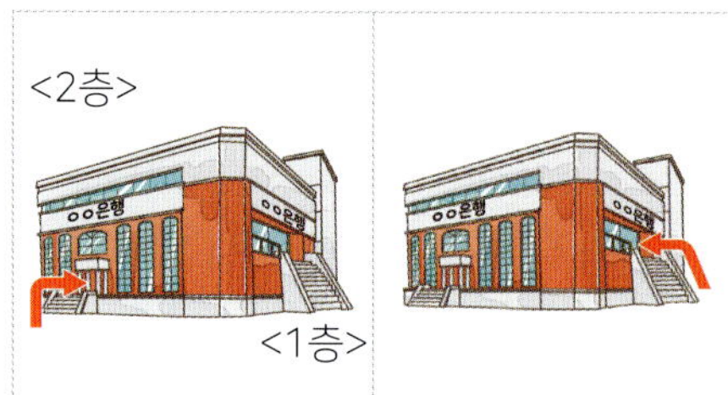

① (　　)　② (　　)

3)

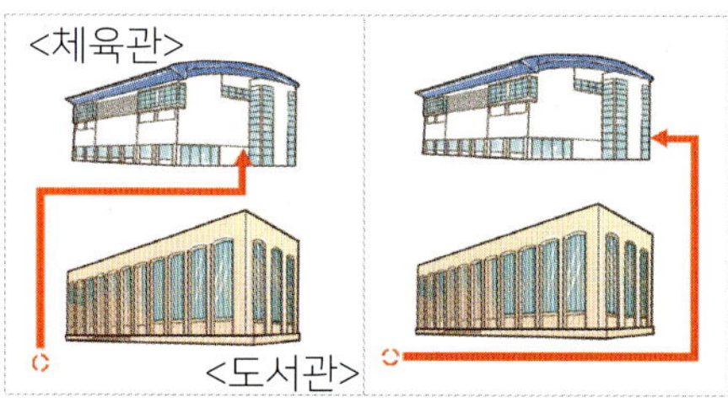

① (　　)　② (　　)

4)

① (　　)　② (　　)

우회전　유턴　주차　직진　반대　돌리다　세우다　체육관

2 대화를 듣고 맞는 그림에 ✔하십시오.

1)

❶ (　　)

❷ (　　)

2)

❶ (　　)

❷ (　　)

3)

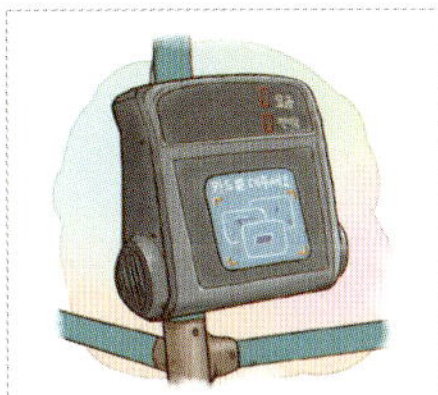

❶ (　　)

❷ (　　)

4)

❶ (　　)

❷ (　　)

[3-4] 대화를 듣고 질문에 답하십시오.

3 여자가 내릴 곳은 어디입니까? (　　)

4 맞으면 O, 틀리면 X 하십시오.

1) 지금은 출근 시간이기 때문에 차가 밀린다. (　　)

2) 이곳은 낮에는 길이 복잡하지 않다. (　　)

[5-7] 대화를 듣고 질문에 답하십시오.

5 내비게이션이 안내한 길은 무엇입니까? 보기 에서 골라 쓰십시오.

(　　　　　　　　) → (　　　　　　　　)

보기

직진　　우회전　　좌회전　　유턴

밀리다　퇴근　제시간　그냥　좌회전　내비게이션

6 내비게이션을 이용하면 무엇이 좋습니까?

7 맞지 않는 것을 고르십시오. (　　)

① 우진 씨가 운전하고 있다.
② 서울역으로 해서 갈 것이다.
③ 두 사람은 회사에 도착해서 커피를 마실 것이다.
④ 두 사람은 생각보다 일찍 회사에 도착할 것 같다.

III. 읽어 봅시다

YONSEI EMAIL

보낸 사람	yihana@hankuk.ac.kr
받는 사람	정하늘<hnjeong@yonsei.com>
제　　목	호수 음악회에 초대합니다!

지난번에 신청하신 호수 음악회 초대장을 보내 드립니다. 아름다운 가을밤 시원한 바람이 부는 호수에서 듣는 음악! 정말 기억에 남는 밤이 될 겁니다. 공원 입구에서 이 초대장과 신분증을 보여 주시면 표를 드리겠습니다. 좋은 자리에 앉으시려면 서두르세요!

시간 9월 20일 토요일 오후 6시
장소 인주 시 호수 공원
오시는 길
1) 고속버스
인주 고속버스 터미널 하차 → 건너편 버스 정류장에서 35번, 73번 버스 승차 → 호수 공원 정류장 하차 (20분)
터미널에서 택시를 타면 5분 정도 걸립니다.
2) 운전
고속 도로 인주 톨게이트 → 북인주길 2km → 인주사거리 지나서 직진 후 유턴 → 오른쪽에 입구가 있습니다.
주차는 3시간 무료입니다.

기억에 남다　건너편　톨게이트　주차료

1 호수 공원까지 운전해서 갈 때 맞는 지도를 찾으십시오. (　　)

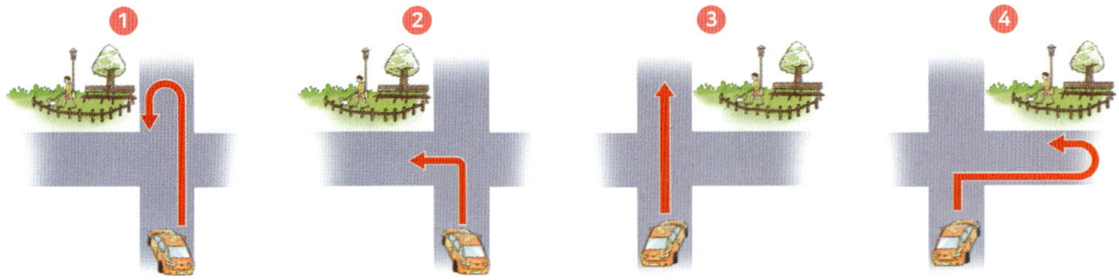

2 맞지 않는 것을 고르십시오. (　　)

❶ 음악회를 저녁에 시작한다.
❷ 운전을 하면 북인주길로 해서 간다.
❸ 터미널에서 길을 건너서 버스를 탄다.
❹ 하루 종일 주차료를 내지 않아도 된다.

3 표를 받으려면 무엇이 필요합니까?

__________, __________

따라해 봅시다

<콧소리 3>　/ㄴ/, /ㅁ/ 앞의 /ㄷ/ → [ㄴ]
있나요 [인나요]　끝나고 [끈나고]　받는 [반는]

- 어디에서 택시를 탈 수 **있나요**?
- 수업이 **끝나고** 걸어서 집으로 가요.
- **옛날**에는 버스에서 요금을 **받는** 사람이 있었어요.

정리해 봅시다

1. 여러분의 집에서 학교까지 빨리 가려면 어디로 해서 가야 합니까?
2. 한국에서 택시를 탄 적이 있습니까? 기사와 무슨 이야기를 했습니까?

12과 학교생활

1. 수업과 시험

MP3 / 28

• 학습 목표: 수업과 시험을 설명하는 내용을 이해할 수 있다.

I. 준비해 봅시다

(　　) 안의 알맞은 단어를 고르십시오.

우리 학교는 9시에 수업을 시작하고 오후 3시에 수업을 (끝난다, 마친다). 다음 주에 시험을 (보기, 하기) 때문에 학생들이 모두 열심히 배운 단어와 문법을 (기억한다, 연습한다). 공부하다가 모르는 것이 있을 때는 선생님께 (대답한다, 질문한다).

II. 들어 봅시다

1 대화를 듣고 알맞은 그림을 연결하십시오.

1) •　　　　• ①

2) •　　　　• ②

3) •　　　　• ③

4) •　　　　• ④

끝나다　마치다　기억하다　연습하다　질문하다　대답하다　버튼

2 대화를 듣고 맞는 그림에 ✔하십시오.

1)

❶ (　　　)　❷ (　　　)

2)

❶ (　　　)　❷ (　　　)

3)

❶ (　　　)　❷ (　　　)

4)

❶ (　　　)　❷ (　　　)

[3-4] 대화를 듣고 질문에 답하십시오.

3 이 사람은 왜 학교에 늦었습니까?

4 맞으면 O, 틀리면 X 하십시오.

1) 이 사람은 오늘 처음 지각했다. (　　　)

2) 학교에는 9시까지 와야 한다. (　　　)

[5-7] 대화를 듣고 질문에 답하십시오.

5 두 사람은 무엇에 대해 이야기합니까? (　　)

❶ 선생님 말씀　❷ 시험을 보는 방법　❸ 시험공부 방법　❹ 단어 외우기

6 맞는 것을 고르십시오. (　　)

❶ 유키 씨는 지난주에 학교에 안 왔다.

❷ 마리아 씨는 시험공부를 천천히 하겠다.

❸ 마리아 씨와 유키 씨는 같이 공부하겠다.

❹ 유키 씨가 마리아 씨에게 시험 날짜를 물어봤다.

시험장　학생증　점　문장　지각하다　천천히

7 무슨 시험을 봅니까?

날짜	시험
목요일	
금요일	

III. 읽어 봅시다

저는 이번에 한국 대학교에 입학한 학생입니다. 한국에 온 지 얼마 안 돼서 아직 한국 생활에 익숙하지 않습니다. 한국 친구도 별로 없고 모르는 것도 많아서 대학교 생활이 조금 어렵습니다.

이번 학기에는 모두 4개의 수업을 듣는데 그중에서 제일 어려운 수업은 글쓰기 수업입니다. 저는 아직 한국말을 잘 못해서 이 수업을 들어야 다음 학기에 전공 수업을 신청할 수 있습니다. 이 수업은 시험을 한 번만 보면 되지만 일주일마다 숙제를 해서 내야 하기 때문에 조금 힘듭니다.

제일 재미있는 수업은 한국 문화 수업입니다. 저는 한국 문화에 관심이 많아서 이 수업을 듣는 것이 정말 좋습니다. 이 수업에서는 한국 영화나 드라마를 보면서 한국 문화를 배울 수 있어서 정말 좋습니다. 수업이 지루하지 않고 재미있어서 매주 수업 시간이 기대가 됩니다.

같이 이 수업을 듣는 친구가 한국 요리 동아리를 소개해 줬습니다. 요리 동아리에 들어가면 한국 친구도 사귈 수 있고 한국 음식도 만들어 볼 수 있어서 이 동아리에 들어갈까 합니다.

앞으로 수업도 열심히 듣고 한국 친구도 많이 사귀면서 재미있게 지냈으면 좋겠습니다.

1 이 사람이 듣는 수업과 관계있는 것을 연결하십시오.

1) 글쓰기 •

2) 한국 문화 •

• ❶ 매주 숙제를 해서 내야 한다.

• ❷ 이 사람에게 제일 어려운 수업이다.

• ❸ 이 사람이 제일 좋아하는 수업이다.

• ❹ 한국 영화나 드라마를 보면서 배운다.

2 맞지 않는 것을 고르십시오. (   )

❶ 이 사람은 얼마 전에 한국에 왔다.
❷ 글쓰기 수업은 시험을 두 번 봐야 한다.
❸ 이 사람은 이번 학기에 4개의 수업을 듣는다.
❹ 한국 문화 수업을 같이 듣는 친구가 동아리를 소개해 줬다.

3 이 사람은 앞으로 한국에서 어떻게 지내고 싶어 합니까?

따라해 봅시다

<콧소리 4> /ㄴ/, /ㅁ/ 앞의 /ㅂ/ -> [ㅁ]

밥맛[밤맏] 없는[엄는] 입니다[임니다]

- 요즘 시험 때문에 **밥맛**이 별로 없습니다.
- 학생증이 **없는** 사람은 도서관에 들어갈 수 없습니다.
- 한국 대학교에 입학한 학생**입니다**.

정리해 봅시다

1. 한국어 수업을 들을 때 어려운 점이 있습니까? 무엇입니까?
2. 여러분은 어떻게 시험공부를 합니까? 친구와 이야기해 보십시오.

중간시험 마다

12과 학교생활

2. 학교 프로그램

MP3 / 29

• 학습 목표: 사무실에서 학교 생활에 대해 문의하는 내용을 이해할 수 있다.

Ⅰ. 준비해 봅시다

이야기를 읽고 순서대로 번호를 쓰십시오.

한국어학당에 등록할 때는 먼저 신청 기간을 알아본 후에 신청서를 씁니다. 신청서는 사무실에 내면 됩니다. 신청 결과를 확인하고 등록금을 냅니다.

①

②

③

④

(   ) → (   ) → (   ) → (   )

Ⅱ. 들어 봅시다

1 대화를 듣고 알맞은 그림을 연결하십시오.

1) • 2) • 3) • 4) •

• ①

• ②

• ③

• ④

등록하다 신청서 신청 기간 신청 결과 확인하다 등록금 홈페이지

2 이야기를 듣고 사무실에서 할 수 있는 것을 모두 고르십시오. (,)

①

②

③

④

⑤

[3-4] 대화를 듣고 질문에 답하십시오.

3 무엇을 알아보려고 전화했습니까? ( )

① 등록금 안내 ② 등록 날짜 ③ 외국어 설명 ④ 사무실 주소

4 맞으면 O, 틀리면 X 하십시오.

1) 전화를 한 사람의 친구는 외국 사람이다. ( )

2) 사무실에는 외국어를 할 수 있는 직원이 있다. ( )

[5-7] 대화를 듣고 질문에 답하십시오.

5 두 사람은 무엇에 대해서 이야기합니까? 모두 고르십시오. (,)

① 아르바이트 찾기 ② 휴학 신청 ③ 어학당 등록 ④ 수업 시간 바꾸기

6 맞는 것을 고르십시오. ( )

① 이 사람은 지금 저녁 수업을 듣고 있다.

② 저녁 수업은 오전 수업과 시작 날짜가 다르다.

③ 휴학을 하고 싶으면 사무실에 전화를 해야 한다.

④ 학생은 다음 학기에 한국어학당에 다니고 싶지 않다.

7 저녁 수업은 무슨 요일에 몇 시부터 몇 시까지 합니까?

수업 요일	수업 시간

등록 취소 휴학하다 언어 교환 외국어 정확하다

Q 한국어를 공부하면서 재미있게 할 수 있는 일들이 있을까요?

A 한국어학당에서는 학생들이 할 수 있는 여러 프로그램들이 있는데요. 어떤 프로그램이 있는지 같이 알아볼까요?

한국 친구를 사귈 수 있는 특별한 시간

언어 교환

한국말을 연습하고 싶거나 한국 친구를 사귀고 싶은 사람들은 언어 교환 프로그램을 신청하세요. 언어 교환은 한국 대학교 학생과 한국어학당 학생의 외국어 연습을 도와주는 프로그램이에요. 언어 교환을 신청한 모든 학생은 오리엔테이션에 꼭 와야 해요.

몸에 좋고 맛도 좋은 한국 음식 만들기

한국 요리

한국 요리는 한국어학당 학생들에게 쉽고 편한 한국 요리 방법을 가르쳐 주는 프로그램인데요. 매년 봄 학기, 가을 학기, 겨울 학기에 신청할 수 있어요. 요리하는 것을 좋아하거나 한국 음식에 관심이 있는 학생은 이 프로그램을 신청하세요.

한국 영화로 배우는 한국어

한국 영화

한국어학당에서는 학기마다 한국 영화 8편을 무료로 볼 수 있는데요. 영화는 수요일 오후 2시에 대강당에서 해요. 한국 영화에 관심 있는 분들은 영화를 보러 대강당으로 오세요.

1 다음 사람들에게 어떤 프로그램을 추천하면 좋을까요?

1) 주앙 씨는 요리하는 것을 아주 좋아한다. (　　　　)

2) 흐엉 씨는 한국 친구와 한국말을 연습해 보고 싶어 한다. (　　　　)

3) 노라 씨는 한국 문화에 관심이 많다. (　　　　)

오리엔테이션　모든　편　관심이 있다

2 맞지 않는 것을 고르십시오. (　　)

① 한국 요리 프로그램은 여름 학기에도 있다.
② 한국어학당에서는 무료로 영화를 볼 수 있다.
③ 한국어학당에는 학생들이 할 수 있는 여러 프로그램이 있다.
④ 언어 교환을 신청한 모든 학생들은 오리엔테이션에 와야 한다.

3 한국어학당 학생이 학교에서 영화를 보려면 언제 어디로 가야합니까?

언제	
어디	

따라해 봅시다

<콧소리 5>　/ㅁ/, /ㅇ/ 뒤의 /ㄹ/ → [ㄴ]
등록금[등녹끔]　음료수[음뇨수]　종로[종노]

- **등록금**을 언제까지 내야 합니까?
- 수업이 끝나고 **음료수**를 마시러 갈까요?
- **종로**에 한국 요리를 배울 수 있는 곳이 있나요?

정리해 봅시다

1. 여러분은 학교 사무실에 가서 무엇을 합니까? 이야기 해 보십시오.
2. 한국어를 더 잘하고 싶어서 학교에서 하는 프로그램을 신청해 본 적이 있습니까?

복습

MP3 / 30

1 대화를 듣고 질문에 답하십시오.

1) **제니 씨는 주앙 씨에게 왜 전화했습니까?**

____

2) **맞는 것을 고르십시오. (　　)**

❶ 주앙 씨는 쓰기 시험을 잘 못 봐서 걱정하고 있다.
❷ 제니 씨는 보통 때 한국말로 많이 이야기하지 않는다.
❸ 제니 씨의 학교에서 주앙 씨의 학교까지 가는 버스가 있다.
❹ 주앙 씨의 학교까지 가려면 을지로 2가에서 3호선으로 갈아탄다.

3) **두 사람이 말한 공부 방법을 쓰십시오.**

❶ 글씨를 틀리지 않게 쓰려면 ______________________________
❷ 말하기 시험을 잘 보려면 ______________________________

2 다음 글을 읽고 질문에 답하십시오.

학교 소개　　수업 일정　　등록 안내　　온라인 접수

한국어학당 소개

- 인사말 >
- 역사 >
- 선생님 / 직원 >
- **오시는 길 >**

한국어학당 소개 ▶ 오시는 길

오시는 길

지하철	2호선 신촌역 3번 출구로 나와서 7024번 버스로 갈아타고 연대 동문 회관에서 하차합니다.
버스	272　606　708　6714　7017　7024　7737 연대 동문 회관에서 하차합니다.
자동차	연대 앞 사거리에서 금화 터널 쪽으로 가다가 봉원 고가 차도 밑에서 좌회전을 해서 연세 대학교 동문으로 들어가세요. 한국어학당 건물로 가려면 350m 정도 직진한 후 좌회전을 해서 50m 정도 내려가세요. 왼쪽에 한국어학당이 있습니다.

1) 이 홈페이지를 보고 알 수 없는 것은 무엇입니까? (　　)

❶ 학교의 역사　　❷ 등록하는 방법

❸ 수업을 시작하는 날　　❹ 기숙사에 찾아가는 방법

2) 학교에 가는 방법입니다. 맞으면 ○, 틀리면 X 하십시오.

❶ 지하철에서 내린 후에 버스로 갈아탄다. (　　)

❷ 버스를 타고 가다가 연대 앞 사거리 정류장에서 내린다. (　　)

❸ 연세 대학교 동문으로 들어가서 바로 좌회전을 한다. (　　)

문화

도서관 이용

국립 중앙 도서관 한국에서 가장 큰 도서관으로 자료가 매우 많습니다. 특히 디지털 도서관은 시설이 아주 좋습니다.

남산 도서관 1922년에 문을 연 한국에서 가장 오래된 도서관입니다. 경치가 아름다운 남산에 있으며 전시회, 강연회, 문화 교실 등을 엽니다.

서울 도서관 옛 서울시청 건물에 만들어진 도서관으로 서울 시내 도서관의 모든 자료를 검색할 수 있는 서비스가 있습니다.

1. 가장 오래된 도서관과 가장 큰 도서관은 각각 무엇입니까?
2. 여러분이 소개하고 싶은 도서관이 있습니까?

웬일　글씨　틀리다　떨리다　일정　연대 동문 회관　금화 터널　봉원 고가 차도

13과 공공 기관

1. 은행

MP3 / 31

• 학습 목표: 은행 이용 관련 내용을 이해할 수 있다.

Ⅰ. 준비해 봅시다

현금 자동 인출기로 돈을 찾으려고 합니다. 순서에 맞게 번호를 쓰십시오.

(❶) → ( ) → ( ) → (❷) → ( )

Ⅱ. 들어 봅시다

1 문장을 듣고 먼저 해야 하는 것에 ✔하십시오.

1)

❶ ( ) ❷ ( )

2)

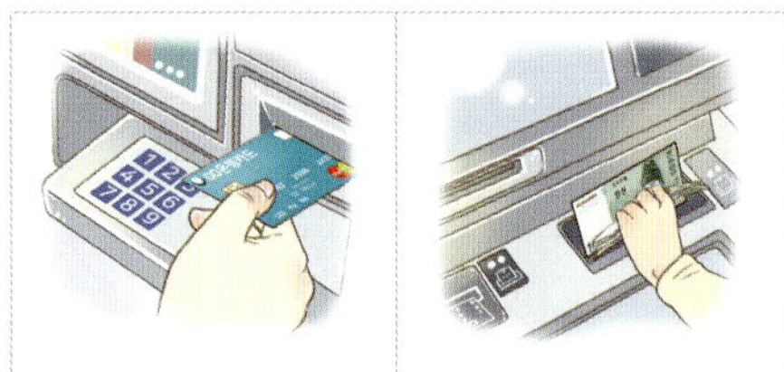

❶ ( ) ❷ ( )

3)

❶ ( ) ❷ ( )

4)

❶ ( ) ❷ ( )

현금 자동 인출기 통장 계좌 비밀번호 현금 번호표 뽑다 서명

2 문장을 듣고 같은 시간에 하는 행동을 연결하십시오.

1)

2)

3)
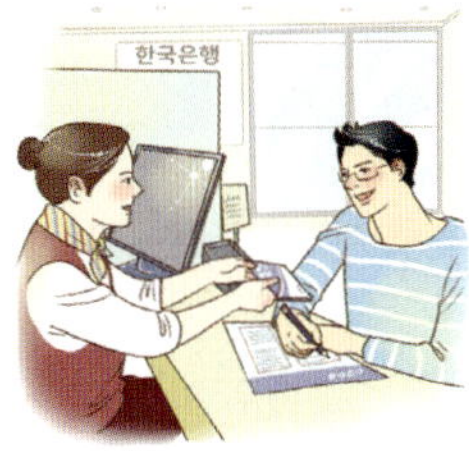

4)

❶
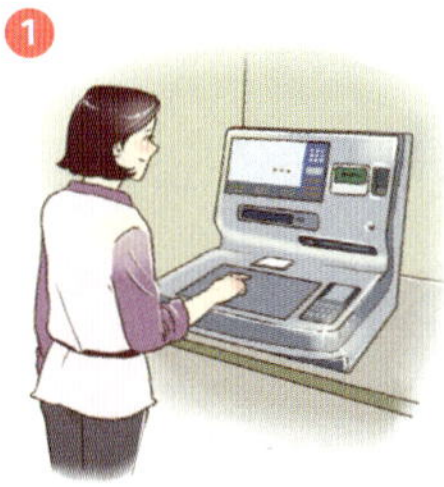

❷

❸

❹

[3-4] 대화를 듣고 질문에 답하십시오.

3 이 사람은 제일 먼저 무엇을 해야 합니까? (　　)

❶ 인터넷을 해야 한다.　　❷ 돈을 찾아야 한다.

❸ 번호표를 뽑아야 한다.　　❹ 계좌를 만들어야 한다.

4 맞으면 O, 틀리면 X 하십시오.

1) 이 사람은 그동안 인터넷으로 은행 일을 하지 않았다. (　　)

2) 기다리는 동안 현금 자동 인출기에서 돈을 찾을 수 있다. (　　)

[5-7] 대화를 듣고 질문에 답하십시오.

5 이 사람은 왜 은행에 왔습니까?

인터넷 뱅킹　환전　환율　원화

6 맞는 것을 고르십시오. (　　)

❶ 이 사람은 오백만 원을 환전하려고 한다.
❷ 이 사람은 원화를 달러로 바꾸고 싶어 한다.
❸ 환전을 할 때 모든 사람이 여권이 필요하다.
❹ 바꾼 돈을 받기 전에 먼저 서명을 해야 한다.

7 오늘은 일 달러가 한국 돈으로 얼마입니까?

＿＿＿＿＿＿＿＿ 원

III. 읽어 봅시다

요즘 '인터넷 전문 은행'을 이용하는 사람이 많아지고 있습니다. 그래서 오늘은 인터넷 전문 은행을 소개해 드리겠습니다.

인터넷 전문 은행을 사용하려면 먼저 앱부터 다운로드 받아야 합니다. 앱을 다운로드한 후 계좌를 만들면 됩니다. 계좌를 만들 때 비밀번호도 만들어야 합니다. 이 비밀번호는 인터넷으로 은행 일을 하는 동안 계속 필요합니다.

계좌에 돈을 넣으면 그때부터 보통 은행하고 똑같이 사용할 수 있습니다. 다른 사람에게 돈을 보낼 수도 있고 은행에서 돈을 빌릴 수도 있습니다. 체크 카드도 만들 수 있습니다. 보통 은행에서는 서비스를 받을 때 돈을 내야 할 때가 많지만 인터넷 전문 은행에서는 대부분 무료입니다.

인터넷 전문 은행에서는 보통 은행에서는 할 수 없는 일도 쉽고 편하게 할 수 있습니다. 친구하고 메시지를 주고받는 동안 돈을 보내거나 받을 수도 있습니다. 메시지를 주고받다가 친구의 이름을 클릭하면 돈을 보낼 수 있습니다. 이때 친구의 은행 계좌 번호를 몰라도 됩니다. 핸드폰으로 연락할 수 있는 친구면 돈을 보낼 수 있습니다.

인터넷 전문 은행　앱　다운로드 받다

1 이 글은 무엇을 소개하고 있습니까?

2 맞는 것을 찾아 연결하십시오.

1) 인터넷 전문 은행 •

2) 보통 은행 •

• ❶ 은행에서 돈을 빌릴 수 있다.
• ❷ 앱을 다운로드한 후에 계좌를 만들 수 있다.
• ❸ 돈을 보낼 때 계좌 번호를 알아야 한다.
• ❹ 서비스를 받을 때 돈을 내야 할 때가 많다.
• ❺ 메시지를 주고받으면서 돈을 보낼 수 있다.

3 맞으면 O, 틀리면 X 하십시오.

1) 인터넷 전문 은행으로 돈을 보내려면 비밀번호가 필요하다. (　　)

2) 인터넷 전문 은행에서는 체크 카드를 만들 수 없다. (　　)

따라해 봅시다

<흐름소리 1> /ㄹ/ 앞에서 [ㄴ] → [ㄹ]

연락[열락] 편리[펼리] 관리비[괄리비]

- 핸드폰으로 **연락할** 수 있습니까?
- 인터넷으로 **편리하게** 돈을 보낼 수 있습니다.
- 은행에 **관리비**를 내러 가요.

정리해 봅시다

1. 한국에서 은행에 가 봤습니까? 어떤 일을 했습니까?
2. 여러분 나라의 은행과 한국의 은행은 무엇이 다릅니까?

13과 공공 기관

2. 우체국

MP3 / 32

• 학습 목표: 우체국 이용 관련 내용을 이해할 수 있다.

Ⅰ. 준비해 봅시다

신청서를 보고 질문에 답하십시오.

우체국 택배 신청서

보내는 분			보내는 물건	
	성명	김민수		책 (한국어 교과서 5권)
	전화	010-2210-2300		
	주소	서울시 서초구 강남대로 465 교보타워 우편번호 : 06611		

등기 신청 ☑	받는 분	성명	레오 마르땅
-안내- 등기를 신청하시면 받는 분에게 직접 드립니다.		전화	010-2123-3464
		주소	서울시 서대문구 연세로 50 한국어학당 우편번호: 03722

1) 어떤 서비스를 신청하는 신청서입니까?
2) 누가 보내고 누가 받습니까?
3) 받는 사람의 우편번호는 몇 번입니까?
4) 등기를 신청하면 어떤 점이 좋습니까?

Ⅱ. 들어 봅시다

1 대화를 듣고 이용하는 우체국의 서비스를 연결하십시오.

1)	2)	3)	4)
•	•	•	•
•	•	•	•
❶ 우편	❷ 소포	❸ 꽃 배달	❹ 국제 특급

우편번호 등기 서비스 항공편 배편 엽서 부치다[2] 우편 소포 국제 특급(EMS)

2 대화를 듣고 맞는 것에 ✔하십시오.

1) 걸리는 시간이
☐ 짧다 ☐ 길다

2) 물건의 무게가
☐ 가볍다 ☐ 무겁다

3) 물건의 크기가
☐ 작다 ☐ 크다

4) 할인율이
☐ 낮다 ☐ 높다

[3-4] 대화를 듣고 질문에 답하십시오.

3 노라 씨는 무엇을 어디로 보내고 싶어 합니까?

무엇	어디

4 맞으면 O, 틀리면 X 하십시오.

1) 국제 특급으로 물건을 보내면 2일 안에 배달해 준다. ( )
2) 이 물건을 국제 특급으로 보내려면 43,000원을 내야 한다. ( )

[5-7] 대화를 듣고 질문에 답하십시오.

5 이 사람이 이용하려는 우체국 서비스는 무엇입니까?

6 이 사람은 왜 우체국에 물건을 가지고 오지 못했습니까? ( )

❶ 물건의 크기 때문에
❷ 물건의 무게 때문에
❸ 방문 서비스를 몰라서
❹ 방문 서비스 값이 싸서

길이 상자 이상 무게 가격 크기 할인율

7 맞으면 O, 틀리면 X 하십시오.

1) 방문 서비스를 신청하면 직원이 물건을 가지러 집으로 온다. (   )
2) 32Kg의 물건을 보내려면 1,000~2,000원을 내야 한다. (   )

III. 읽어 봅시다

우체국의 여러 가지 서비스 안내

가족이나 친구의 특별한 날을 축하하실 건가요?

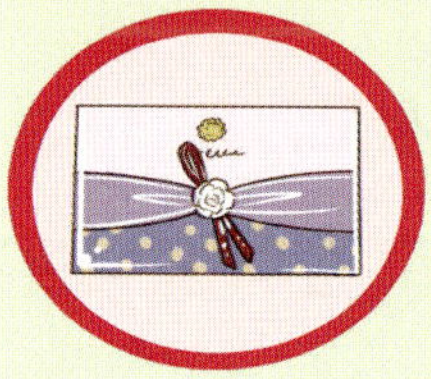

우체국의 축하 카드 서비스를 이용해 보세요. 카드를 고르고 축하 인사를 쓰시면 하루 안에 축하 카드를 배달해 드립니다. 같은 카드를 한 번에 100명에게나 보낼 수도 있습니다.

사랑하는 사람에게 꽃을 선물하실 건가요?

우체국에서 꽃도 배달해 드립니다. 아름다운 꽃다발을 메시지와 함께 보낼 수 있습니다. 원하시면 선물도 같이 배달해 드립니다. 선물 배달은 따로 돈을 내야 합니다.

좋은 식품을 드시고 싶은가요?

우체국에서는 맛있고 몸에 좋은 신선 식품을 팝니다. 인터넷이나 전화로 주문하시면 신선한 과일, 채소, 고기, 곡류 등을 집으로 배달해 드립니다.

계속 비싼 휴대 전화를 사용하실 건가요?

우체국에서는 싼 가격으로 휴대 전화를 사서 이용하실 수 있습니다. 우체국의 휴대 전화 서비스는 보통 휴대 전화 서비스보다 20~30%나 쌉니다.

하루 팔다

1 우체국에서 하지 않는 서비스는 무엇입니까? ( )

① 축하 카드 배달 서비스
② 꽃 배달 서비스
③ 백화점 물건 배달 서비스
④ 휴대 전화를 파는 서비스

2 맞는 것을 고르십시오. ( )

① 축하 카드는 한 번에 한 명에게만 보낼 수 있다.
② 꽃을 배달할 때 메시지를 보내고 싶으면 돈을 더 내야 한다.
③ 우체국 인터넷 사이트에서 맛있고 신선한 식품을 살 수 있다.
④ 우체국 휴대 전화 서비스는 다른 휴대 전화 서비스보다 조금 비싸다.

3 맞으면 ○, 틀리면 X 하십시오.

1) 우체국의 소포 서비스를 안내하는 글이다. ( )
2) 우체국에서 꽃을 보낼 때 선물도 같이 보낼 수 있다. ( )

따라해 봅시다

<흐름소리 이음> /ㄹㄹ/

걸립니다 물론 몰라서

- 배편으로 한 달쯤 **걸립니다**.
- 항공편으로 보내면 **물론** 배편보다 비싸요.
- 직원이 하는 말을 **몰라서** 답답했다.

정리해 봅시다

1. 우체국을 이용해 봤습니까? 어떤 일을 했습니까?
2. 여러분 나라의 우체국과 한국의 우체국은 무엇이 다릅니까?

14과 전화

1. 휴대 전화

MP3 / 33

• 학습 목표: 휴대 전화의 다양한 기능을 설명하는 내용을 이해할 수 있다.

Ⅰ. 준비해 봅시다

휴대 전화로 무엇을 할 수 있습니까? 보기에서 골라 쓰십시오.

1)

(   )

2)

(   )

3)

(   )

4)

(   )

보기

통화하다	계산하다	녹음하다
사진을 찍다	동영상을 보다	문자 메시지를 보내다

통화하다　계산하다　녹음하다　동영상을 보다

Ⅱ. 들어 봅시다

1 음성 메시지를 듣고 들은 내용을 말한 것을 연결하십시오.

1) • • ① 요즘 에릭 씨가 바쁘다고 합니다.

2) • • ② 마이클 씨가 고향에 돌아갔다고 합니다.

3) • • ③ 약속 장소가 학교 정문 앞이라고 합니다.

4) • • ④ 노라 씨가 케이크를 만들어 가지고 올 거라고 합니다.

2 대화를 듣고 에릭 씨가 점원에게 질문한 것을 모두 골라 ✔하십시오.

1)

(　　　)

2)

(　　　)

3)

(　　　)

4)

(　　　)

5)

(　　　)

6)

(　　　)

[3-4] 대화를 듣고 질문에 답하십시오.

3 윤아 씨 어머니는 윤아 씨에게 왜 전화를 했습니까?

4 맞으면 ○, 틀리면 X 하십시오.

1) 존 씨는 요즘 가족들과 휴대 전화로 동영상을 자주 찍는다. (　　)

2) 존 씨는 내일 하늘 씨, 윤아 씨와 등산을 할 것이다. (　　)

음성 메시지　검색하다　속도

[5-7] 대화를 듣고 질문에 답하십시오.

5 두 사람은 무슨 이야기를 하고 있습니까? (　　)

① 휴대 전화의 디자인
② 휴대 전화의 불편한 점
③ 휴대 전화의 여러 가지 기능
④ 휴대 전화의 좋은 점과 나쁜 점

6 휴대 전화의 좋은 기능은 무엇입니까?

7 맞으면 O, 틀리면 X 하십시오.

1) 유키 씨는 휴대 전화에 사전 기능이 있어서 좋다고 생각한다. (　　)

2) 유키 씨는 휴대 전화 때문에 눈이 나빠졌다. (　　)

III. 읽어 봅시다

요즘은 아이부터 노인까지 휴대 전화가 없는 사람이 없다. 많은 사람들이 휴대 전화로 통화나 녹음, 계산, 동영상과 사진 찍기, 게임 등 여러 가지를 한다.

우리 신문사가 20-30대와 70대 이상의 노인 모두 1,000명에게 휴대 전화를 언제 사용하고, 사용하면서 좋은 점과 불편한 점이 뭐냐고 질문했다.

20-30대는 휴대 전화로 뉴스나 드라마를 보고 쇼핑이나 인터넷 뱅킹을 한다고 대답했다. 휴대 전화로 사진을 찍어서 블로그에 올리는 것을 좋아한다고 했다.

나이가 많은 노인들은 20-30대와 다르게 통화를 하거나 메시지를 보낼 때 많이 사용한다고 했다. 또 물건 값 같은 것을 계산할 일이 많은데 휴대 전화로 계산하면 되니까 아주 편리하다고 이야기했다. 인터넷 검색도 가끔 하는데 글씨가 너무 작아서 불편하다고 대답했다.

그래서, 휴대 전화 회사들은 노인들이 편하게 검색할 수 있고 글씨를 크게 볼 수 있는 휴대 전화를 새로 만들 것이라고 한다.

기능　기사　청소년　위험하다　글씨

1 이 글에서 이야기하고 있는 것은 무엇입니까? (　　)

❶ 휴대 전화를 사용하는 시간
❷ 휴대 전화로 통화할 때의 문제점
❸ 20-30대와 70대의 휴대 전화 사용
❹ 70대 노인이 휴대 전화로 쇼핑할 때 좋은 점

2 노인들이 휴대 전화로 인터넷 검색하는 것을 왜 불편해 합니까?

3 맞으면 O, 틀리면 X 하십시오.

1) 휴대 전화 회사가 사람들에게 휴대 전화의 좋은 점이 뭐냐고 질문했다. (　　)
2) 노인들은 드라마나 뉴스를 볼 때 휴대 전화를 많이 사용한다. (　　)

따라해 봅시다

<받침> /ㄹ/

내일 멀리 물건

- **내일** 약속 잊어버리지 않았지?
- **멀리** 있는 가족과 편하게 연락할 수 있어요.
- 휴대 전화로 **물건** 값을 계산합니다.

정리해 봅시다

1. 여러분은 휴대 전화로 무엇을 많이 합니까?
2. 휴대 전화의 좋은 점과 나쁜 점은 무엇일까요? 이야기해 봅시다.

14과

전화

2. 메시지

MP3 / 34

• 학습 목표: 메시지나 메모의 내용을 이해할 수 있다.

Ⅰ. 준비해 봅시다

다음 그림에 맞게 보기 에서 골라 순서대로 쓰십시오.

1)

(　　　　　　)

2)

(　　　　　　)

3)

(　　　　　　)

4)

(　　　　　　)

보기

메시지가 오다　　메모를 남기다　　메시지를 보내다　　메시지를 확인하다

Ⅱ. 들어 봅시다

1 대화를 듣고 레오 씨가 친구들과 함께 하고 싶어 하는 것에 모두 ✔하십시오.

1)

(　　)

2)

(　　)

3)

(　　)

4)

(　　)

5)

(　　)

6)

(　　)

함께　남기다

2 대화를 듣고 앞으로 할 일에 ✔하십시오.

1)

❶ (   )

❷ (   )

2)

❶ (   )

❷ (   )

3)

❶ (   )

❷ (   )

4)

❶ (   )

❷ (   )

[3-4] 메시지를 듣고 질문에 답하십시오.

3 이 사람은 에릭 씨에게 왜 전화했습니까? 빈칸에 알맞은 말을 쓰십시오.

7시에 ________ 에서 만나서 밥을 먹고 ________ 에 가자고 하려고 전화했다.

4 맞으면 O, 틀리면 X 하십시오.

1) 에릭 씨는 지금 회사에 있다. (   )

2) 노라 씨는 서울역에 도착해서 에릭 씨에게 전화를 할 것이다. (   )

출발하다　남산　서울역

[5-7] 대화를 듣고 질문에 답하십시오.

5 레오 씨는 왜 친구를 못 만났습니까? (　　)

❶ 레오 씨가 일이 바빠서
❷ 레오 씨가 늦게 일어나서
❸ 레오 씨 친구가 다른 약속이 있어서
❹ 레오 씨 친구가 회사에 급한 일이 있어서

6 레오 씨는 왜 친구와 연락이 되지 않았습니까?

7 맞으면 ○, 틀리면 X 하십시오.

1) 레오 씨는 약속을 바꾸려고 친구에게 메시지를 보냈다. (　　)
2) 레오 씨는 이번 주말에 친구와 만날 약속을 했다. (　　)

III. 읽어 봅시다

하늘아, 엄마가 네가 좋아하는 만두를 조금 만들어 가지고 왔는데 집에 없구나. 전화를 걸었는데 받지 않네. 지금 수업 중인 것 같다. 30분 동안 기다렸는데 오지 않아서 메모를 남기고 집에 가려고 한다.

형이 다음 주에 할아버지 생신이니까 가족이 다 함께 식사 한번 하자고 한다. 오랜만에 좋은 식당을 예약한다고 했어. 그러니까 꼭 와라. 또 형이 여자 친구를 우리 가족에게 소개해 준다고 한다. 요즘 공부 때문에 좀 바쁘겠지만 이번 가족 모임에 꼭 왔으면 좋겠다. 형이 할아버지 생신 케이크 좀 사 오라고 했는데 엄마가 바쁘니까 네가 좀 사 가지고 와라.

할아버지도 오랜만에 가족이 모두 모이니까 기뻐하신다. 그러니까 잊으면 안 된다. 간단하게 쓰려고 했는데 길어졌구나. 시간 있으면 엄마한테 전화 한번 해라.

-사랑하는 엄마가

낮잠　깜빡　꼭　기쁘다

1 하늘 씨 어머니는 오늘 왜 하숙집에 왔습니까? (　　)

① 하늘 씨 여자 친구를 만나고 싶다.
② 하늘 씨와 케이크를 같이 먹고 싶다.
③ 하늘 씨의 생일이 다음 주이기 때문이다.
④ 하늘 씨가 먹을 만두를 만들어 가지고 왔다.

2 하늘 씨는 다음 주에 있는 가족 모임에 무엇을 준비해야 합니까?

3 맞으면 ○, 틀리면 X 하십시오.

1) 하늘 씨 어머니는 하숙집에서 기다리다가 메모를 남겼다. (　　)
2) 하늘 씨는 바빠서 다음 주 가족 모임에 가지 않아도 된다. (　　)

따라해 봅시다

<ㅎ소리 줄이기> 받침/ㅎ/ 뒤에 /ㅇ/이 올 때 /ㅎ/을 발음하지 않는다.

좋아하는[조아하는] 놓으세요[노으세요] 낳았어요[나아써요]

- 네가 **좋아하는** 만두를 좀 만들어 가지고 왔어.
- 책상 위에 휴대 전화를 **놓으세요**.
- 이모가 조카를 **낳았다고** 메시지를 보냈어요.

정리해 봅시다

1. 요즘 친구들과 메시지로 무슨 이야기를 합니까?
2. 메시지를 잘못 보낸 적이 있습니까? 무슨 문제가 생겼습니까?

복습

MP3 / 35

1 다음을 읽고 질문에 답하십시오.

저는 한국 친구에게 어디에서 통장을 만들면 되냐고 물어본 적이 있습니다. 친구가 우체국에서 통장을 만들면 여러 가지로 편하니까 거기에서 통장을 만들라고 했습니다. 그래서 한국에 와서 우체국 통장부터 하나 만들었습니다.

우체국에 갔는데 사람들이 많았습니다. 돈을 찾는 사람, 체크 카드를 신청하는 사람, 택배를 보내는 사람, 다른 나라로 소포를 부치는 사람, 많은 사람들이 우체국에 있었습니다. 번호표를 뽑았는데 내 앞에 30명이나 있었습니다. 기다리는 동안 휴대 전화로 음악을 들으면서 잡지를 봤습니다. 20분쯤 후에 직원이 내 번호를 불러서 여권을 내고 통장을 만들었습니다.

우체국 직원은 우체국 앱을 다운로드 받으면 휴대 전화로 인터넷 뱅킹과 택배 서비스까지 모두 이용할 수 있다고 했습니다. 저는 휴대 전화로 보통 인터넷을 하거나 동영상을 보는데 여러 가지 다른 일도 할 수 있어서 신기했습니다. 하숙비를 낼 때도 (가)에 직접 갈 필요가 없고, 인터넷 쇼핑으로 물건을 샀다가 바꿀 때도 쉽게 (나)를 신청할 수 있습니다. 휴대 전화로 이렇게 많은 우체국 서비스를 이용할 수 있어서 생활이 더 편해진 것 같습니다.

1) 이 글은 무엇에 대한 글입니까? (　　)

① 통장　② 우체국　③ 휴대 전화　④ 인터넷 뱅킹

2) 맞지 않는 것을 고르십시오. (　　)

① 통장을 만들려면 여권이 있어야 합니다.
② 우체국 앱으로 다른 사람에게 돈을 보낼 수 있습니다.
③ 이 사람은 한국에 와서 먼저 우체국 통장을 만들었습니다.
④ 통장을 만들 때 이 사람 앞에 다른 사람이 조금 있었습니다.

3) 빈 칸에 알맞은 것을 보기 에서 골라 쓰십시오.

보기

통장　은행　택배　소포

가 (　　　　)　나 (　　　　)

2 대화를 듣고 질문에 답하십시오.

1) **대화를 듣고 다음의 내용을 시간의 순서대로 쓰십시오.**

❶ 여자가 우체국에 택배를 신청합니다.

❷ 택배 직원이 여자에게 전화를 합니다.

❸ 택배 직원이 여자의 집에 메모를 남깁니다.

❹ 택배 직원이 3시에 여자의 집을 방문합니다.

(　　　　　) → (　　　　　) → (　　　　　) → (　　　　　)

2) **맞는 것을 고르십시오. (　　)**

❶ 여자는 어제 택배 직원을 만났습니다.

❷ 여자는 아직 물건을 보내지 못했습니다.

❸ 여자는 지금 우체국에서 이야기를 하는 중입니다.

❹ 여자는 전화를 걸어서 우체국 택배를 신청했습니다.

문화

공과금 자동 납부기

은행에 가면 현금 자동 인출기 옆에 공과금 자동 납부기를 볼 수 있습니다. 이전에는 집 관리비나 가스비, 수도 요금, 전화 요금을 낼 때 창구에서 번호표를 뽑고 오래 기다려야 했습니다. 하지만 이제는 공과금 자동 납부기가 있어서 은행 통장이나 카드가 있으면 줄을 서지 않고 바로 납부할 수 있습니다. 최근에는 신용 카드나 인터넷 뱅킹으로 더 간편하게 낼 수 있게 되었습니다.

1. **공과금 자동 납부기에서 무엇을 할 수 있습니까?**
2. **여러분 나라에서 공과금을 어떻게 냅니까?**

신기하다　우편함　맞추다

15과 예약과 주문

1. 식당 예약

MP3 / 36

• 학습 목표: 다양한 방법으로 식당을 예약하는 내용을 이해할 수 있다.

Ⅰ. 준비해 봅시다

다음 이야기의 빈칸에 알맞은 단어를 보기에서 찾아 쓰십시오.

* 안내 *

'우리 식당'이 문을 연 지 10년이 되었습니다!!
감사의 마음을 담아 손님 여러분께
무료로 식사하실 수 있는 기회를 드리려고 합니다.
저희 홈페이지에 들어오셔서 (   )을/를
해 주십시오. 먼저 식사하러 오실 (   )을/를
고르신 후에 (   )을/를 남겨 주십시오.
열 분을 뽑아서 원하는 날 앉으실 수 있는
(   )을/를 따로 준비하겠습니다.

보기

날짜
연락처
예약
예약석

Ⅱ. 들어 봅시다

1 문장을 듣고 맞는 그림에 ✔하십시오.

1)

① (   )

② (   )

2)

① (   )

② (   )

3)

① (   )

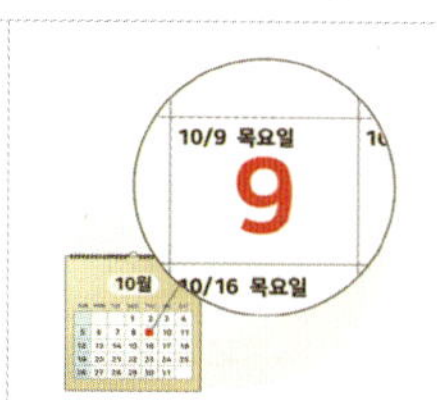

② (   )

4)

① (   )

② (   )

기회 날짜 예약석 분위기 카페 공휴일 연말

2 유키와 윤아는 식당에서 무슨 이야기를 했습니까? 대화를 듣고 빈칸에 알맞은 표현을 고르십시오.

윤아가 유키에게 물을 (주라고, 달라고) 했습니다. 유키가 윤아에게 주문을 해 (주라고, 달라고) 하고 동생에게 물을 (주라고, 달라고) 했습니다. 윤아가 유키에게 동생에게 냉면이 무엇인지 설명해 (주라고, 달라고) 했습니다.

[3-4] 대화를 듣고 질문에 답하십시오.

3 여자가 예약한 내용입니다. 빈칸에 알맞은 단어를 쓰십시오.

시간 : ______ 월 ______ 일 ______ 요일 ______ 시
사람 : ______ 명

4 맞으면 O, 틀리면 X 하십시오.

1) 여자의 생일 파티를 하려고 식당을 예약했다. ( )
2) 식당 주인은 여자에게 이름과 연락처를 말해 달라고 했다. ( )

[5-7] 대화를 듣고 질문에 답하십시오.

5 존은 하늘이에게 무엇을 부탁했습니까?

______

6 예약하는 순서를 찾아 번호를 쓰십시오.

❶ 연락처 쓰기
❷ '예약하기' 버튼 누르기
❸ 식사하는 사람 수 고르기
❹ 예약 날짜와 시간 고르기
❺ '예약 신청하기' 버튼 누르기

( ) → (❹) → ( ) → ( ) → ( )

잠시만요 성함 계속 마지막

7 맞지 않는 것을 고르십시오. (　　)

❶ 존은 친구 두 명과 같이 식사할 것이다.
❷ 예약 신청이 끝나면 문자 메시지가 온다.
❸ 인터넷으로 예약하면 음료수를 무료로 준다.
❹ 존의 친구들이 하늘이에게 예약을 부탁했다.

III. 읽어 봅시다

다음 주 수요일부터 연휴가 시작되는데 그때 고향에서 언니와 조카가 온다. 일 년 만에 그리운 가족을 만날 수 있어서 정말 기대가 된다. 어제는 언니에게 전화를 해서 한국에서 무엇을 하고 싶냐고 물었다. 언니는 한국 방문이 처음이어서 한국에서 지내는 동안 여러 가지 경험을 하고 싶어 했다. 유명한 관광지를 안내해 달라고 하고 고향에서는 맛볼 수 없는 한국 음식을 먹고 싶다고 했다. 한국 드라마에 관심이 많은 조카는 방송국을 안내해 달라고 했다. 그리고 드라마에서 본 매운 음식을 먹어 보고 싶다고 했다. 조카가 한국의 매운 음식을 먹을 수 있을까?

맛집을 많이 아는 친구에게 매운 음식을 맛있게 하는 식당을 좀 소개해 달라고 했다. 친구가 식당 몇 곳을 알려 줬다. 그중 한 식당은 인기가 많은 곳이라서 휴일에 가려면 예약을 꼭 해야 한다고 했다. 그래서 오늘 전화를 걸어서 바로 예약을 했다. 한국을 여행하는 동안 가족들이 양식도 먹고 싶어 할 것 같아서 인터넷에서 좀 알아봤다. 뷔페 식당을 하나 찾았는데 세계 여러 나라의 음식이 있는 곳이라서 우리 가족에게 좋을 것 같았다. 예약을 할 때 자리를 고를 수 있다고 해서 조용한 자리로 달라고 했다.

언니와 조카가 오면 좀 바빠지겠지만 연휴를 행복하게 보낼 수 있을 것 같다.

기대　경험　알리다　뷔페

1 이 사람은 왜 식당을 예약했습니까?

2 다음 사람이 한국에서 하고 싶어 하는 것은 무엇입니까? 맞는 문장을 연결하십시오.

1) 언니 •
2) 조카 •

• ❶ 관광지에 가고 싶다.
• ❷ 방송국에 가고 싶다.
• ❸ 매운 음식을 먹고 싶다.
• ❹ 고향에서 먹을 수 없는 음식을 먹고 싶다.

3 맞는 것을 고르십시오. (　　)

❶ 언니는 전에 한국에 온 적이 없다.
❷ 휴일에는 인기가 많은 식당을 예약할 수 없다.
❸ 뷔페 식당에서 식사할 때 좀 시끄러울 것이다.
❹ 친구가 매운 음식을 잘하는 식당을 예약해 주었다.

따라해 봅시다

<흐름소리 2> /ㄹ/ 뒤에서 /ㄴ/ → [ㄹ]

일 년 [일련] 설날 [설랄] 실내 [실래]

- **일 년** 만에 가족을 만납니다.
- **설날** 연휴에 여행하려고 호텔을 예약했다.
- 날씨가 추우니까 **실내**에 있는 자리로 부탁합니다.

정리해 봅시다

1. 여러분은 식당을 결정할 때 무엇을 제일 중요하게 생각합니까?
2. 여러분은 한국에서 식당을 예약한 적이 있습니까? 어떻게 했습니까?

15과 예약과 주문

2. 배달 주문

MP3 / 37

• 학습 목표: 음식을 배달 시키고 확인하는 내용을 이해할 수 있다.

Ⅰ. 준비해 봅시다

문자 메시지의 빈칸에 알맞은 단어를 보기에서 골라 쓰십시오.

우리 배 고픈데 나가서 떡볶이 먹고 올까? 오후9:04

떡볶이 좋아. 그런데 나가기 좀 귀찮은데 우리 (　　　　　　)어서/아서/여서 먹자. 오후9:04

그러자. 그런데 가게에서 이 시간에 (　　　　　　) 어/아/여 줄까? 오후9:05

응, 아직 9시니까 괜찮을 거야. 내가 전화해서 떡볶이하고 튀김을 (　　　　　　)을게/ㄹ게. 오후9:05

알겠어. 이따가 (　　　　　　)으면/면 다시 문자 보내 줘. 네 방으로 갈게. 오후9:05

보기

주문하다,
배달하다,
배달되다,
배달 시키다

Ⅱ. 들어 봅시다

1 대화를 듣고 맞는 그림에 ✔하십시오.

1)

❶ (　　　)

❷ (　　　)

2)

❶ (　　　)

❷ (　　　)

3)

❶ (　　　)

❷ (　　　)

4)

❶ (　　　)

❷ (　　　)

주문하다　배달하다　배달되다　배달 시키다　판　신용 카드　결제하다

2 대화를 듣고 유키 씨가 전에 해 본 일에 모두 ✔하십시오.

❶ (　　)

❷ (　　)

❸ (　　)

❹ (　　)

❺ (　　)

[3-4] 대화를 듣고 질문에 답하십시오.

3 남자는 왜 전화했습니까? (　　)

❶ 자장면을 주문하려고
❷ 배달 주소를 물어보려고
❸ 배달이 늦어서 물어보려고
❹ 배달이 되는지 물어보려고

4 맞으면 O, 틀리면 X 하십시오.

1) 남자는 조금 후에 회의에 들어가야 한다. (　　)
2) 남자는 앞으로 30분 정도 더 기다려야 한다. (　　)

[5-7] 대화를 듣고 질문에 답하십시오.

5 리타오 씨는 지금 무엇을 하러 갑니까?

6 맞는 것을 고르십시오. (　　)

❶ 주문한 음식은 한 가지이다.
❷ 전화를 걸어서 배달을 주문했다.
❸ 리타오 씨는 휴대 전화로 결제했다.
❹ 리타오 씨는 건물 밖에서 기다릴 것이다.

팥빙수　늘　방금　간단하다　종류

7 주앙 씨가 전에 시켰던 곳에서는 배달에 무슨 문제가 있었습니까?

헤이 피자 전화

배달 시간 매일 오전 11:00-오후 11:00
주소 서울시 서대문구 창천동
배달 거리 1.5 km
점수 4.1

★ 피자를 한 판만 주문하시면 배달비(3,000원)가 있습니다. 두 판 이상 주문하거나 피자와 치킨을 같이 시키면 배달비가 무료입니다.
★ 큰 사이즈 피자를 주문하시면 콜라나 사이다를 무료로 드립니다.

메뉴
피자 ▶
치킨 ▶
음료 ▶

장바구니 | 주문 | 결제

피자 이딸리 전화

배달 시간 매일 오전 11:30-오후 10:00
주소 서울시 마포구 상수동
배달 거리 2 km
점수 4.3

★ 10,000원 이상 주문하셔야 배달됩니다. (배달비 1,000원)
★ 전에 주문하셨던 손님께는 다음에 쓸 수 있는 20% 할인 쿠폰을 드립니다.

메뉴
피자 ▶
파스타 ▶
음료 ▶

장바구니 | 주문 | 결제

1 이 글은 무엇입니까? (　　)

❶ 식당 홈페이지　　❷ 배달 서비스 앱
❸ 예약 서비스 앱　　❹ 맛집 안내 블로그

거리　점수　배달비　파스타　장바구니

2 이 글을 본 사람들이 할 수 있는 말로 맞지 않는 것은 무엇입니까? (   )

① "오전 11시니까 <헤이 피자>에서 시킬 수 있겠어요."
② "파스타도 먹고 싶은데 <피자 이딸리>에서 시킬까요?"
③ "<피자 이딸리>에서 주문하면 항상 쿠폰을 받을 수 있어."
④ "<헤이 피자>에서 피자와 치킨을 시켰으니까 배달비를 안 내도 돼."

3 빈칸에 알맞은 단어를 고르십시오.

<헤이 피자>는 <피자 이딸리>보다 배달 시간이 더 (길다, 짧다). 배달 거리는 더 (멀다, 가깝다). 그리고 점수는 더 (높다, 낮다). 큰 사이즈의 피자를 주문하면 (음료수, 쿠폰)을/를 받을 수 있다.

따라해 봅시다

<모음 /ㅢ/> /ㅢ/가 뒤에 올 때는 [의] 또는 [이]로 발음한다.

회의 [회의/회이] 거의 [거의/거이] 문의 [무니]

- **회의**를 시작하기 전에 음식을 시킵시다.
- 주문한 음식이 도착할 시간이 **거의** 다 됐어요.
- 음식에 대해서 **문의**하려면 식당에 직접 전화하세요.

정리해 봅시다

1. 한국에서 배달을 시켜 본 적이 있습니까? 무엇을 배달 시켰습니까?
2. 여러분 나라와 한국의 배달 서비스는 어떻게 다릅니까? 이야기해 보십시오.

16과 건강

1. 병원

MP3 / 38

• 학습 목표: 친구나 의사 선생님에게 아픈 증세를 설명하는 내용을 이해할 수 있다.

Ⅰ. 준비해 봅시다

보기 에서 관계가 있는 것을 골라 쓰십시오.

1) 밥을 급하게 많이 먹어서 속이 불편해요. (　　)
2) 목이 붓고 기침이 심해요. (　　)
3) 아이스크림을 많이 먹어서 배가 아파요. (　　)
4) 과일과 채소를 잘 먹지 않아서 일주일 동안 화장실에 못 갔어요. (　　)

보기

감기에 걸리다　　배탈이 나다　　소화가 안 되다　　변비가 있다

Ⅱ. 들어 봅시다

1 대화를 듣고 알맞은 것을 모두 골라 ✔하십시오.

1)

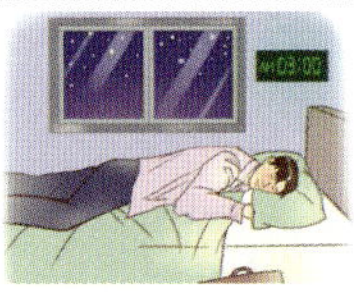
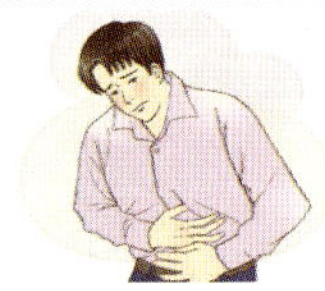

❶ (　　)　❷ (　　)　❸ (　　)

2)

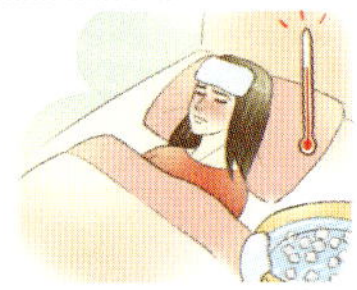

❶ (　　)　❷ (　　)　❸ (　　)

3)

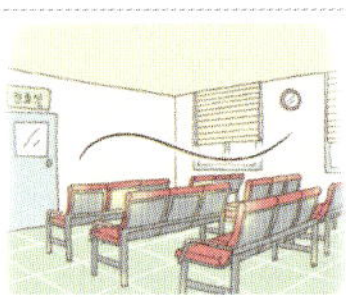

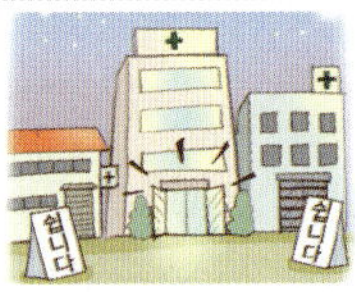

❶ (　　)　❷ (　　)　❸ (　　)

4)

❶ (　　)　❷ (　　)　❸ (　　)

속　붓다　감기에 걸리다　환자　배탈이 나다　소화　변비　기침을 하다　열이 나다

2 이야기를 듣고 이 사람이 병원에서 한 일을 모두 고르십시오.(　　,　　)

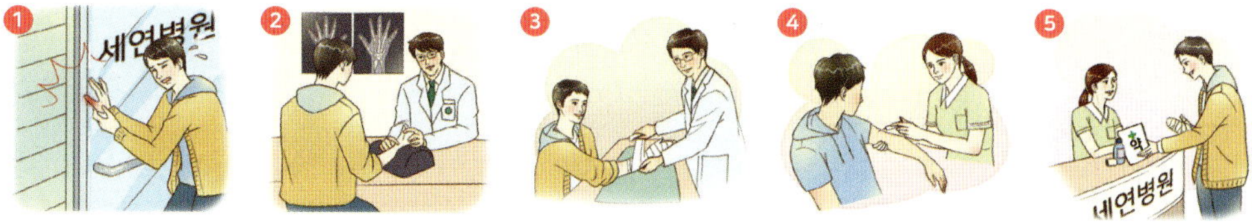

[3-4] 대화를 듣고 질문에 답하십시오.

3 주앙 씨는 어디가 어떻게 아팠습니까?

4 맞으면 O, 틀리면 X 하십시오.

1) 주앙 씨는 지난주보다 많이 좋아졌다.　(　　)

2) 흐엉 씨가 주앙 씨에게 병원에 가 보라고 이야기했다.　(　　)

[5-7] 대화를 듣고 질문에 답하십시오.

5 여자의 증세로 맞지 않는 것을 고르십시오. (　　)

① 배가 많이 아프다.
② 소화가 잘 안 된다.
③ 화장실에 자주 간다.
④ 배에서 소리가 자주 난다.

6 맞는 것을 고르십시오. (　　)

① 요즘 날씨가 춥다.
② 여자는 감기에 걸렸다.
③ 약을 다 먹은 후에 꼭 병원에 와야 한다.
④ 여자는 아이스크림과 빙수를 많이 먹었다.

7 여자는 앞으로 어떻게 해야 합니까?

넘어지다　검사　깁스를 하다　짓다　낫다　차다　심하다

요즘 날씨가 더워서 밤마다 에어컨을 켜고 잤다. 그런데 어제 아침부터 갑자기 몸이 떨리고 목도 너무 아팠다. 기침도 심한 데다가 콧물도 났다. 좀 쉬면 괜찮아질 것 같아서 푹 잤다. 자고 일어났는데 목이 더 아프고 열도 많이 났다. 그래서 집 근처에 있는 병원에 갔다.

한국 병원에 처음 가는 것이라서 좀 무섭기도 하고 걱정도 되었다. 병원에는 의사 선생님을 만나려고 기다리는 환자들이 많았다. 기다리는 동안 한국말로 어떻게 설명해야 좋을지 생각했다. 내 차례가 되어서 선생님을 만나려고 들어갔다. 의사 선생님은 아주 친절하게 어디가 언제부터 아팠는지 물어보시고 내가 대답을 할 때까지 기다려 주셨다. 내 이야기를 듣고 몇 가지를 검사하신 후에 심한 감기에 걸렸다고 말씀하셨다. 밤마다 에어컨을 켜고 자서 감기에 걸린 것 같다고 하셨다. 목이 많이 부었으니까 찬 음식을 먹으면 안 된다고 하셨다. 목을 따뜻하게 하고 약은 사흘 동안 먹으라고 하셨다. 그리고 밤에 에어컨을 계속 켜고 자면 감기가 심해질 수 있기 때문에 감기가 나을 때까지는 에어컨을 켜고 자면 안 된다고 하셨다.

몸이 아프니까 공부도 하기 싫고 생활하는 것이 너무 힘들다. 앞으로는 에어컨을 켜고 자지 말아야겠다. 빨리 감기가 나았으면 좋겠다.

1 이 사람은 왜 병원에 갔습니까?

콧물이 나다

2 맞지 않는 것을 고르십시오. (　　)

1. 병원에서 몇 가지 검사를 받았다.
2. 이 사람은 기침이 심하고 열도 났다.
3. 병원에 가기 전에 집에서 약을 먹었다.
4. 이 사람은 전에 한국에서 병원에 가 본 적이 없다.

3 의사가 한 말이 아닌 것을 고르십시오. (　　)

1. 약을 4일 동안 드세요.
2. 목을 따뜻하게 하세요.
3. 찬 음식을 드시면 안돼요.
4. 에어컨을 켜고 자면 안돼요.

따라해 봅시다

<입천장 소리 1> /ㅈ/ /ㅉ/ /ㅊ/

주다 오른쪽 차다

- 내가 대답할 때까지 기다려 **주셨다**
- **오른쪽** 다리를 다쳤다
- **찬** 음식을 많이 먹어서 배탈이 났다

정리해 봅시다

1. 감기에 걸리면 증세가 어떻습니까?
2. 한국의 병원에 가 본 적이 있습니까? 여러분 나라의 병원과 무엇이 다릅니까?

16과 건강

2. 약국

MP3 / 39

• 학습 목표: 약의 종류와 효과를 설명하는 내용을 이해할 수 있다.

Ⅰ. 준비해 봅시다

이 사람에게 무슨 약이 필요합니까? 보기 에서 관계가 있는 것을 골라 쓰십시오.

1) 다리를 다쳐서 피가 납니다. (　　　)
2) 밥을 많이 먹어서 소화가 안 됩니다. (　　　)
3) 머리가 아파서 잠을 잘 수 없습니다. (　　　)
4) 기침을 많이 해서 목이 쉬었습니다. (　　　)

보기

기침약　　두통약　　소독약　　소화제　　변비약　　한약

Ⅱ. 들어 봅시다

1 대화를 듣고 무엇을 할지 알맞은 것에 ✔하십시오.

1)

❶ (　　)

❷ (　　)

2)

❶ (　　)

❷ (　　)

3)

❶ (　　)

❷ (　　)

4)

❶ (　　)

❷ (　　)

기침약　소독약　소화제　두통　두통약　변비약　한약　종합　감기약

2 대화를 듣고 어떤 치료를 받아야 하는지 알맞은 것을 연결하십시오.

1) 2) 3) 4)

❶ 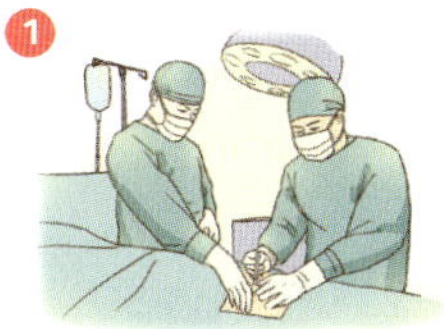

❷ 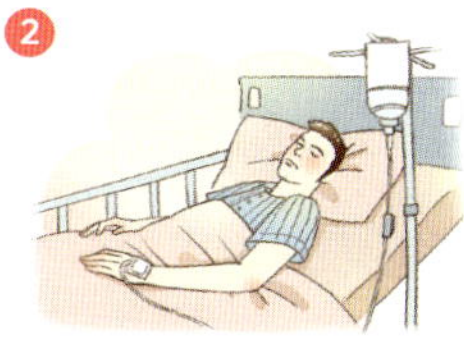

❸ 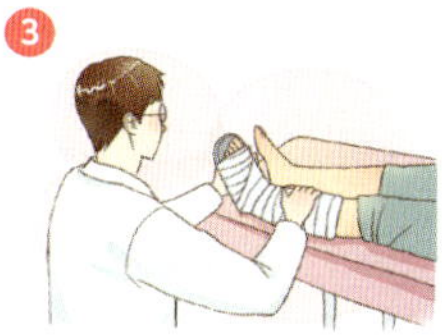

❹ 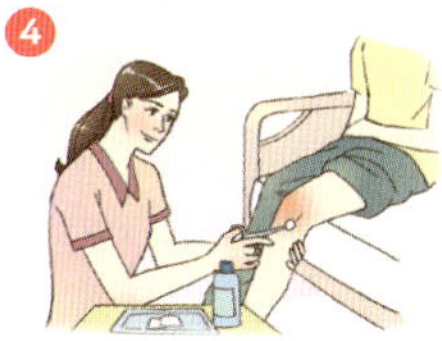

[3-4] 대화를 듣고 질문에 답하십시오.

3 존 씨가 갈 곳을 고르십시오. (　　)

❶ 집　❷ 병원　❸ 약국　❹ 편의점

4 맞으면 O, 틀리면 X 하십시오.

1) 존 씨는 약국이 어디에 있는지 모른다. (　　)

2) 노라 씨는 지금 소화제를 먹어야 한다. (　　)

[5-7] 대화를 듣고 질문에 답하십시오.

5 이 사람은 어디가 왜 아픕니까?

6 맞는 것을 고르십시오. (　　)

❶ 오늘은 주말이다.

❷ 이 사람은 평소에 물을 잘 마시지 않는다.

❸ 이 사람은 여기에 오기 전에 병원에 다녀왔다.

❹ 채소와 과일을 많이 먹으면 약을 안 먹어도 된다.

수술을 받다　바르다　입원　평소　도움

7 이 사람이 먹을 약은 무엇입니까? (   )

❶ 소화제 ❷ 감기약 ❸ 두통약 ❹ 변비약

쉬는 날이나 늦은 밤에 갑자기 아플 때 걱정 많으셨죠? 병원에 갈 수 없을 때는 약이라도 먹어야겠죠? 이 약 상자에는 급할 때 필요한 약들이 들어있기 때문에 이것만 있으면 쉽게 치료할 수 있습니다.

아이가 놀다가 넘어졌을 때 그냥 약만 바르십니까? 아주 작은 상처도 빨리 소독하지 않으면 안 됩니다. 다친 곳을 소독한 후에 약을 발라야 상처가 심해지지 않습니다.

※다친 곳에 한두 번만 발라 주시면 됩니다.

두통이 심해서 밤에 잠을 잘 못 주무십니까? 두통 때문에 일이나 공부를 할 때 힘드십니까? 이런 분들에게는 이 약이 필요합니다.

※이 약은 하루에 세 알 이상 드시면 안 됩니다.

밥을 많이 먹어서 속이 불편하십니까? 속이 불편하시거나 소화가 안 될 때는 이 약을 드시면 됩니다.

※식사를 하고 30분 후에 드셔야 합니다.

아이가 감기에 걸려서 열이 나는 데다가 기침까지 심하면 너무 걱정되시죠? 그럴 때 이 약을 먹으면 좋습니다.

※이 약은 바닥에 있는 약을 잘 섞어야 하기 때문에 흔들어서 먹지 않으면 안 됩니다.

상처 다치다 치료 알 어린이 흔들다

1 무엇을 광고하는 글입니까?

__________ 는/은/ㄴ 약

2 맞는 것을 고르십시오. (   )

❶ 두통약은 하루에 4알 먹어도 된다.
❷ 이 약 상자에는 여러 가지 약이 있다.
❸ 소화제는 밥을 먹고 바로 먹어야 한다.
❹ 어린이 감기약을 먹으면 콧물이 나지 않는다.

3 맞으면 O, 틀리면 X 하십시오.

1) 작은 상처는 소독하지 않아도 된다. (   )
2) 어린이 감기약은 먹기 전에 잘 흔들어야 한다. (   )

따라해 봅시다

<입천장 소리 2> /ㄷ/ + /ㅣ/ → [ㅈ]

굳이[구지] 해돋이[해도지]

/ㅌ/ + /ㅣ/ → [ㅊ]

같이[가치] 닫히다[다치다]

- **굳이** 약국까지 가지 않아도 약을 살 수 있어요.
- 이 약은 우유와 **같이** 먹으면 안 돼요.
- 문이 갑자기 **닫혀서** 손을 다쳤어요.

정리해 봅시다

1. 여러분은 한국 약국에 가 본 적이 있습니까? 무슨 약을 사러 갔습니까?
2. 감기에 걸렸을 때 어떻게 하면 좋습니까?

복습

MP3 / 40

1 대화를 듣고 질문에 답하십시오.

1) **두 사람은 무엇을 이야기하지 않았습니까? (　　)**

① 날짜　　② 자리
③ 메뉴　　④ 사람 수

2) **맞지 않는 것을 고르십시오. (　　)**

① 노라 씨는 이 식당에 가 본 적이 있다.
② 이 식당에는 주차장이 있어서 차를 가지고 와도 된다.
③ 주말에 창가 자리에 앉으려면 예약을 일찍 해야 한다.
④ 노라 씨는 지난번에 앉았던 창가 자리에 다시 앉을 것이다.

3) **왜 직원이 주차를 도와줍니까?**

2 다음을 읽고 질문에 답하십시오.

그제 저녁에 친구들과 함께 멋있는 레스토랑에 갔다. 분위기도 좋은 데다가 음식도 정말 맛있어서 평소보다 많이 먹었다.

그런데 음식을 먹은 후에 속이 안 좋고 배가 아프기 시작했다. 다른 친구들은 괜찮았는데 나만 배가 너무 아팠다. 화장실에도 여러 번 가고 속이 계속 불편했다. 약을 먹었지만 계속 배가 아파서 지난번에 감기에 걸렸을 때 갔던 병원에 갔다.

병원에서 조금 기다린 후에 의사 선생님을 만났다. 선생님께서는 언제부터 아팠는지 어떻게 아픈지 말해 달라고 하셨다. 선생님은 내가 배탈이 심하게 났다고 하셨다. 빨리 나으려면 음식을 조심하라고 하셨다. 또 쉬는 것이 중요하기 때문에 너무 무리하지 말라고 하셨다. 그리고 약도 잘 먹으라고 하셨다.

배가 아파서 화장실에 자주 가니까 잠도 잘 잘 수 없고 너무 힘들다. 약을 먹고 빨리 나았으면 좋겠다.

1) **이 사람은 왜 병원에 갔습니까?**

2) **맞는 것을 고르십시오. (　　)**

① 이 사람은 약을 먹고 변비가 많이 좋아졌다.
② 이 사람은 전에 감기에 걸려서 이 병원에 갔다.
③ 이 사람과 같이 밥을 먹은 사람들이 모두 아프다.
④ 이 사람이 간 식당은 분위기가 좋았지만 음식은 맛이 없었다.

문화

편의점에서 살 수 있는 약

약은 약국에서만 살 수 있을까요? 요즘에는 편의점에서도 약을 살 수 있습니다. 늦은 밤이나 주말에 약국이 문을 닫았을 때도 편의점에 가면 진통제, 소화제, 소독약, 파스, 해열제, 감기약 등 생활에 필요한 약들이 준비되어 있습니다. 그러나 약을 너무 많이 먹으면 문제가 생길 수 있기 때문에 똑같은 약을 한 번에 여러 개 사면 안 됩니다. 급하게 약이 필요할 때는 편의점을 한번 이용해 보세요.

1. **편의점에서는 무슨 약을 살 수 있습니까?**
2. **여러분의 고향에서는 약국이 아닌 곳에서 약을 살 수 있습니까?**

훌륭하다　주차장　무리하다

17과

취미

1. 취미 소개

MP3 / 41

• 학습 목표: 다양한 취미를 소개하는 내용을 이해할 수 있다.

I. 준비해 봅시다

어떤 영화를 좋아합니까? 연결하십시오.

1)  저는 무서운 영화를 정말 좋아해요. • • ❶ 코미디 영화

2)  재미있는 영화를 보고 크게 웃으면 기분이 좋아져요. • • ❷ 액션 영화

3)  저는 미래 세상에 관심이 많아서 그런 영화를 자주 봐요. • • ❸ 공포 영화

4)  제 아내는 로맨틱한 영화를 좋아하지만 저는 액션 장면이 많은 영화를 좋아해요. • • ❹ 공상과학영화

II. 들어 봅시다

1 문장을 듣고 알맞은 그림을 고르십시오.

1) (　　)

2) (　　)

3) (　　)

4) (　　)

❶

❷

❸

❹

코미디　액션　공포　공상 과학　웃다　미래　세상　로맨틱하다　장면　거의

2 이야기를 듣고 언니가 아주 잘하거나 자주 하는 것에 모두 ✔하십시오.

노래	
춤	
한국말	
한국 영화	

[3-4] 대화를 듣고 질문에 답하십시오.

3 에릭 씨와 흐엉 씨의 취미는 무엇입니까?

에릭	흐엉

4 맞으면 O, 틀리면 X 하십시오.

1) 에릭 씨는 시간이 없어서 볼링장에 못 간다. ( )
2) 흐엉 씨는 베트남 요리를 맛있게 만들 수 없다. ( )

[5-7] 대화를 듣고 질문에 답하십시오.

5 레오 씨와 올리비아 씨의 취미는 무엇입니까? 모두 연결하십시오.

1) 레오 • • ① 여행
2) 올리비아 • • ② 사진 찍기

6 레오 씨가 생각하는 여행의 좋은 점은 무엇입니까? ( )

① 많은 경험을 할 수 있다.
② 유명한 곳을 가볼 수 있다.
③ 예쁜 사진을 찍을 수 있다.
④ 친구들을 많이 사귈 수 있다.

이상하다 볼링 즐기다

7 맞으면 O, 틀리면 X 하십시오.

1) 레오 씨는 외국 사람들과 여행을 많이 했다. (　　)

2) 올리비아 씨는 한국에서 바빠서 취미 생활을 자주 즐기지 못했다. (　　)

III. 읽어 봅시다

12 | 연세

한국 사람들은 취미 생활로 무엇을 많이 할까?

한국 사람들은 취미 생활로 무엇을 많이 할까? 15세부터 60세까지의 남녀 3,000명에게 물어본 결과이다.

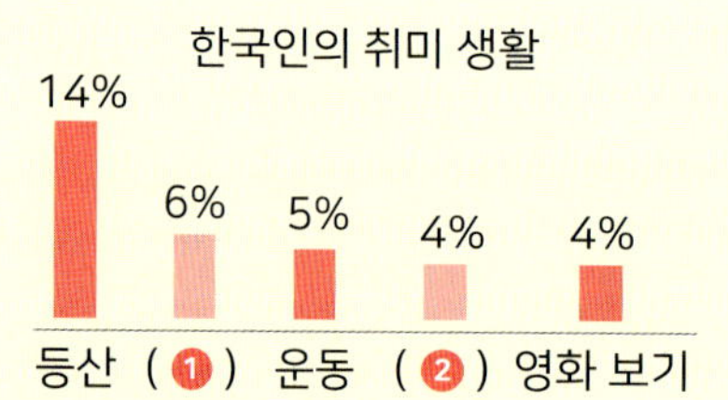

❶ ______________________

❷ ______________________

취미 생활 중에서 한국 사람들에게 등산(14%)만큼 인기가 있는 것은 없다. 그 다음으로 한국 사람들이 많이 즐기는 것은 음악 듣기(6%)이다. 운동(5%), 게임(4%), 영화 보기(4%) 등도 자주 한다.

40대 이후의 사람들은 취미 생활로 등산을 제일 많이 한다. 그러나 20대는 음악 듣기를 많이 즐긴다. 그리고 음악을 듣는 것만큼 영화도 자주 본다. 혼자 있을 때는 음악을 많이 듣고 친구들을 만났을 때는 영화를 많이 본다고 한다.

그럼 한국 사람들은 어떤 영화를 좋아할까? 한국 사람들이 가장 좋아하는 영화 종류는 액션(26%)이다. 공상과학영화(20%), 드라마(12%), 로맨틱 코미디(10%)도 좋아한다.

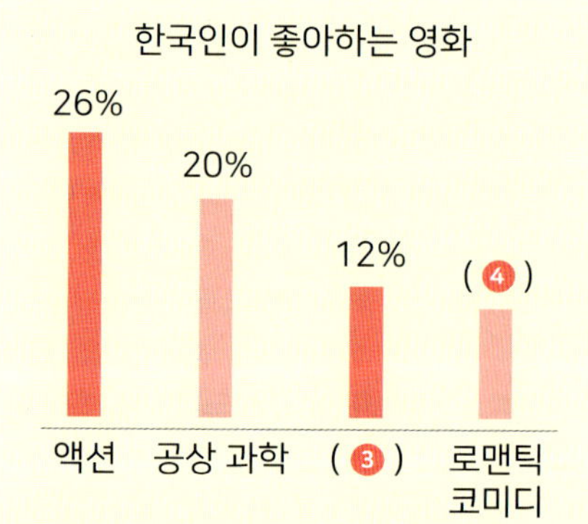

❸ ______________________

❹ ______________________

남자는 모든 나이의 사람들이 액션 영화를 제일 좋아하고 자주 본다. 여자도 제일 좋아하는 영화가 액션이다. 그러나 대부분의 여자들이 액션을 좋아해도 10대 여자는 로맨틱 코미디를 액션보다 더 좋아한다고 한다.

세　결과　등　이후　드라마

1 글을 읽고 그래프의 빈칸을 채우십시오.

2 맞는 것을 고르십시오. (   )

❶ 모든 나이의 사람들이 등산을 제일 자주 한다.
❷ 모든 나이의 남자들이 액션 영화를 제일 좋아한다.
❸ 한국 사람들에게 하고 싶은 취미 생활을 물어봤다.
❹ 한국 사람들은 취미 생활로 등산만큼 운동도 자주 한다.

3 맞으면 O, 틀리면 X 하십시오.

1) 20대는 취미 생활로 음악 듣기보다 영화 보기를 더 즐긴다. (   )
2) 10대 여자들은 액션 영화보다 로맨틱 코미디를 더 좋아한다. (   )

따라해 봅시다

<혀끝소리 1> /ㄷ/ /ㄸ/ /ㅌ/

등산 때 베트남

- 제 취미는 **등산이에요.**
- 시간이 있을 **때면** 음악을 듣습니다.
- 저는 **베트남** 요리를 잘 만들어요.

정리해 봅시다

1. 여러분의 취미는 무엇입니까?
2. 그 취미 생활을 하면 어떤 점이 좋습니까?

17과

취미

2. 취미 활동

MP3 / 42

• 학습 목표: 취미 활동을 설명하는 내용을 이해할 수 있다.

I. 준비해 봅시다

1)과 2)에 있는 단어를 연결해서 문장을 만드십시오.

1)

동전 당구 연극 피아노
게임 강아지 우표 볼링
낚시 드럼 만화책 화분

2)

하다 치다 보다
키우다 모으다

예) 저는 초등학교 때 우표를 모았어요.

II. 들어 봅시다

1 이야기를 듣고 이 사람이 할 줄 아는 것에 모두 ✔하십시오.

❶ (   )

❷ (   )

❸ (   )

❹ (   )

❺ (   )

동전 당구 연극 피아노 강아지 우표 드럼 키우다 모으다 잡다

2 이야기를 듣고 거실에서 가족들과 관계있는 것을 찾아 연결하십시오.

[3-4] 대화를 듣고 질문에 답하십시오.

3 우진 씨와 에릭 씨가 할 줄 아는 것에 모두 ✔하십시오.

	우진	에릭
당구		
농구		
볼링		

4 맞으면 O, 틀리면 X 하십시오.

1) 에릭 씨는 미국에 있을 때 농구를 자주 했다. ( )

2) 두 사람은 오늘 퇴근 후에 당구를 치러 갈 것이다. ( )

[5-7] 대화를 듣고 질문에 답하십시오.

5 주앙이와 하늘이가 할 줄 아는 악기는 무엇입니까?

주앙	하늘

소파 책장 밴드 모습 악기

6 맞는 것을 고르십시오. (　　)

❶ 주앙이는 기분이 나쁠 때 드럼을 친다.
❷ 사진에 주앙이가 고등학교 때 드럼을 치던 모습이 있다.
❸ 주앙이는 고등학교 때 드럼을 쳤지만 지금은 잘 못 친다.
❹ 하늘이는 초등학교 때부터 지금까지 계속 피아노를 배운다.

7 맞으면 O, 틀리면 X 하십시오.

1) 하늘이는 초등학교 때 피아노를 아주 잘 쳤다. (　　)
2) 주앙이는 하늘이에게 드럼을 배울 것이다. (　　)

III. 읽어 봅시다

Q : 안녕하세요? 한국에서 한국어를 공부하고 있는 외국인 학생입니다. 아직 한국어를 잘 못하는데요, 한국어 공부에 도움이 되는 취미 활동이 있을까요? 유학생이라서 무료로 할 수 있으면 더 좋겠습니다.

A : 안녕하세요? 저는 한국에 온 지 5년쯤 된 사람인데요, 제가 처음 왔을 때 자주 하던 것들을 소개해 드리겠습니다. 한국어를 잘 못해도 조금만 할 줄 알면 쉽고 재미있게 할 수 있는 취미 활동들입니다.

1. 한국 친구와 펜팔

편지나 이메일로 하던 펜팔을 요즘에는 모바일 앱이나 에스엔에스(SNS)로 더 쉽고 편하게 할 수 있습니다. 펜팔을 하면 한국 친구를 사귈 수도 있고 한국어나 문화도 배울 수 있습니다.

2. 예쁜 글씨 쓰기

손으로 예쁜 글씨를 쓰는 것도 좋은 취미 활동이 될 수 있습니다. 글씨를 디자인하는 것이라서 한국어를 잘 할 줄 몰라도 괜찮습니다. 종이하고 연필만 있으면 할 수 있고 한국말을 많이 써서 한국어 공부에도 도움이 됩니다.

3. 블로그에 일기 쓰기

블로그를 만들 줄 아시지요? 그럼 한국어로도 블로그를 만들어 보십시오. 블로그에 한국 생활을 일기 같이 쓰면 한국어 공부에 많이 도움이 됩니다. 사진과 함께 올리면 나중에 고향에 돌아간 후에도 한국에서 즐겨 먹던 음식이나 자주 가던 곳을 기억할 수 있어서 좋을 겁니다.

펜팔　옛날

1 이 사람은 어떤 취미 활동을 찾고 있습니까?

__________ 고 __________ 는/은/ㄴ 취미 활동

2 맞지 않는 것을 고르십시오. (   )

❶ 옛날에는 편지나 이메일로 펜팔을 했다.
❷ 블로그에 일기를 쓸 때 사진을 같이 올리면 좋다.
❸ 예쁜 글씨 쓰기를 하려면 종이와 연필이 필요하다.
❹ 이 취미 활동들을 하려면 한국말을 잘 할 줄 알아야 한다.

3 맞으면 ○, 틀리면 X 하십시오.

1) 예쁜 글씨 쓰기를 하면 한국 문화도 배울 수 있다. (   )
2) 블로그에 일기를 쓰면 한국 생활을 잘 기억할 수 있다. (   )

따라해 봅시다

<혀끝소리 1> /ㅅ/ /ㅆ/

사람 비싸서 쓰기

- 저 **사람은** 취미로 한국어를 배워요.
- 스키를 좋아하지만 **비싸서** 자주 못 타요.
- 글씨를 예쁘게 **쓰기** 위해서 연습하고 있어요.

정리해 봅시다

1. 고향에서/어렸을 때 즐기던 취미 활동은 무엇입니까?
2. 요즘은 어떤 취미 활동을 자주 합니까?
   또는 해 보고 싶은 취미 활동이 있습니까?

18과 계획

1. 방학 계획

MP3 / 43

• 학습 목표: 방학과 여행 계획을 세우는 내용을 이해할 수 있다.

Ⅰ. 준비해 봅시다

다음 그림에 맞게 보기 에서 골라 순서대로 쓰십시오.

1) "여름 방학에 프랑스 여행을 가야겠다."

( )

2) "아르바이트를 해서 여행비부터 벌고 출발!"

( )

3) "7월 1일에 출발하는 비행기로 날짜를 바꾸고 싶은데요."

( )

4) "중요한 영어 시험이 있어서 여행을 못 가게 됐어요."

( )

보기

계획이 있다	계획을 세우다
계획을 취소하다	계획을 연기하다

Ⅱ. 들어 봅시다

1 문장을 듣고 알맞은 대답을 연결하십시오.

1) • • ① 전 친구들과 함께 가면 어디든지 좋아요.

2) • • ② 학생증이 있으면 누구든지 들어갈 수 있어요.

3) • • ③ 저는 언제든지 괜찮으니까 두 사람이 결정하세요.

4) • • ④ 여행비가 필요해서 무슨 일이든지 할 생각이에요.

벌다 취소하다 연기하다

2 대화를 듣고 우리 반 친구들의 방학 계획을 찾아 연결하십시오.

1) 유키 2) 리타오 3) 노라 4) 주앙

❶ 
❷ 
❸ 
❹ 

[3-4] 대화를 듣고 질문에 답하십시오.

3 에릭 씨의 휴가 계획은 무엇입니까?

4 맞으면 O, 틀리면 X 하십시오.

1) 에릭 씨는 올리비아 씨와 함께 휴가 계획을 세우고 있다. ( )

2) 에릭 씨는 미리 계획을 세우는 것이 좋다고 생각한다. ( )

[5-7] 대화를 듣고 질문에 답하십시오.

5 두 사람은 무슨 이야기를 하고 있습니까? ( )

❶ 여행에서 할 일 ❷ 여행 계획 세우기

❸ 여행 장소 고르기 ❹ 비행기와 호텔 결정하기

6 흐엉 씨와 주앙 씨하고 관계있는 내용을 연결하십시오.

1) 흐엉 •

2) 주앙 •

• ❶ 뭐든지 계획을 세우고 한다.

• ❷ 계획대로 안 되면 스트레스를 받는다.

• ❸ 계획 없이 하고 싶은 일을 하는 것을 좋아한다.

• ❹ 계획을 세우면 짧은 시간에 더 많은 일을 할 수 있다.

학원 낮 쌓다 케이티엑스(KTX) 순서대로 계획대로

7 계획을 세웠다가 꼭 하고 싶은 일이 생기면 어떻게 하면 됩니까? 흐엉 씨의 생각을 쓰십시오.

III. 읽어 봅시다

Q&A

제 목	올해 대학에 입학한 신입생입니다.

올해 대학에 입학한 신입생입니다.
첫 여름 방학이 되는데 뭘 해야 할지 모르겠습니다.
선배님들의 경험을 듣고 싶습니다.
긴 방학 기간 동안 제가 뭘 하면 좋을까요?

↳

선배1

저는 지금 생각해 보면 1학년 여름 방학을 참 계획 없이 보낸 것 같아요. 아무것도 안 하고 참 게을렀어요. 그러니까 방학이 끝나고 남는 것이 하나도 없던데요. 계획을 세워서 아르바이트를 하거나 운전 학원에서 운전을 배워 보는 게 어때요? 무슨 일이든지 계획을 세우고 중요한 일부터 해 보세요. 돈도 조금 벌어 보고 여러 가지 경험도 쌓아 보세요. 아마 기억에 남는 방학이 될 거예요.

↳

선배2

1학년 때는 바쁘지 않으니까 뭐든지 하고 싶은 것을 해 보는 게 어때요? 조금 더 지나면 방학 때 공부도 해야 하고 회사에 들어갈 준비도 해야 해서 방학이어도 쉴 시간이 하나도 없어요. 1학년 여름 방학이 제일 한가한 시간이니까 여행 계획을 세우거나 하고 싶었던 일에 도전해 보는 건 어때요?

게으르다 도전하다

1 이 글에서 이야기하고 있는 것은 무엇입니까? (   )

❶ 여행 계획　　❷ 방학 계획

❸ 계획을 세우는 방법　　❹ 계획 세우기의 장점

2 선배1과 선배2의 생각과 관계있는 내용을 연결하십시오.

1) 
선배1 •

2) 
선배2 •

• ❶ 방학 때 가고 싶은 곳을 여행한다.

• ❷ 계획을 세우고 중요한 일부터 한다.

• ❸ 돈을 벌어 보는 것도 좋은 경험이다.

• ❹ 방학 때 여러 가지 경험을 쌓아 본다.

• ❺ 1학년 방학이 제일 한가하니까 하고 싶은 일을 한다.

3 맞으면 O, 틀리면 X 하십시오.

1) 이 신입생은 방학 때 뭘 해야 할지 잘 모른다. (   )

2) 1학년 여름 방학에는 무슨 일이든지 해서 돈을 벌어야 한다. (   )

따라해 봅시다

<입술소리>　/ㅂ/　/ㅃ/　/ㅍ/　/ㅁ/

방학　빠르다　편하다　무슨

- **방학**에 부산에 갈까요?
- 케이티엑스(KTX)가 **빠르고 편하던데요.**
- **무슨** 일이든지 계획을 세우세요.

정리해 봅시다

1. 여러분은 방학에 무슨 계획이 있습니까?
2. 여러분은 여행 갈 때 계획을 자세히 세웁니까? 세우지 않습니까?

18과 계획

2. 졸업 후의 계획

MP3 / 44

• 학습 목표: 졸업 후의 계획이나 미래의 결혼 계획에 대한 내용을 이해할 수 있다.

Ⅰ. 준비해 봅시다

보기 에서 알맞은 말을 골라 빈칸에 쓰십시오.

오늘 친구들과 졸업 후의 계획을 이야기했다. 어떤 친구는 대학원에 입학하고, 어떤 친구는 회사에 들어간다고 한다. 또 무엇을 해야 할지 아직 (　　　　) 지 못한 친구도 있고 벌써 혼자 (　　　　)는 친구도 있다. 나는 미국에서 (　　　　)은/ㄴ 후에 한국에 돌아와서 일을 하려고 한다. 다음 달에 (　　　　) 을/ㄹ 계획이다. 결혼은 한 10년 정도 후에 하고 싶다.

보기

결정하다　　유학하다　　출국하다　　사업을 하다

Ⅱ. 들어 봅시다

1 문장을 듣고 알맞은 대답을 연결하십시오.

1) •　　　　• ① 이제 두 달밖에 안 남았어요.

2) •　　　　• ② 자기 소개서밖에 준비 못 했어요.

3) •　　　　• ③ 저는 영어밖에 할 줄 아는 것이 없어요.

4) •　　　　• ④ 날마다 하는 일이니까 시간이 조금밖에 안 걸려요.

결정하다　유학하다　출국하다　사업을 하다　한　정도

2 대화를 듣고 맞는 그림에 ✔하십시오.

1)

❶ (　　) ❷ (　　)

2)

❶ (　　) ❷ (　　)

3)

❶ (　　) ❷ (　　)

4)

❶ (　　) ❷ (　　)

[3-4] 대화를 듣고 질문에 답하십시오.

3 우진 씨가 가장 먼저 할 일은 무엇입니까?

4 맞으면 O, 틀리면 X 하십시오.

1) 우진 씨는 결혼 준비가 빨리 끝날 거라고 생각했다. (　　)

2) 우진 씨는 친구의 결혼 준비를 도와줄 것이다. (　　)

[5-7] 대화를 듣고 질문에 답하십시오.

5 두 사람은 무슨 이야기를 하고 있습니까? (　　)

❶ 졸업 후 계획　　❷ 졸업식 때 할 일

❸ 유학 계획 세우기　　❹ 대학원 입학 계획

6 윤아 씨가 하고 싶어 하는 일은 무엇입니까? 모두 쓰십시오.

관계　걱정이 되다

7 맞으면 ○, 틀리면 X 하십시오.

1) 존 씨는 1년 후에 졸업을 할 것이다. ( )

2) 존 씨는 혼자 살아서 시간이 천천히 갔다고 생각한다. ( )

III. 읽어 봅시다

대학교 졸업까지 한 1년 정도 남았다. 그런데 나는 아직 미래에 무엇을 해야 할지 결정하지 못했다. 지금 하고 싶은 일이 많아서 뭐부터 해야 할지 아직 생각 중이다.

나는 경제학을 공부하고 있는데, 은행이나 증권사에서 일을 하면서 여러 가지 경험을 쌓고 돈도 많이 벌고 싶다. 돈을 모아서 휴가 때마다 여러 나라에 여행을 가는 것도 좋을 것 같다.

그런데 대학원에서 경제학을 더 자세히 공부하고 싶은 마음도 있다. 대학원에 들어가려면 전공 공부도 열심히 해야 하고 영어와 한국어도 더 잘해야 한다. 작년부터 매주 미국 친구와 언어 교환을 하고 있다. 두 가지 언어를 공부하는 것이 힘들 줄 알았는데 생각보다 재미있게 하고 있다.

마지막으로 나는 빵을 만드는 취미가 있는데 프랑스에 유학을 가서 빵 만드는 것을 배우고 싶은 꿈도 있다. 나중에 고향에 돌아가서 세상에서 제일 맛있는 빵을 파는 빵집을 열고 싶다.

하고 싶은 일이 너무 많아서 아직 뭐부터 해야 할지 결정하지 못했다. 앞으로 하나하나 계획을 세워서 해볼 생각이다.

증권사 매주

1 이 사람이 졸업한 후 하고 싶어 하는 일이 아닌 것은 무엇입니까? ( )

❶ 회사에서 일하기
❷ 대학원에서 공부하기
❸ 유학 가서 경제학 공부하기
❹ 프랑스에서 빵 만드는 것 배우기

2 이 사람은 고향에 돌아가서 무엇을 하고 싶어 합니까?

3 맞으면 O, 틀리면 X 하십시오.

1) 이 사람은 대학교에서 경제학을 공부하고 있다. ( )
2) 이 사람은 졸업 후에 제일 먼저 뭘 할지 결정하지 못했다. ( )

따라해 봅시다

<받침소리 1> /ㅂ, ㅍ, ㅄ/ → [ㅂ]

사업 갚겠다 없다

- **사업** 설명회에 다녀왔어요.
- 다음 달까지 빌린 돈을 꼭 **갚겠다**.
- 이번 주말에 특별한 계획이 **없다**.

정리해 봅시다

1. 여러분은 한국어 공부를 한 후에 무슨 계획이 있습니까?
2. 인생 계획을 세워 보십시오. 무슨 일을 하고 싶습니까?

복습

MP3 / 45

1 다음을 읽고 질문에 답하십시오.

레오의 한국 생활 (㉮)

1. 한국어 공부를 열심히!

한국 사람만큼 한국말을 잘할 수 있게 열심히 공부한다. 나중에 '레오의 프랑스 요리 교실'을 열어서 한국 사람에게 프랑스 요리를 가르치려면 한국말을 정말 잘할 줄 알아야 한다.

2. 요리 연습도 열심히!

프랑스 식당에서 맛있게 요리하던 방법을 잊어버리지 않게 열심히 연습한다. 그리고 한국 요리도 열심히 배우고 잘할 수 있게 연습한다. 프랑스 요리밖에 모르면 한국에서 성공할 수 없다!

3. 항상 가족과 함께하기!

사람들은 성공하면 가족도 모두 행복해지는 줄 안다. 하지만 나의 성공과 가족의 행복은 다른 것이다. 가족의 행복을 위해서 무슨 일이든지 가족과 함께하고 취미 생활도 함께 즐긴다.

힘들어도 이(㉮)은/는 꼭 지킨다~!!!

1) **(㉮)에 알맞은 말을 고르십시오.**

① 예약 ② 부탁 ③ 계획 ④ 주문

2) **맞는 것을 고르십시오. (　　)**

① 레오 씨는 프랑스에 있는 식당에서 한국 요리를 연습했다.
② 레오 씨는 프랑스 사람에게 한국 요리를 가르치고 싶어 한다.
③ 레오 씨는 레오 씨가 성공하면 가족도 행복하다고 생각한다.
④ 레오 씨는 뭐든지 가족과 함께 하는 것이 중요하다고 생각한다.

3) **맞으면 O, 틀리면 X 하십시오.**

① 레오 씨는 '프랑스 요리 교실'을 열려고 한국말을 열심히 공부한다. (　　)
② 레오 씨는 한국에서 성공하려면 프랑스 요리와 한국 요리를 모두 잘해야 한다고 생각한다. (　　)

2 대화를 듣고 질문에 답하십시오.

1) **두 사람의 취미는 무엇입니까? 모두 쓰십시오.**

흐엉	유키

2) **맞지 않는 것을 고르십시오. (　　)**

① 흐엉 씨는 베트남 요리만 할 줄 안다.
② 유키 씨는 레오 씨가 한국 요리를 잘하는지 몰랐다.
③ 레오 씨는 오후에 일하기 때문에 요리를 가르쳐 줄 수 없다.
④ 레오 씨는 나중에 한국 사람들에게 요리를 가르쳐 주고 싶어 한다.

문화

한국의 흥행 영화

한국에서는 영화 관객이 1,000만 명을 넘으면 크게 흥행했다고 봅니다. 2017년까지 관객 수 1,000만 명이 넘은 영화는 총 15편입니다. 흥행에 성공한 영화는 역사적인 사건을 배경으로 한 영화가 가장 많습니다(명량, 암살, 태극기 휘날리며 등). 그리고 가족 간의 사랑(7번 방의 선물, 해운대 등)이나 사회적 문제(베테랑, 택시 운전사 등)를 다룬 영화도 많습니다.

1. **한국에서는 어떤 영화가 크게 흥행했습니까?**
2. **여러분 나라에서는 어떤 영화가 인기가 많습니까?**

성공하다　항상

19과 여행

1. 호텔 예약

MP3 / 46

• 학습 목표: 숙박 시설을 예약하고 묘사하는 내용을 이해할 수 있다.

Ⅰ. 준비해 봅시다

이야기를 읽고 표의 빈칸에 알맞은 단어를 보기에서 골라 쓰십시오.

다음 주에 친구와 부산에 가요. 금요일에 출발해서 일요일에 돌아올 거예요. 값도 비싸지 않고 주변 풍경도 좋은 호텔을 예약했어요. 부산까지 케이티엑스(KTX)를 타고 가려고 했는데 친구가 고속버스가 더 싸다고 해서 버스를 타고 갈 거예요.

1) ______ : 부산
2) ______ : 호텔
3) ______ : 2박 3일
4) ______ : 고속버스

보기

여행 기간　　숙박 시설　　여행지　　교통편

Ⅱ. 들어 봅시다

1 동아리의 여름 여행 계획입니다. 대화를 듣고 빈칸에 알맞은 수를 쓰십시오.

1) 여행 기간: ______ 박 ______ 일
2) 가는 사람: ______ 명
3) 예약할 방: ______ 개
4) 회비: ______ 원

주변　여행지　여행 기간　-박 -일　숙박 시설　교통편　회비

2 이야기를 듣고 이 사람이 말한 여행 계획의 순서대로 번호를 쓰십시오.

❶ 여행지 결정하기
❷ 교통편 알아보기
❸ 숙박 시설 고르기
❹ 여행 기간 결정하기
❺ 인터넷 글 읽어 보기

( ) → (❹) → ( ) → ( ) → ( )

[3-4] 대화를 듣고 질문에 답하십시오.

3 윤아는 왜 펜션에 전화를 했습니까?

4 맞으면 ○, 틀리면 X 하십시오.

1) 윤아는 이 펜션에서 1박 2일 숙박할 것이다. ( )
2) 윤아는 바비큐를 한 후에 수영을 할 것이다. ( )

[5-7] 대화를 듣고 질문에 답하십시오.

5 두 사람은 이 이야기를 하기 전에 무슨 이야기를 했을까요? ( )

❶ 여행지 ❷ 여행 일정 ❸ 여행 기간 ❹ 숙박 시설

6 두 사람은 어디에서 숙박하겠습니까? 왜 그렇게 결정했습니까?

바비큐 이용하다 전망 해변 요금 여행 일정

7 맞지 않는 것을 고르십시오. (　　)

❶ 하늘이가 갔던 호텔은 전망이 좋다.
❷ 호텔의 숙박 요금이 생각보다 비싸다.
❸ 하늘이는 친구들과 이 여행지에 간 적이 있다.
❹ 두 사람은 숙박 시설을 결정한 뒤에 교통편을 알아볼 것이다.

III. 읽어 봅시다

호텔스닷넷 (hotels.net)

특가 호텔　숙박 시설 추가　도움말　　예약 및 로그인　내 예약 정보

호텔 검색

제주도

체크인 20**/8/12　체크아웃 20**/8/13　1박

검색

제주 Y호텔

가격 178,000원부터
체크인 시간 14:00~23:00
체크아웃 시간 11:00
인터넷 무료 wifi
식사 호텔 안에 식당이 3개, 커피숍이 1개 있습니다.
시설 수영장을 24시간 이용하실 수 있습니다. 회의실 사용을 미리 신청하시면 빌려 드립니다.
서비스 프런트에서 관광이나 렌터카 안내를 해 드립니다. 세탁과 무료 신문 서비스도 있습니다.

hotels.net 고객 이용 후기

rie_90
공항에서 호텔까지 찾아가기 좋았습니다. 호텔에서 관광지 어디든지 쉽게 갈 수 있었고요. 건물이 오래되어서 마음에 들지 않았지만 호텔 앞 해변이 너무 아름다워서 식사한 뒤에 자주 나가서 산책했습니다.

ys1223
아이와 함께 숙박하기 아주 좋은 곳입니다. 수영장이 커서 아이들이 아주 좋아했어요. 하지만 수영장 물이 너무 차가워서 그건 좀 별로였습니다.

jejusarang
렌터카를 빌리려고 했는데 직원분이 아주 친절하게 안내해 주셨습니다. 기념품을 살 수 있는 곳도 알려 주셨고요. 정말 감사합니다. 다음에도 Y호텔을 이용할 거예요.

다른 호텔을 보려면 **여기**를 **클릭!**

체크인　체크아웃　프런트　렌터카　기념품

1 이 글은 어디에서 볼 수 있습니까? (　　)

① 여행 블로그　　② 호텔 홈페이지
③ 여행사 홈페이지　　④ 호텔 예약 사이트

2 맞는 것을 고르십시오. (　　)

① Y호텔에는 여러 가지 서비스가 있다.
② Y호텔은 교통이 조금 불편한 곳에 있다.
③ Y호텔의 프런트에서 기념품을 살 수 있다.
④ Y호텔의 회의실은 언제든지 이용할 수 있다.

3 Y호텔의 안 좋은 점 두 가지를 찾아서 쓰십시오.

1)

2)

따라해 봅시다

<받침소리 2>　/ㄷ, ㅌ, ㅅ, ㅆ, ㅈ, ㅊ/ → [ㄷ]

닫지 [닫찌]　맡기고 [맏끼고]　옷 [옫]
준비했다 [준비핻따]　찾겠습니다 [찯껟씀니다]　몇 [멷]

- 숙박 시설은 휴일에 문을 **닫지** 않습니다.
- 호텔에 짐을 **맡기고** 시내를 구경한 후에 다시 **찾겠습니다**.
- 여행을 위해서 가방을 사고 **옷**도 **몇** 벌이나 **준비했다**.

정리해 봅시다

1. 숙박 시설을 예약한 적이 있습니까? 어떻게 했습니까?
2. 숙박 시설을 결정할 때 가장 중요한 것이 무엇입니까?

19과 여행

2. 여행 가고 싶은 곳

MP3 / 47

• 학습 목표: 여행지에 대한 정보를 나누고 여행할 만할 곳을 추천하는 내용을 이해할 수 있다.

Ⅰ. 준비해 봅시다

문장을 읽고 알맞은 단어를 연결하십시오.

1)	다른 나라로 여행을 가려고 해요. •	• ①	수학여행
2)	학교 친구들과 같이 가서 수업 시간에 배운 유물을 볼 수 있어요. •	• ②	신혼여행
3)	신랑과 신부가 결혼식을 하고 갑니다. •	• ③	단체 관광
4)	여행 가이드가 있어서 편하지만 여러 명이 같이 다녀야 해요. •	• ④	해외여행

Ⅱ. 들어 봅시다

1 문장을 듣고 맞는 그림을 (가)와 (나)에서 하나씩 고르십시오.

1) (,)	2) (,)	3) (,)	4) (,)

(가)

①

②

③

④

(나)

⑤

⑥

⑦

⑧

수학여행 단체 관광 해외여행 유물 가이드

2 대화를 듣고 주앙 씨가 하기로 한 것에 ✔하십시오.

1) 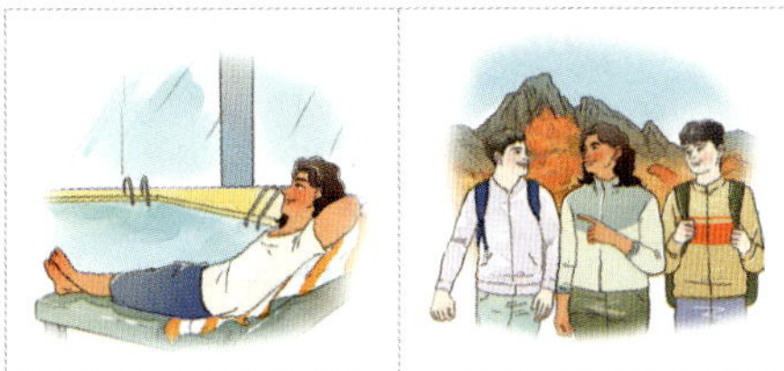

❶ (　　) ❷ (　　)

2) 

❶ (　　) ❷ (　　)

3) 

❶ (　　) ❷ (　　)

4) 

❶ (　　) ❷ (　　)

[3-4] 대화를 듣고 질문에 답하십시오.

3 유키 씨가 호주에서 가지 않을 곳은 어디입니까? (　　)

❶ 오페라 하우스 ❷ 박물관 ❸ 미술관 ❹ 국립 공원

4 맞으면 O, 틀리면 X 하십시오.

1) 유키는 시드니에 가서 바로 오페라 하우스를 구경할 것이다. (　　)

2) 국립 공원에서 바다를 볼 수 있기 때문에 사람들이 좋아한다. (　　)

[5-7] 대화를 듣고 질문에 답하십시오.

5 빈칸에 맞는 도시의 이름을 쓰십시오.

리타오 씨가 여행할 곳	
수학여행을 많이 가는 곳	

6 '한옥 마을'은 어떤 곳입니까?

_______________ 을/를 많이 볼 수 있는 곳

오페라 하우스　국립　전주　한옥 마을　볼거리　먹을거리

7 맞는 것을 고르십시오. (　　)

❶ 리타오 씨의 친구가 경주에 가자고 했다.
❷ 레오 씨는 전주에 가서 역사 공부를 했다.
❸ '한옥 마을'에서는 사진을 찍으면 안 된다.
❹ 리타오 씨는 수업이 끝나고 바로 친구를 만날 것이다.

III. 읽어 봅시다

다음 달 연휴에 여행을 떠나기로 한 분들이 많으실 겁니다. 올해 달력을 보자마자 비행기 표를 예약하신 분들도 있을 거고요. 아직 계획을 세우지 못하신 분들도 너무 걱정하지 마세요. 아직 늦지 않았으니까 지금부터 알아보면 돼요. 오늘은 이번 연휴에 떠나기 좋은 해외 여행지 세 곳을 소개하겠습니다.

1. 홍콩

화려한 도시 여행을 좋아하는 분들은 홍콩에 가 보십시오. 볼거리가 많은 데다가 여러 가지 교통수단이 있어서 다니기가 매우 편합니다. 여러 종류의 음식을 맛볼 수 있고 쇼핑하기도 좋습니다. 특히 홍콩의 화려한 야경은 영화의 한 장면 같습니다.

2. 일본 후쿠오카

가까운 곳으로 해외여행을 가려면 일본 후쿠오카가 좋습니다. 인천 공항에서 1시간 20분 정도밖에 안 걸려요. 한국인들이 많이 가는 관광지여서 여행하기도 편합니다. 후쿠오카 시 근처에는 온천이 있는 시골 마을이 많은데 맑은 공기와 아름다운 경치를 즐길 수 있으니까 꼭 가 보세요.

3. 인도네시아 발리

관광도 할 수 있고 편안하게 쉴 수 있는 곳을 원하세요? 그럼 발리가 어떻습니까? 발리의 옛날 문화를 볼 수 있는 관광지에 가도 되고 그냥 쉬면서 아무것도 안 해도 됩니다. 편하게 쉴 수 있는 호텔도 많고 바다에서 할 수 있는 스포츠도 많습니다.

교통수단　야경　마을　편안하다　항공권

1 이 글에 가장 잘 어울리는 제목을 고르십시오. (   )

① 도시에서 즐기는 휴가!
② 이번 연휴는 해외에서!
③ 아시아의 유적을 찾아서!
④ 산과 바다를 즐기는 여행!

2 맞으면 O, 틀리면 X 하십시오.

1) 다음 달에 여행하기로 한 사람들 모두 언소에 항공권을 샀다. (   )
2) 지금부터 계획을 세워도 여행을 갈 수 있을 것이다. (   )

3 장소에 알맞은 문장을 연결하십시오.

1) 홍콩 •
2) 후쿠오카 •
3) 발리 •

• ① 한국에서 매우 가깝다.
• ② 옛날 문화를 볼 수 있다.
• ③ 도시의 풍경이 화려하다.
• ④ 음식이 여러 종류가 있다.
• ⑤ 바다 스포츠를 즐길 수 있다.
• ⑥ 근처에서 온천을 즐길 수 있다.

따라해 봅시다

<받침소리 3> /ㅁ, ㄻ/ → [ㅁ]

음식 [음식] 그림 [그림] 젊고 [점꼬]

- 여행을 가서 여러 가지 **음식**을 먹었다.
- **그림**을 좋아해서 여행을 가면 항상 미술관을 찾는다.
- **젊고** 건강한 **사람**들도 그 산을 올라가기 **힘들어요.**

정리해 봅시다

1. 지금까지 여행한 곳 중에서 어디가 제일 좋았습니까?
2. 친구에게 여러분이 가 본 여행지를 소개하십시오.

20과

날씨와 생활

1. 일기 예보

MP3 / 48

• 학습 목표: 일기 예보와 여러 날씨에 대한 내용을 이해할 수 있다.

Ⅰ. 준비해 봅시다

빈칸에 알맞은 단어를 보기 에서 골라 쓰십시오.

뉴스를 보니까 내일부터 일주일 동안 태풍이 ______ 는다고/ㄴ다고/다고 해.
태풍 때문에 바람이 ______ 게 불고
비도 많이 내린다고 하는데 우리 약속을 좀
미룰까?

오후6:04

그래, 비가 내리면 날씨도 ______ 으니까/니까 비도 ______ 고 태풍이 지나간 다음에 만나자.

오후6:05

보기

오다
가다
강하다
약하다
습하다
개다
그치다
끼다

Ⅱ. 들어 봅시다

1 대화를 듣고 맞는 그림에 ✔하십시오.

1)

❶ (　　　)

❷ (　　　)

2)

❶ (　　　)

❷ (　　　)

3)

❶ (　　　)

❷ (　　　)

4)

❶ (　　　)

❷ (　　　)

태풍　강하다　습하다　개다　그치다　끼다　불다　목도리

2 대화를 듣고, 어떤 날씨를 이야기 하는지 고르십시오.

1) (　　)　　2) (　　)　　3) (　　)　　4) (　　)

❶ ❷ ❸ ❹

[3-4] 대화를 듣고 질문에 답하십시오.

3 내일 날씨는 어떻습니까?

4 맞으면 O, 틀리면 X 하십시오.

1) 윤아 씨가 휴대 전화로 날씨를 찾아봤다. (　　)

2) 존 씨는 내일 친구들과 등산을 갈 것이다. (　　)

[5-7] 이야기를 듣고 질문에 답하십시오.

5 무엇에 대해서 이야기하고 있습니까? (　　)

❶ 계절 활동　❷ 주말 날씨　❸ 주말 계획　❹ 건강과 생활

6 맞지 않는 것을 고르십시오. (　　)

❶ 금요일에는 저녁에 비가 오겠다.

❷ 비가 온 후에는 기온이 내려가겠다.

❸ 주말에는 하루 종일 날씨가 쌀쌀하다.

❹ 주말에 겉옷을 준비해서 나가는 것이 좋다.

안개　비구름　기온　겉　나들이　차이

20-1

7 왜 감기를 조심해야 합니까?

III. 읽어 봅시다

기다리고 기다리던 설 연휴가 오늘부터 시작인데요. 이번 연휴 동안의 서울 날씨를 알려 드리겠습니다. 이번 설 연휴의 기온은 평년과 비슷하거나 조금 낮겠습니다.

연휴가 시작하는 첫날인 오늘 27일에는 북쪽에서 남쪽으로 비구름이 내려오면서 날씨가 춥고 눈이 내리기 시작하겠습니다. 눈은 1~3mm 정도 내릴 것으로 보입니다. 아침 최저 기온과 낮 최고 기온은 영하 3도, 영상 1도입니다.

내일 28일에는 기온이 조금 올라가서 눈이 비로 바뀌어 내리겠습니다. 비가 많이 내린다고 하니까 아침에 나가실 때 잊지 말고 우산을 가지고 나가셔야겠습니다. 비는 6mm 정도 내리겠습니다. 내일 아침 최저 기온과 낮 최고 기온은 0도, 영상 4도입니다.

연휴의 마지막 날인 29일에는 비가 그치고 기온이 많이 내려가겠습니다. 기온이 떨어지고 바람도 강하게 불기 때문에 외출하실 때 옷을 따뜻하게 입으셔야겠습니다. 모레 아침 최저 기온과 낮 최고 기온은 영하 4도, 영상 2도이지만 바람 때문에 더 춥겠습니다.

연휴 동안 눈과 비가 내리는 곳이 많으니까 그냥 나가지 마시고 일기 예보를 잘 확인하신 후에 외출하시는 것이 좋겠습니다. 모두 즐거운 연휴 보내십시오.

1 언제 어디의 날씨를 이야기하고 있습니까?

최고 최저 평년 영하 영상 도 일기 예보 외출하다

2 맞지 않는 것을 고르십시오. ( )

❶ 오늘은 날씨가 춥고 눈이 내리겠다.
❷ 내일은 오늘보다 날씨가 더 춥겠다.
❸ 내일은 우산을 가지고 나가야 한다.
❹ 모레는 기온이 내려가고 바람도 많이 불겠다.

3 맞으면 O, 틀리면 X 하십시오.

1) 모레는 비가 많이 내리고 바람도 많이 불어서 더 춥겠다. ( )
2) 눈과 비가 내리는 곳이 많으니까 날씨를 확인하고 외출하는 것이 좋다. ( )

따라해 봅시다

<받침소리 4> /ㄱ, ㄲ, ㅋ, ㄺ/ → [ㄱ]

국[국] 밖[박] 부엌[부억] 맑다[막따]

- 눈이 와서 교실 **밖** 풍경이 아름답다.
- 날씨가 더우니까 **부엌**에 있는 **국**도 냉장고에 넣어라.
- 오늘 날씨가 오랜만에 정말 **맑다**.

정리해 봅시다

1. 여러분은 어떤 날씨를 좋아합니까? 왜 그렇습니까?
2. 여러분은 일기 예보를 어디에서 확인합니까?

20과

날씨와 생활

2. 생활 속의 날씨

MP3 / 49

• 학습 목표: 날씨와 날씨에 따른 유의 사항을 전하는 내용을 이해할 수 있다.

Ⅰ. 준비해 봅시다

날씨와 관계있는 것을 연결하십시오.

1)  날씨가 맑다 •

2)  비가 내리다 •

3)  미세 먼지가 많다 •

4)  햇빛이 강하다 •

• ① 환기를 하다

• ② 외출을 하다

• ③ 장화를 신다

• ④ 비옷을 입다

• ⑤ 마스크를 쓰다

• ⑥ 선글라스를 쓰다

• ⑦ 선크림을 바르다

• ⑧ 운동을 실내에서 하다

Ⅱ. 들어 봅시다

1 대화를 듣고, 여자가 앞으로 할 일에 ✔하십시오.

1)  

① (　　　) ② (　　　)

2)  

① (　　　) ② (　　　)

3)  

① (　　　) ② (　　　)

4)  

① (　　　) ② (　　　)

미세 먼지　환기　마스크　장화　비옷　선글라스　선크림　실내　여의도 공원

2 이야기를 듣고 빈 칸에 알맞은 접속사를 보기 에서 찾아 쓰십시오.

→ ❶ (   )

→ ❷ (   )

→ ❸ (   )

→ ❹ (   )

보기

그런데　　그래도　　그래서　　그리고　　하지만　　왜냐하면

[3-4] 라디오 방송을 듣고 질문에 답하십시오.

3 오늘 날씨는 어떻습니까?

4 맞으면 O, 틀리면 X 하십시오.

1) 이 방송은 아침에 하는 방송이다. (   )

2) 이 방송을 하고 있는 사람은 가수이다. (   )

[5-7] 대화를 듣고 질문에 답하십시오.

5 오늘 날씨로 맞지 않는 것을 고르십시오. (   )

❶ 바람이 좀 분다.
❷ 아침부터 흐리다.
❸ 미세 먼지가 많다.
❹ 오늘 오후에는 비가 올 것이다.

6 맞는 것을 고르십시오. (   )

❶ 두 사람은 같이 일기 예보를 봤다.
❷ 두 사람은 오늘 밖에 나가지 않을 것이다.
❸ 두 사람은 지금 사무실에서 이야기하고 있다.
❹ 미세 먼지가 많으면 실내에서도 마스크를 써야 한다.

불국사　석굴암　방송　짜증 나다　공기 청정기　창문

7 우진 씨와 에릭 씨는 무엇을 하겠습니까?

1) 우진 :

2) 에릭 :

III. 읽어 봅시다

올해 여름은 작년 여름보다 더 더울 테니까 건강 관리를 잘 하셔야 합니다. 그러면 어떻게 해야 건강하게 여름을 보낼 수 있는지 알려 드리겠습니다.

❶ 물 많이 마시기

여름철에는 보통 때보다 땀을 많이 흘리기 때문에 쉽게 피곤하고 힘들어집니다. 그래서 여름에는 목이 마를 때마다 물을 많이 드셔야 합니다. 과일이나 채소를 드시는 것도 건강에 좋습니다.

❷ 외출할 때 밝고 편한 옷 입기

밖에 나갈 때 어두운 옷이나 몸에 너무 붙는 옷을 입으면 땀이 더 많이 난다고 합니다. 그러니까 입고 벗기가 편한 밝은 색 옷을 입는 것이 좋습니다.

❸ 낮에 외출하지 않기

낮 12시부터 오후 5시까지는 가장 더운 시간입니다. 그래서 이 시간에는 밖으로 나가지 않고 실내에 있는 것이 좋습니다. 바깥에 나가야 할 때는 선크림을 잘 바르고 모자를 쓰는 것이 좋겠습니다.

❹ 음식 조심하기

더운 날씨에는 소화가 잘 안 되고 배탈이 나기 쉽기 때문에 찬 음식을 많이 먹으면 안 됩니다. 그리고 여름에는 음식을 냉장고에 잘 넣어야 합니다. 또 냉장고 안의 음식도 먹기 전에 잘 확인해 보는 것이 좋습니다. 국 같은 음식은 잘 끓여서 먹어야 합니다.

모두 건강한 여름을 보내시길 바랍니다.

땀 흘리다 목이 마르다 바깥

1 왜 이 글을 썼습니까? (　　)

❶ 건강하게 사는 방법을 알려 주려고
❷ 여름에 요리하는 방법을 알려 주려고
❸ 외출할 때 입기 좋은 옷을 알려 주려고
❹ 더운 여름을 잘 보내는 방법을 알려 주려고

2 맞지 않는 것을 고르십시오. (　　)

❶ 날씨가 더울 때에는 찬 음식을 많이 먹으면 안 좋다.
❷ 여름에 외출할 때는 몸에 맞는 어두운 색 옷을 입어야 한다.
❸ 여름에는 과일이나 채소를 많이 먹으면 건강에 도움이 된다.
❹ 점심부터 오후 5시 이전에는 외출을 많이 하지 않는 것이 좋다.

3 맞으면 O, 틀리면 X 하십시오.

1) 더울 때는 선크림만 잘 바르고 외출하면 된다. (　　)
2) 여름에는 국 같은 음식을 잘 끓여서 먹어야 한다. (　　)

따라해 봅시다

<받침소리 5> / ㄴ, ㄵ, ㄶ / → [ㄴ], / ㄹ, ㄼ / → [ㄹ]

눈사람[눈싸람] 앉고[안꼬] 많이[마니] 날씨[날씨] 넓게[널께]

- 눈이 와서 **눈사람**을 만들었어요.
- **날씨**가 좋아서 바깥 자리에 **앉고** 싶어요.
- **많이** 더운 날에는 몸에 **넓게** 붉은 점이 생긴다.

정리해 봅시다

1. 요즘 여러분 고향의 날씨가 어떻습니까? 지금 무엇을 하면 좋습니까?
2. 날씨가 더울 때나 추울 때 조심해야 하는 것들은 무엇입니까?

복습

MP3 / 50

1 대화를 듣고 질문에 답하십시오.

1) 윤아 씨의 여름 방학 계획입니다. 빈칸에 알맞은 단어를 쓰십시오.

여행 장소	같이 가는 사람	여행 기간

2) 윤아 씨가 여행 갈 곳에 대한 설명이 맞으면 ○, 틀리면 X 하십시오.

❶ 여름에 날씨가 덥고 습하다. ( )

❷ 저녁에 밖을 많이 다니는 건 좋지 않다. ( )

❹ 에릭 씨는 낮에 쇼핑을 했다. ( )

2 다음 글을 읽고 질문에 답하십시오.

7월 12일 목요일 날씨 맑음

싱가포르 여행 2일째. 덥고 습하지만 생각한 것보다 심하지 않아서 편하게 여행하고 있다. 그렇지만 햇빛은 정말 강하다. 오늘 아침에 엄마와 나는 선크림을 두껍게 바른 뒤에 호텔에서 나갔다. 얼굴이 너무 하얘져서 서로의 얼굴을 보고 많이 웃었다. 그래도 그렇게 하길 잘한 것 같다. 동생은 선글라스가 없어서 오늘 백화점에 가자마자 샀다. 에릭 씨가 이야기해 준 곳이었는데 쇼핑하기가 편하고 맛있는 식당도 많아서 좋았다. 부모님께서 오늘 먹은 음식이 모두 입맛에 맞다고 하셨다. 여행 전에 알아본 식당이 다 성공이다!

쇼핑을 한 뒤에 '나이트 사파리'에 갔다. 우리 가족은 동물을 모두 좋아해서 여행 전부터 꼭 가기로 한 곳이었다. 밤이라서 좀 어두웠기 때문에 동물들 사진을 잘 찍을 수는 없었지만 아주 신기하고 재미있었다. 밤늦게 호텔로 돌아왔다. 호텔 방은 좀 작다. 예약 사이트에서 봤을 때는 방이 더 클 줄 알았는데.

내일도 날씨가 괜찮다고 하니까 즐겁게 다닐 수 있을 것이다. 내일은 쇼핑만 너무 많이 하지 말고 가족들과 사진도 찍고 이야기도 더 많이 해야겠다.

1) 이 사람은 오늘 어디에 갔습니까?

2) 오늘 싱가포르의 날씨가 아닌 것을 고르십시오. (   )

① 습하다 ② 흐리다 ③ 기온이 높다 ④ 햇빛이 강하다

3) 맞는 것을 고르십시오. (   )

① 엄마는 오늘 선크림과 선글라스를 샀다.
② 이 사람은 오늘 쇼핑을 많이 하지 않았다.
③ 부모님은 오늘 음식을 모두 맛있어 하셨다.
④ 나이트 사파리에서는 사진을 찍으면 안 된다.

문화

생활 지수

생활 지수란 날씨가 우리 생활에 미치는 영향의 정도를 숫자로 표현한 것입니다. 일기 예보와 함께 생활 지수를 보면 우리 생활이 더 편리해집니다. 불쾌지수, 자외선 지수, 식중독 지수, 세차 지수 등이 있습니다. 예를 들어, 불쾌지수는 기온과 습도에 따라서 사람의 기분이 좋고 나쁨을 말해 주는 것으로 기온이 높은 여름에 습도까지 높으면 불쾌지수가 높아서 짜증이 많이 나게 됩니다.

	지수	값	내용		지수	값	내용
	모기 지수	60	새벽에 모기 조심하세요		나들이 지수	80	더워서 걱정이네요
	빨래 지수	90	빨래하기 아주 좋은 날씨		냉방 지수	60	적당한 냉방이 필요해요
	세차 지수	90	새롭게 단장해 보세요		운동 지수	90	컨디션이 좋습니다
	자외선 지수	60	오후에 주의하세요		불쾌지수	80	심한 농담을 삼가세요
	공해 지수	60	공기가 깨끗한 편이에요		부패 지수	40	냉장 보관이 안전해요

1. 생활 지수는 무엇을 표현한 것입니까?
2. 여러분 나라에도 이런 지수가 있습니까?

싱가포르 워터 파크 물놀이 서로 동물 동물원

부록

모범 답안
색인

모범 답안

1-1 안부 인사

Ⅰ. 준비해 봅시다.

1) ② 2) ① 3) ④ 4) ③

Ⅱ. 들어 봅시다.

1. 1) ④ 2) ① 3) ③ 4) ②
2.

(V) ( ) ( ) (V)

(V) ( ) ( ) (V)

3. 1) ② 2) ①
4. 1) ○ 2) x
5. 1) ② 2) ③ 3) ①
6. ①
7. 기분, 건강

Ⅲ. 읽어 봅시다.

1. ②
2. ③
3.

바빠요	(즐거워요)	추워요
(여행해요)	한국어를 공부해요	(가족을 만나요)
학교에 다녀요	선생님을 만나요	(맛있는 음식을 먹어요)

1-2 소개

Ⅰ. 준비해 봅시다.

1) ③ 2) ① 3) ② 4) ④

Ⅱ. 들어 봅시다.

1. 1) ① 2) ② 3) ① 4) ①
2. ② → ④ → ③ → ①
3.

	전공	일하고 싶은 곳
존	경영학	무역 회사
하늘	국어 국문학	잡지사

4. 1) x 2) x
5. 1) ②, ③, ⑤ 2) ①, ④
6. ②
7. 1) x 2) x

Ⅲ. 읽어 봅시다.

1. ③
2.

대학교	대학원
아시아학	한국학

3. ④

2-1 내 친구

Ⅰ. 준비해 봅시다.

1) ① 2) ④ 3) ③ 4) ②

Ⅱ. 들어 봅시다.

1. 1) ③ 2) ④ 3) ① 4) ②
2. 1) ② 2) ① 3) ③ 4) ④
3. ③
4. 1) × 2) ○
5. 1) ①, ②, ⑤, ⑦ 2) ③, ④, ⑥
6. 경주 여행
7. 1) × 2) × 3) ○

Ⅲ. 읽어 봅시다.

1. ①
2. ③
3. 같이 공부하고 놀면서 노래방에도 가고 싶어 합니다.

2-2 가족과 친척 모임

Ⅰ. 준비해 봅시다.

1) ④ 2) ③ 3) ① 4) ②

Ⅱ. 들어 봅시다.

1. 1) 삼촌, 직업 2) 외할머니, 고향
   3) 내일, 날씨 4) 오늘, 메뉴
2. 1) ② 2) ② 3) ① 4) ①
3. 할머니 생신
4. 1) × 2) ○
5. 조카의 돌잔치
6. 1) ○ 2) ×
7. 장난감 야구공, 조카가 운동선수가 되면 좋을 것 같아서

Ⅲ. 읽어 봅시다.

1. 고모의 결혼식이어서
2. ③
3. 친척들과 한국말로 이야기할 수 있어서

◆ 복습

1. 대화를 듣고 대답하십시오.

1)

존	리타오
잘 지냈습니다.	바쁘게 지냈습니다.

2) ①

3) ① × ② ○

2. 다음을 읽고 질문에 답하십시오.
1) ③
2) ③

3-1 친구의 고향

Ⅰ. 준비해 봅시다.
1) ② 2) ③ 3) ① 4) ④

Ⅱ. 들어 봅시다.
1. 1) 3년 전 2) 3개월 전 3) 일주일 전 4) 10년 전
2. 1) ① 2) ② 3) ① 4) ②
3. 베이징, 중국, 북쪽
4. 1) × 2) ○
5. 호찌민 남쪽 노르웨이
6. 가족들, 고향 음식
7. ②

Ⅲ. 읽어 봅시다.
1. 1) 지난 주말 2) 영수 씨를 만나러
2. ③
3. 1) ① ③ 2) ④ ⑤ 3) ② ⑥

3-2 아름다운 내 고향

Ⅰ. 준비해 봅시다.
외롭습니다 그리울 부럽습니다 행복할

Ⅱ. 들어 봅시다.
1. 1) ② 2) ③ 3) ④ 4) ①
2. 작습니다, 공기가 좋습니다, 바다가 있습니다,
한가하게 지냅니다
3. 1) ②, ③ 2) ①, ④
4. 1) × 2) ○
5. ③
6. ④
7. 바닷물도 깨끗하고 근처에 구경거리도 많기 때문에

Ⅲ. 읽어 봅시다.
1. 하와이, 호놀룰루 와이키키 해변
2.

왜 와이키키 해변에 신혼여행을 많이 옵니까?	구경거리, 쇼핑
하와이에 여행 온 사람들이 무엇을 삽니까?	커피, 초콜릿
이 사람은 고향 바다에서 무엇을 했습니까?	수영, 서핑

3. ④

4-1 이사

Ⅰ. 준비해 봅시다.
(③) → (①) → (⑤) → (④) → (②)

Ⅱ. 들어 봅시다.
1. 1) ① 2) ④ 3) ③ 4) ②
2. 1) ② 2) ③ 3) ① 4) ④
3. 이사하는 날까지 짐을 다 못 쌀 것 같아서
4. 1) ○ 2) ○
5. ③
6. ②
7. 원룸 아파트

Ⅲ. 읽어 봅시다.
1. 1) ⑤, ⑥ 2) ①, ④ 3) ②, ③
2. 1) ○ 2) × 3) ×
3. 이 사람은 내일 부동산에 가서 원룸을 계약하겠습니다.

4-2 내가 사는 집

Ⅰ. 준비해 봅시다.
1) ② 2) ③ 3) ④ 4) ①

Ⅱ. 들어 봅시다.
1. ④
2. 1) ④ 2) ② 3) ③ 4) ①
3. 청소하는 중입니다.
4. 1) × 2) ○
5. ③
6. ③
7. 미용실 건물 2층

Ⅲ. 읽어 봅시다.
1. ③
2. 1) ○ 2) ○ 3) ×
3. 청소를 잘하는 친구를 찾고 있습니다.

◆ 복습

1. 대화를 듣고 대답하십시오.
1) ③
2) ②
3) 오랜만에 할아버지께 전화하겠습니다.

2. 다음을 읽고 질문에 답하십시오.
1) ① × ② ○ ③ ○
2) ③

5-1 음식 소개

Ⅰ. 준비해 봅시다.
1) 커피 · 간장 · 뿌리다
2) 초밥 · 고추장 · 넣다
3) 냉면 · 식초 · 찍다
4) 비빔밥 · 설탕 · 비비다

1) 커피에 설탕을 넣어서 마셔요.
2) 초밥을 간장에 찍어서 먹어요.
3) 냉면에 식초를 뿌려서 먹어요.
4) 비빔밥에 고추장을 넣고 비벼서 먹어요.

II. 들어 봅시다.

1.

2. ①, ③

3.

좋아하는 음식	양념
파전	간장

4. 1) ○　　2) ×
5. ③
6. ②
7.

III. 읽어 봅시다.

1. 대구 치맥 페스티벌
2.

먹은 것	마신 것
치킨(프라이드 치킨, 마늘 치킨, 양념 치킨)	맥주

3. ①

5-2 음식 재료와 요리

I. 준비해 봅시다

1) ④　　2) ③　　3) ②　　4) ①

II. 들어 봅시다.

1. 1) ②　　2) ①　　3) ①　　4) ②
2. ④
3. 닭고기, 인삼, 마늘, 대추
4. 1) ○　　2) ○
5. ② → ④ → ① → ③
6. ③
7. 1) ○　　2) ×

III. 읽어 봅시다.

1. ②
2. ④ → ② → ⑤ → ③ → ①
3. 1) ○　　2) ×

6-1 편의점

I. 준비해 봅시다.

1) ③　　2) ②　　3) ④　　4) ①

II. 들어 봅시다.

1. 1) ③　　2) ②　　3) ①　　4) ④
2. 1) ①　　2) ①　　3) ②　　4) ②
3. ④
4. 1) ×　　2) ○
5. 1) ②　　2) ③　　3) ①
6. 채소와 과일
7. 1) ×　　2) ○

III. 읽어 봅시다.

1. 편의점
2. ④
3. 1) ×　　2) ×

6-2 인터넷 쇼핑몰

I. 준비해 봅시다.

1) ③　　2) ④　　3) ①　　4) ②

II. 들어 봅시다.

1. 1) ①　　2) ②　　3) ②　　4) ①
2. 1) 노라　　2) 에릭　　3) 흐엉　　4) 주앙
3. 고속터미널 지하 쇼핑 상가
4. 1) ○　　2) ○
5. 소파
6. 인터넷 쇼핑몰
7. ①

III. 읽어 봅시다.

1. ④
2. ④
3. 싸게 살 수 있습니다. 편하게 쇼핑할 수 있습니다.

◆ 복습

1. 다음을 읽고 질문에 답하십시오.

1) ④
2) ③
3) 시장

2. 대화를 듣고 대답하십시오.

1) ①→ ④ → ② → ③
2) ③

7-1 사고 싶은 물건

I. 준비해 봅시다.

1) 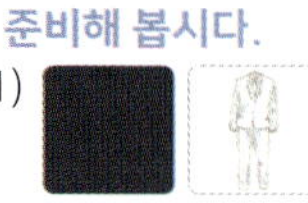　　2) 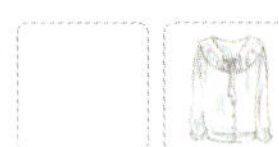

3) 　　4) 

II. 들어 봅시다.

1. 1) ②　　2) ④　　3) ①　　4) ③
2. ①, ④, ⑤
3.

옷	양복
필요한 이유	친구 결혼식에 가야 해서

4. 1) ×　　2) ○

5. 화장품 가게
6. 립스틱, 로션
7. ③

III. 읽어 봅시다.
1. 여름에 신기 좋은 운동화
2. 1) ②, ④　　2) ③, ⑤　　3) ①, ⑥
3. 1) ×　　2) ×　　3) ○

7-2 물건 소개

I. 준비해 봅시다.
1) ③　　2) ④　　3) ①　　4) ②

II. 들어 봅시다.
1. 1) ④　　2) ③　　3) ②　　4) ①
2. 1) ②　　2) ①　　3) ②　　4) ①
3. 고향에 계신 외할머니와 어머니를 생각할 수 있어서
4. 1) ×　　2) ○
5. ③
6. 디자인이 멋있고 가볍습니다.
7. ②

III. 읽어 봅시다.
1.

물건	값
식탁과 의자	10만원

2. 1) ③, ④　　2) ①, ④　　3) ②, ⑤
3. ③

8-1 모임 초대

I. 준비해 봅시다.
1) ②　　2) ①　　3) ④　　4) ③

II. 들어 봅시다.
1. 1) ③　　2) ②　　3) ①　　4) ④
2. 1) ①　　2) ①　　3) ②　　4) ②
3. ②
4. 1) ○　　2) ○
5. ①
6. ③
7. 일요일 오후 2시에 연세공원 앞에서

III. 읽어 봅시다.
1. 동창회에 친구들을 초대하려고
2. ④
3. ③

8-2 집들이 선물

I. 준비해 봅시다.
생략/ 학생의 생각에 따라 답이 다양해질 수 있음

II. 들어 봅시다.
1. 1) ④　　2) ③　　3) ②　　4) ①
2.

레오	불고기
유키	샴페인
하늘	화분
흐엉	디지털 카메라

3. 친구가 결혼하기 때문에 선물을 사려고 합니다.
4. 1) ×　　2) ×
5. ③
6. 1) ○　　2) ○　　3) ×
7. 딸기 케이크와 화분

III. 읽어 봅시다.
1. 리타오의 집들이
2. ④
3. ③

◆ 복습

1. 대화를 듣고 대답하십시오.
1) 하늘이, 집들이
2) ①
3) ① (×)　　② (○)

2. 다음을 읽고 질문에 답하십시오.
1) 디자인이 단순하고 크기가 작은 파란색 시계
2) ③

9-1 약속 시간과 장소 정하기

I. 준비해 봅시다.
4)

II. 들어 봅시다.
1. 1) ②　　2) ③　　3) ①　　4) ④
2. 1) ①　　2) ④　　3) ②　　4) ③
3. ②
4. 1) ×　　2) ×
5. ②
6. ③
7. 1) ○　　2) ×

III. 읽어 봅시다.
1.

약속 시간	약속 장소
이번 금요일 6시	학교 앞

2. ②
3.

존	주앙
학교 근처 식당을 알아본다.	리타오에게 연락한다.

9-2 약속 바꾸기

Ⅰ. 준비해 봅시다.

Ⅱ. 들어 봅시다.

1. 1) ④ 2) ③ 3) ② 4) ①
2.

( ) (V) (V) ( ) (V)

3. ①
4. 1) × 2) ×
5. ②
6. ④
7. 열흘(10일)

Ⅲ. 읽어 봅시다.

1. 1) ① 2) ③ 3) ②
2. ④
3. ③

10-1 친구에게 부탁하기

Ⅰ. 준비해 봅시다.

1) 부탁이 있다 2) 부탁을 하다
3) 부탁을 받다 4) 부탁을 들어주다

Ⅱ. 들어 봅시다.

1. 1) ④ 2) ③ 3) ② 4) ①
2. 1) ② 2) ② 3) ① 4) ①
3. 노트북
4. 1) ○ 2) ×
5. ①, ②
6. ①
7. 1) ○ 2) ○

Ⅲ. 읽어 봅시다.

1. ③
2. 친구가 부탁을 들어주지 않을 것 같아서
3. 1) × 2) ×

10-2 사무실에서 부탁하기

Ⅰ. 준비해 봅시다.

1) 어 2) 음 3) 자 4) 저기

Ⅱ. 들어 봅시다.

1. 1) ③ 2) ④ 3) ② 4) ①
2. (1), (3)
3. ②
4. 1) × 2) ○
5. 아르바이트 신청 서류를 내려고
6. ③
7. 1) ○ 2) ×

Ⅲ. 읽어 봅시다.

1. 국립 중앙 박물관으로 가는 지하철 출구 번호
2. ②
3. 1) × 2) ○

◆ 복습

1. 다음을 읽고 질문에 답하십시오.

1) ④
2) ④
3) ① × ② ○

2. 대화를 듣고 대답하십시오.

1. ④
2. ① ○ ② ×

11-1 대중교통

Ⅰ. 준비해 봅시다.

1) ④ 2) ③ 3) ② 4) ①

Ⅱ. 들어 봅시다.

1. 1) ① 2) ② 3) ② 4) ①
2. 1) ① 2) ② 3) ② 4) ①
3. ④
4. 1) × 2) ○
5. 1) 경복궁역, 3호선 2) 472
6. 1) × 2) ○
7. 시간이 더 오래 걸려서

Ⅲ. 읽어 봅시다.

1. 다음 주 한국 문화 수업 장소 안내
2. ③
3. ④

11-2 길 안내

Ⅰ. 준비해 봅시다.

1) ④ 2) ① 3) ② 4) ③

II. 들어 봅시다.

1. 1) ① 2) ① 3) ① 4) ①
2. 1) ① 2) ② 3) ② 4) ②
3. ②
4. 1) × 2) ○
5. 좌회전→직진
6. 차가 밀리지 않는 길을 잘 알려 줍니다.
7. ②

III. 읽어 봅시다.

1. ①
2. ④
3. 초대장, 신분증

12-1 수업과 시험

I. 준비해 봅시다.

마친다, 보기 때문에, 연습한다, 질문한다

II. 들어 봅시다.

1. 1) ① 2) ③ 3) ④ 4) ②
2. 1) ① 2) ② 3) ① 4) ②
3. 밤마다 드라마와 영화를 보고 늦게 자서 /일찍 못 일어나서
4. 1) × 2) ○
5. ③
6. ③
7.

날짜	시험 과목
목요일	말하기, 읽기
금요일	쓰기, 듣기

III. 읽어 봅시다.

1. 1) ①, ② 2) ③, ④
2. ②
3. 앞으로 수업도 열심히 듣고, 한국 친구도 많이 사귀면서 재미있게 지내고 싶어 합니다.

12-2 학교 프로그램

I. 준비해 봅시다.

③→ ① → ④ → ②

II. 들어 봅시다.

1. 1) ② 2) ① 3) ③ 4) ④
2. (① , ③)
3. ③
4. 1) ○ 2) ○
5. (② , ④)
6. ②
7.

수업 요일	수업 시간
월요일, 화요일, 목요일	6시 반부터 9시 5분까지

III. 읽어 봅시다.

1. 1) 한국 요리 2) 언어 교환 3) 한국 영화
2. ①
3.

언제	수요일 오후 2시
어디	한국어학당 대강당

◆ 복습

1. 대화를 듣고 대답하십시오.
   1) 주앙 씨의 시험이 끝났으면 만나려고
   2) ③
   3) ① 여러 번 쓴다. ② 보통 때 연습을 많이 한다.

2. 다음을 읽고 질문에 답하십시오.
   1) ④
   2) ① ○ ② × ③ ×

13-1 은행

I. 준비해 봅시다.

①→ ④ → ③ → ② → ⑤

II. 들어 봅시다.

1. 1) ① 2) ① 3) ② 4) ②
2. 1) ③ 2) ② 3) ① 4) ④
3. ③
4. 1) ○ 2) ○
5. (달러를) 환전하려고
6. ④
7. 천백 원(1,100원)

III. 읽어 봅시다.

1. 인터넷 전문 은행
2. 1) ①, ②, ⑤
   2) ①, ③, ④
3. 1) ○ 2) ×

13-2 우체국

I. 준비해 봅시다.

1) 택배 2) 김민수, 레오 마르땅 3) 03722
4) 받는 사람에게 직접 준다.

II. 들어 봅시다.

1. 1) ② 2) ③ 3) ① 4) ④
2. 1) 길다 2) 무겁다 3) 크다 4) 높다
3.

무엇	어디
책	노르웨이

4. 1) ○ 2) ×
5. 택배
6. ②
7. 1) ○ 2) ×

Ⅲ. 읽어 봅시다.

1. ③
2. ③
3. 1) × 2) ○

14-1 휴대 전화

Ⅰ. 준비해 봅시다.

1) 통화하다 2) 계산하다 3) 녹음하다 4) 동영상을 보다

Ⅱ. 들어 봅시다.

1. 1) ③ 2) ① 3) ② 4) ④
2. (2), (3), (5)
3. 잘 지내냐고 물어보려고
4. 1) × 2) ○
5. ④
6. 인터넷 검색 기능, 사전 기능, 카메라 기능, 길 찾기 기능
7. 1) ○ 2) ×

Ⅲ. 읽어 봅시다.

1. ③
2. 글씨가 너무 작아서
3. 1) × 2) ×

14-2 메시지

Ⅰ. 준비해 봅시다.

1) 메시지를 보내다 2) 메시지가 오다
3) 메시지를 확인하다 4) 메모를 남기다

Ⅱ. 들어 봅시다.

1. 2), 3), 4), 5)
2. 1) ② 2) ① 3) ② 4) ①
3. 서울역 앞, 남산
4. 1) ○ 2) ×
5. ④
6. 휴대 전화를 집에 놓고 나와서
7. 1) × 2) ○

Ⅲ. 읽어 봅시다.

1. ④
2. 할아버지 생신 케이크
3. 1) ○ 2) ×

◆ 복습

1. 다음을 읽고 질문에 답하십시오.

1) ②
2) ④
3) 은행, 택배

2. 대화를 듣고 대답하십시오.

1) ①→ ④ → ③ → ②
2) ②

15-1 식당 예약

Ⅰ. 준비해 봅시다.

예약을 날짜를 연락처를 예약석을

Ⅱ. 들어 봅시다.

1. 1) ① 2) ② 3) ② 4) ①
2. 달라고 달라고 주라고 주라고
3. 시간: 4월 2일 금요일 7시, 사람: 8명
4. 1) × 2) ○
5. 인터넷으로 식당 예약하는 것을 도와 달라고 했습니다.
6. ② → ④ → ③ → ① → ⑤
7. ④

Ⅲ. 읽어 봅시다.

1. 고향에서 언니와 조카가 와서
2. 1) ①, ④ 2) ②, ③
3. ①

15-2 배달 주문

Ⅰ. 준비해 봅시다.

배달 시켜서 배달해 주문할게 배달되면

Ⅱ. 들어 봅시다.

1. 1) ① 2) ① 3) ② 4) ①
2. ①, ③, ⑤
3. ③
4. 1) ○ 2) ×
5. 주문한 음식을 받으러 갑니다.
6. ③
7. 치킨만 가지고 오고 음료수를 안 가지고 왔습니다.

Ⅲ. 읽어 봅시다.

1. ②
2. ③
3. 길다, 가깝다, 낮다, 음료수를

16-1 병원

Ⅰ. 준비해 봅시다.

1) 소화가 안 되다 2) 감기에 걸리다
3) 배탈이 나다 4) 변비가 있다

Ⅱ. 들어 봅시다.

1. 1) ①, ② 2) ①, ③ 3) ②, ③ 4) ①, ③
2. (②, ③)
3. 기침을 많이 하고 목도 부었습니다.
4. 1) ○ 2) ○
5. ②
6. ④
7. 배를 따뜻하게 하고 푹 쉬어야 합니다.
약을 잘 먹어야 합니다.

Ⅲ. 읽어 봅시다.
1. 목이 더 아프고 열도 많이 나서 병원에 갔습니다.
2. ③
3. ①

16-2 약국

Ⅰ. 준비해 봅시다.
1) 소독약　2) 소화제　3) 두통약　4) 기침약

Ⅱ. 들어 봅시다.
1. 1) ②　2) ②　3) ①　4) ①
2. 1) ①　2) ④　3) ③　4) ②
3. ④
4. 1) ○　2) ×
5. 화장실에 3일 동안 못 가서 아랫배가 아픕니다.
6. ②
7. ④

Ⅲ. 읽어 봅시다.
1. 급할 때 필요한
2. ②
3. 1) ×　2) ○

◆ 복습

1. 대화를 듣고 대답하십시오.

1) ③
2) ④
3) 주차장이 좁은 데다가 근처 교통이 복잡해서

2. 다음을 읽고 질문에 답하십시오.

1) 화장실에도 여러 번 가고 속이 계속 불편해서/ 배탈이 나서
2) ②

17-1 취미 소개

Ⅰ. 준비해 봅시다.
1) ③　2) ①　3) ④　4) ②

Ⅱ. 들어 봅시다.
1. 1) ②　2) ①　3) ④　4) ③
2.

노래	V
춤	V
한국말	
한국 영화	V

3.

에릭	흐엉
볼링	요리

4. 1) ×　2) ×
5. 1) ①　2) ①, ②
6. ①
7. (1) ×　(2) ○

Ⅲ. 읽어 봅시다.
1. ① 음악 듣기　② 게임　③ 드라마　④ 10%
2. ②
3. 1) ×　2) ○

17-2 취미 활동

Ⅰ. 준비해 봅시다.
동전을 모으다, 당구를 치다, 연극을 보다/하다, 피아노를 치다,
게임을 하다, 강아지를 키우다, 우표를 모으다, 볼링을 치다,
낚시를 하다, 드럼을 치다, 만화책을 보다, 화분을 키우다

Ⅱ 들어 봅시다.
1. 1) ①, ②, ③
2.

나

3.

	우진	에릭
당구	V	
야구	V	V
볼링	V	V

4. 1) ○　2) ×
5.

주앙	하늘
드럼	피아노

6. ②
7. 1) ×　2) ×

Ⅲ. 읽어 봅시다.
1. 한국어 공부에 도움이 되고 무료인
2. ④
3. 1) ×　2) ○

18-1 방학 계획

Ⅰ. 준비해 봅시다.
1) 계획이 있다　2) 계획을 세우다　3) 계획을 연기하다
4) 계획을 취소하다

Ⅱ. 들어 봅시다.
1. 1) ③　2) ①　3) ④　4) ②
2. 1) ④　2) ②　3) ①　4) ③
3. 경주 여행
4. 1) ×　2) ○
5. ②
6. 1) ①, ④　2) ②, ③

7. 계획을 바꾸면 된다.

Ⅲ. 읽어 봅시다.
1. ②
2. 1) ②, ③, ④ 2) ①, ⑤
3. 1) ○ 2) ×

18-2 졸업 후의 계획

Ⅰ. 준비해 봅시다.
결정하지, 사업을 하는, 유학한, 출국할

Ⅱ. 들어 봅시다.
1. 1) ③ 2) ② 3) ① 4) ④
2. 1) ② 2) ② 3) ① 4) ②
3. 계획표를 만든다.
4. 1) ○ 2) ×
5. ①
6. 유학, 대학원 입학, 회사에서 일하기
7. 1) ○ 2) ×

Ⅲ. 읽어 봅시다.
1. ③
2. 세상에서 제일 맛있는 빵을 파는 빵집을 열고 싶어 합니다.
3. 1) ○ 2) ○

◆ 복습

1. 다음을 읽고 질문에 답하십시오.
1) ③
2) ④
3) ① ○ ② ○

2. 대화를 듣고 대답하십시오.
1)

흐엉	유키
영화, 요리	요리

2) ③

19-1 호텔 예약

Ⅰ. 준비해 봅시다.
1) 여행지 2) 숙박 시설 3) 여행 기간 4) 교통편

Ⅱ. 들어 봅시다.
1. 1) 1박 2일 2) 20명 3) 5개 4) 5만원
2. ① → ④ → ⑤ → ③ → ②
3. 예약이 잘 되었는지 확인하려고
4. 1) ○ 2) ×
5. ③
6. 게스트 하우스, 값도 싸고 여행을 온 다른 사람들도 사귈 수 있어서
7. ③

Ⅲ. 읽어 봅시다.
1. ④
2. ①
3. 1) 건물이 오래되었다.
2) 수영장 물이 너무 차갑다.

19-2 여행 가고 싶은 곳

Ⅰ. 준비해 봅시다.
1) ④ 2) ① 3) ② 4) ③

Ⅱ. 들어 봅시다.
1. 1) ③, ⑥ 2) ①, ⑧ 3) ②, ⑤ 4) ④, ⑦
2. 1) ② 2) ① 3) ② 4) ①
3. ②
4. 1) ○ 2) ×
5. 전주, 경주
6. 한국의 옛날 집을
7. ④

Ⅲ. 읽어 봅시다.
1. ②
2. 1) × 2) ○
3. 1) ③, ④ 2) ①, ⑥ 3) ②, ⑤

20-1 일기 예보

Ⅰ. 준비해 봅시다.
온다고, 강하게, 습하니까, 그치고

Ⅱ. 들어 봅시다.
1. 1) ① 2) ② 3) ① 4) ①
2. 1) ③ 2) ④ 3) ② 4) ①
3. 눈이 많이 옵니다.
4. 1) ○ 2) ×
5. ②
6. ③
7. 아침과 낮의 기온 차이가 커서

Ⅲ. 읽어 봅시다.
1. 설 연휴 때의 서울 날씨를 이야기하고 있습니다.
2. ②
3. 1) × 2) ○

20-2 날씨와 생활

Ⅰ. 준비해 봅시다.
1) ①, ② 2) ③, ④, ⑧ 3) ⑤, ⑧ 4) ⑥, ⑦, ⑧

Ⅱ. 들어 봅시다.
1. 1) ② 2) ① 3) ② 4) ①
2. 1) 그런데 2) 하지만 3) 그래서 4) 그리고
3. 첫눈이 내리고 있습니다.

4. 1) ○ 2) ×
5. ④
6. ③
7. 1) 공기 청정기를 켠다.
   2) 창문을 잘 닫았는지 확인한다.

III. 읽어 봅시다.
1. ④
2. ②
3. 1) × 2) ○

◆ 복습

1. 대화를 듣고 대답하십시오.

1)

여행 장소	같이 가는 사람	여행 기간
싱가포르	가족	3박 4일

2) ① O ② X ③ X

2. 다음을 읽고 질문에 답하십시오.

1) 백화점, 나이트 사파리
2) ②
3) ③

색인

어휘 색인

ㄱ

가격	13과 2항	들어봅시다
가이드	19과 2항	준비해봅시다
가전제품	6과 2항	준비해봅시다
간단하다	15과 2항	들어봅시다
간을 보다	5-6과 복습	
갈비찜	8과 2항	들어봅시다
갈색	7과 2항	읽어봅시다
감기약	16과 2항	준비해봅시다
감기에 걸리다	16과 1항	준비해봅시다
갑자기	9과 2항	들어봅시다
강아지	17과 2항	준비해봅시다
강하다	20과 1항	준비해봅시다
개다	20과 1항	준비해봅시다
거리	15과 2항	읽어봅시다
거실	4과 2항	들어봅시다
거의	17과 1항	들어봅시다
걱정	1과 1항	읽어봅시다
걱정이 되다	18과 2항	들어봅시다
걱정하다	10과 1항	읽어봅시다
건강하다	1과 1항	들어봅시다
건너편	11과 2항	읽어봅시다
건물	4과 2항	들어봅시다
검사	16과 1항	읽어봅시다
검색하다	14과 1항	들어봅시다
겉	20과 1항	들어봅시다
게으르다	18과 1항	읽어봅시다
결과	17과 1항	읽어봅시다
결정하다	18과 2항	준비해봅시다
결제하다	15과 2항	들어봅시다
경복궁	11과 1항	읽어봅시다
경영학	1과 2항	들어봅시다
경제학	1과 2항	준비해봅시다
경주	2과 1항	들어봅시다
경험	15과 1항	읽어봅시다
계산하다	14과 1항	준비해봅시다
계속	15과 1항	들어봅시다
계약하다	4과 1항	준비해봅시다
계좌	13과 1항	준비해봅시다
계획대로	18과 1항	들어봅시다
고등학교	1과 2항	들어봅시다
고모부	2과 2항	읽어봅시다
고속 터미널	6과 2항	들어봅시다
고장나다	10과 1항	들어봅시다
고추장	5과 1항	준비해봅시다
곧	1과 1항	들어봅시다
공기 청정기	20과 2항	들어봅시다
공상 과학	17과 1항	준비해봅시다
공포	17과 1항	준비해봅시다
공휴일	15과 1항	들어봅시다
관계	18과 2항	들어봅시다
관광지	3과 1항	들어봅시다
관리비	4과 1항	읽어봅시다
관심	1과 2항	읽어봅시다
관심이 있다	12과 2항	읽어봅시다
교수	1과 2항	들어봅시다
교육학	2과 1항	들어봅시다
교통수단	19과 2항	읽어봅시다
교통 카드	11과 1항	준비해봅시다
교통편	19과 1항	준비해봅시다
구경거리	3과 1항	읽어봅시다
국	5과 1항	들어봅시다
국립	19과 2항	들어봅시다
국어 국문학	1과 2항	준비해봅시다
국제 특급(EMS)	13과 2항	들어봅시다
귀엽다	2과 1항	들어봅시다
그냥	11과 2항	들어봅시다
그대로	10과 1항	들어봅시다
그래프	9과 1항	들어봅시다
그립다	3과 2항	준비해봅시다
그치다	20과 1항	준비해봅시다
글	1과 1항	읽어봅시다
글쎄요	10과 2항	들어봅시다
글씨	11-12과 복습	
금방	9과 2항	읽어봅시다
금화 터널	11-12과 복습	
급하다	8과 2항	들어봅시다
기념품	19과 1항	읽어봅시다
기능	14과 1항	읽어봅시다
기대	15과 1항	읽어봅시다
기쁘다	14과 2항	읽어봅시다
기사	14과 1항	들어봅시다
기억에 남다	11과 2항	읽어봅시다
기억하다	12과 1항	준비해봅시다
기온	20과 1항	들어봅시다
기침약	16과 2항	준비해봅시다
기침하다	16과 1항	들어봅시다
기회	15과 1항	준비해봅시다
길이	13과 2항	들어봅시다
김치볶음밥	5-6과 복습	
깁스를 하다	16과 1항	들어봅시다
까맣다	7과 2항	들어봅시다
깍두기	5과 1항	들어봅시다
깜빡	14과 2항	들어봅시다
꺼내다	5과 2항	읽어봅시다
꼭	14과 2항	읽어봅시다
끓다	5과 2항	읽어봅시다
끓이다	5과 2항	들어봅시다
끝	8과 2항	읽어봅시다
끝나다	12과 1항	준비해봅시다
끝내다	9-10과 복습	
끼다	20과 1항	준비해봅시다

ㄴ

나들이 20과 1항 들어봅시다
나중에 4과 2항 들어봅시다
날씬하다 2과 1항 준비해봅시다
날짜 15과 1항 준비해봅시다
남기다 14과 2항 준비해봅시다
남다 12과 1항 들어봅시다
남산 14과 2항 들어봅시다
남쪽 3과 1항 들어봅시다
낫다 16과 1항 들어봅시다
낮 18과 1항 들어봅시다
낮잠 14과 2항 들어봅시다
내다 9-10과 복습
냄비 5과 2항 들어봅시다
냄새 3과 2항 읽어봅시다
냉동식품 6과 1항 준비해봅시다
너희 9과 1항 들어봅시다
넘다 7과 2항 읽어봅시다
넘어지다 16과 1항 들어봅시다
넣다 5과 1항 준비해봅시다
네덜란드 3과 1항 들어봅시다
네비게이션 11과 2항 들어봅시다
노르웨이 3과 1항 들어봅시다
노선도 11과 1항 준비해봅시다
녹음하다 14과 1항 준비해봅시다
누르다 11과 1항 준비해봅시다
늘 15과 2항 들어봅시다

ㄷ

다녀오다 1과 1항 들어봅시다
다니다 1과 1항 읽어봅시다
다들 8과 1항 읽어봅시다
다운로드 받다 13과 1항 읽어봅시다
다지다 5과 2항 읽어봅시다
다치다 16과 2항 읽어봅시다
단말기 11과 1항 준비해봅시다
단순하다 7과 2항 읽어봅시다
단체 관광 19과 2항 준비해봅시다
달걀 5과 2항 읽어봅시다
닭고기 5과 1항 들어봅시다
담다 5과 2항 읽어봅시다
닷새 9과 2항 준비해봅시다
당구 17과 2항 준비해봅시다
당근 5과 2항 읽어봅시다
당면 5과 2항 읽어봅시다
당산역 11과 1항 들어봅시다
대구 5과 1항 읽어봅시다
대다 11과 1항 준비해봅시다
대답하다 12과 1항 준비해봅시다
대전 2과 2항 읽어봅시다
대추 5과 2항 들어봅시다
덜다 5과 2항 들어봅시다
도 20과 1항 읽어봅시다
도시 3과 1항 준비해봅시다
도시락 6과 1항 읽어봅시다
도움 16과 2항 들어봅시다
도전하다 18과 1항 읽어봅시다
돌리다 11과 2항 준비해봅시다
돌잔치 2과 2항 들어봅시다
돕다 1과 2항 준비해봅시다
동네 4과 2항 들어봅시다
동물 19-20과 복습
동물원 19-20과 복습
동아리 8과 1항 준비해봅시다
동양 10과 1항 들어봅시다
동영상을 보다 14과 1항 준비해봅시다
동전 17과 2항 준비해봅시다
동쪽 3과 1항 읽어봅시다
동창회 8과 1항 준비해봅시다
동해 3과 1항 읽어봅시다
동호회 8과 1항 준비해봅시다
돼지고기 5과 2항 들어봅시다
두루마리 8과 2항 읽어봅시다
두부 5과 2항 들어봅시다
두통 16과 2항 준비해봅시다
두통약 16과 2항 준비해봅시다
뒤풀이 8과 1항 들어봅시다
드디어 9과 1항 읽어봅시다
드라마 17과 1항 읽어봅시다
드럼 17과 2항 준비해봅시다
등 17과 1항 읽어봅시다
등기 13과 2항 준비해봅시다
등록금 12과 2항 준비해봅시다
등록 취소 12과 2항 들어봅시다
등록하다 12과 2항 준비해봅시다
디자인 7과 1항 들어봅시다
디지털 카메라 8과 2항 들어봅시다
디퓨저 8과 2항 읽어봅시다
따로 5과 2항 들어봅시다
땀 20과 2항 읽어봅시다
떨리다 11-12과 복습
똑똑하다 2과 1항 준비해봅시다
뚱뚱하다 2과 1항 들어봅시다

ㄹ

라면 6과 1항 들어봅시다
렌터카 19과 1항 읽어봅시다
로맨틱하다 17과 1항 준비해봅시다
로션 7과 1항 들어봅시다
룸메이트 4과 2항 읽어봅시다
립스틱 7과 1항 들어봅시다

ㅁ

마늘 5과 2항 들어봅시다
마다 12과 1항 읽어봅시다
마르다 20과 2항 읽어봅시다

단어	과	항목
마스크	20과 2항	준비해봅시다
마을	19과 2항	읽어봅시다
마음에 들다	4과 1항	읽어봅시다
마지막	15과 1항	들어봅시다
마치다	12과 1항	준비해봅시다
마트	7과 2항	들어봅시다
만두	5과 1항	들어봅시다
만리장성	3-4과 복습	
말다	5과 1항	들어봅시다
맛집	8과 1항	들어봅시다
맞다	7과 2항	준비해봅시다
맞추다	13-14과 복습	
매우	7과 1항	읽어봅시다
매장	6과 2항	준비해봅시다
매주	18과 2항	읽어봅시다
매표소	11과 1항	읽어봅시다
먹을거리	19과 2항	들어봅시다
멋있다	1과 2항	들어봅시다
메뉴	5과 1항	읽어봅시다
메모	1과 1항	읽어봅시다
면	5과 2항	준비해봅시다
모든	12과 2항	읽어봅시다
모습	17과 2항	들어봅시다
모양	7과 1항	읽어봅시다
모으다	17과 2항	준비해봅시다
모이다	9과 1항	읽어봅시다
모임	8과 1항	준비해봅시다
목도리	20과 1항	들어봅시다
목소리가 좋다	2과 1항	준비해봅시다
몰놀이	19-20과 복습	
몸	9과 2항	읽어봅시다
무게	13과 2항	들어봅시다
무늬	7과 2항	읽어봅시다
무료	5과 1항	들어봅시다
무리하다	15-16과복습	
무역 회사	1과 1항	준비해봅시다
무척	9과 1항	들어봅시다
문장	12과 1항	들어봅시다
문화	10과 1항	들어봅시다
물론	3과 2항	읽어봅시다
미래	17과 1항	준비해봅시다
미리	8과 1항	읽어봅시다
미세 먼지	20과 2항	준비해봅시다
미용실	4과 2항	들어봅시다
밀리다	11과 2항	들어봅시다
및	1과 2항	읽어봅시다

ㅂ

단어	과	항목
바깥	20과 2항	읽어봅시다
바로	9과 1항	들어봅시다
바르다	16과 2항	들어봅시다
바비큐	19과 1항	들어봅시다
박 일	19과 1항	준비해봅시다
박물관	11과 1항	읽어봅시다
반대	11과 2항	준비해봅시다
반찬	5과 1항	들어봅시다
발표	3-4과 복습	
밝다	4과 1항	읽어봅시다
방금	15과 2항	들어봅시다
방문하다	6과 1항	들어봅시다
방법	5과 2항	들어봅시다
방송	20과 2항	들어봅시다
방송국	1과 1항	준비해봅시다
배달되다	15과 2항	준비해봅시다
배달비	15과 2항	읽어봅시다
배달 시키다	15과 2항	준비해봅시다
배달하다	15과 2항	준비해봅시다
배탈이 나다	16과 1항	준비해봅시다
배편	13과 2항	들어봅시다
밴드	17과 2항	들어봅시다
버섯	5과 2항	읽어봅시다
버튼	12과 1항	들어봅시다
번호표	13과 1항	들어봅시다
벌다	18과 1항	준비해봅시다
벌써	9과 1항	들어봅시다
베란다	4과 2항	들어봅시다
베스트	7과 1항	읽어봅시다
벨	11과 1항	준비해봅시다
벽시계	8과 2항	읽어봅시다
변비	16과 1항	준비해봅시다
변비약	16과 2항	준비해봅시다
별	1과 2항	준비해봅시다
별로	4과 1항	들어봅시다
병문안	8과 2항	준비해봅시다
보라색	8과 1항	들어봅시다
볶다	5과 2항	준비해봅시다
볼거리	19과 2항	들어봅시다
볼링	17과 1항	들어봅시다
봉원 고가 차도	11-12과 복습	
뵙다	10과 2항	들어봅시다
부럽다	3과 2항	준비해봅시다
부엌	4과 2항	읽어봅시다
부장	9-10과 복습	
부치다	5과 2항	읽어봅시다
부치다	13과 2항	들어봅시다
부탁을 들어주다	10과 1항	준비해봅시다
부탁을 받다	10과 1항	준비해봅시다
부탁을 하다	10과 1항	준비해봅시다
부탁이 있다	10과 1항	준비해봅시다
부탁하다	1-2과 복습	
북쪽	3과 1항	들어봅시다
분식집	4과 2항	들어봅시다
분위기	15과 1항	들어봅시다
분홍색	7과 1항	준비해봅시다
불국사	20과 2항	들어봅시다
불다	20과 1항	준비해봅시다

불편하다	4과 1항	들어봅시다
붓다	16과 1항	준비해봅시다
뷔페	15과 1항	읽어봅시다
블라우스	7과 1항	준비해봅시다
비교하다	6과 2항	들어봅시다
비구름	20과 1항	들어봅시다
비밀번호	13과 1항	준비해봅시다
비비다	5과 1항	준비해봅시다
비슷하다	7과 2항	준비해봅시다
비옷	20과 2항	준비해봅시다
빈대떡	5-6과 복습	
빈손	8과 2항	들어봅시다
빌딩	3과 1항	준비해봅시다
빙수	6과 2항	들어봅시다
빨갛다	7과 2항	들어봅시다
뽑다	13과 1항	들어봅시다
뿌리다	5과 1항	준비해봅시다

ㅅ

사실	7과 2항	들어봅시다
사업을 하다	18과 2항	준비해봅시다
사용하다	4과 2항	들어봅시다
사이	10과 1항	읽어봅시다
사이즈	7과 2항	준비해봅시다
사흘	9과 2항	준비해봅시다
살	9과 2항	준비해봅시다
삶다	5과 2항	준비해봅시다
삼계탕	5과 2항	들어봅시다
삼촌	2과 2항	들어봅시다
상가	6과 2항	들어봅시다
상자	13과 2항	들어봅시다
상처	16과 2항	읽어봅시다
새로	4과 2항	들어봅시다
샐러드	8과 2항	들어봅시다
생기다	1과 2항	읽어봅시다
생수	6과 1항	들어봅시다
생신	2과 2항	들어봅시다
생필품	6과 2항	읽어봅시다
생활용품	6과 1항	준비해봅시다
샤브샤브	7-8과 복습	
샴페인	8과 2항	들어봅시다
서두르다	8과 1항	들어봅시다
서로	19-20과 복습	
서류	10과 2항	들어봅시다
서른	9과 2항	준비해봅시다
서명	13과 1항	들어봅시다
서비스	13과 2항	들어봅시다
서비스 센터	10과 1항	들어봅시다
서울역	14과 2항	들어봅시다
서울 역사 박물관	11과 1항	읽어봅시다
서재	3-4과 복습	
서쪽	3과 2항	읽어봅시다
서핑	3과 2항	읽어봅시다
석굴암	20과 2항	들어봅시다
섞다	5과 2항	들어봅시다
선글라스	20과 2항	준비해봅시다
선배	9과 1항	준비해봅시다
선크림	20과 2항	준비해봅시다
선택하다	5과 1항	읽어봅시다
설렁탕	5과 1항	들어봅시다
설명	10과 1항	들어봅시다
설탕	5과 1항	준비해봅시다
섬	3과 1항	준비해봅시다
성격이 밝다	2과 1항	들어봅시다
성격이 좋다	2과 1항	들어봅시다
성공하다	17-18과 복습	
성함	15과 1항	들어봅시다
세	17과 1항	읽어봅시다
세계	3과 2항	읽어봅시다
세상	17과 1항	준비해봅시다
세우다	11과 2항	준비해봅시다
세제	7-8과 복습	
세탁기	4과 2항	들어봅시다
세탁소	4과 2항	들어봅시다
소개	1과 2항	들어봅시다
소고기	5과 1항	들어봅시다
소금	5과 1항	들어봅시다
소독약	16과 2항	준비해봅시다
소스	5과 1항	들어봅시다
소파	17과 2항	들어봅시다
소포	13과 2항	들어봅시다
소화	16과 1항	준비해봅시다
소화제	16과 2항	준비해봅시다
속	16과 1항	준비해봅시다
속도	14과 1항	들어봅시다
속초	3과 1항	읽어봅시다
손님	6과 1항	들어봅시다
송별회	8과 1항	준비해봅시다
쇼핑백	7과 2항	들어봅시다
수술 받다	16과 2항	들어봅시다
수학여행	19과 2항	준비해봅시다
숙박 시설	19과 1항	준비해봅시다
순서	9-10과 복습	
순서대로	18과 1항	들어봅시다
스튜디어스	1과 1항	준비해봅시다
스포츠용품	6과 2항	준비해봅시다
습하다	20과 1항	준비해봅시다
승강장	11과 1항	들어봅시다
시골	3과 1항	준비해봅시다
시금치	5과 2항	읽어봅시다
시험장	12과 1항	들어봅시다
식당가	6과 2항	들어봅시다
식료품	6과 1항	준비해봅시다
식초	5과 1항	준비해봅시다
신기하다	13-14과 복습	
신문 방송학	1과 2항	들어봅시다

신분증	10과 2항	들어봅시다
신선하다	3과 2항	들어봅시다
신용 카드	15과 2항	들어봅시다
신청	10과 2항	들어봅시다
신청 결과	12과 2항	준비해봅시다
신청 기간	12과 2항	준비해봅시다
신청서	12과 2항	준비해봅시다
신청하다	11과 1항	읽어봅시다
싣다	4과 1항	들어봅시다
실내	20과 2항	준비해봅시다
실례하다	10과 2항	준비해봅시다
실수	5과 2항	들어봅시다
심하다	16과 1항	들어봅시다
싱가포르	19-20과 복습	
싸다	4과 1항	준비해봅시다
쌓다	18과 1항	들어봅시다
썰다	5과 2항	준비해봅시다
씻다	9과 2항	들어봅시다

ㅇ

아	10과 2항	들어봅시다
아/야	9과 1항	준비해봅시다
아나운서	2과 1항	준비해봅시다
아무	9과 1항	읽어봅시다
아시아	1과 2항	읽어봅시다
악기	17과 2항	들어봅시다
안개	20과 1항	준비해봅시다
안경을 끼다	2과 1항	들어봅시다
안내	11과 1항	읽어봅시다
알	16과 2항	읽어봅시다
알리다	15과 1항	읽어봅시다
알아보다	4과 1항	읽어봅시다
압구정역	11과 1항	들어봅시다
앞으로	9과 1항	들어봅시다
액션	17과 1항	준비해봅시다
앱	13과 1항	읽어봅시다
야경	19과 2항	읽어봅시다
양념	5과 1항	들어봅시다
양복	7과 1항	준비해봅시다
양파	5과 2항	읽어봅시다
어	10과 2항	준비해봅시다
어둡다	4과 1항	읽어봅시다
어리다	2과 1항	들어봅시다
어린이	16과 2항	읽어봅시다
어울리다	7과 1항	들어봅시다
어쩔 수 없다	9과 2항	들어봅시다
언어 교환	12과 2항	들어봅시다
에스엔에스(SNS)	7과 1항	들어봅시다
에어컨	4과 1항	들어봅시다
여러분	6과 1항	들어봅시다
여수	18과 1항	들어봅시다
여의도 공원	20과 2항	들어봅시다
여행 기간	19과 1항	준비해봅시다
여행 일정	19과 1항	들어봅시다
여행지	19과 1항	준비해봅시다
역시	9-10과 복습	
연극	17과 2항	준비해봅시다
연기하다	18과 1항	준비해봅시다
연대 동문 회관	11-12과 복습	
연락처	1-2과 복습	
연말	15과 1항	들어봅시다
연습	9과 2항	들어봅시다
연습하다	12과 1항	준비해봅시다
연장하다	10과 2항	들어봅시다
연휴	1과 1항	들어봅시다
열심히	1과 1항	들어봅시다
열이 나다	16과 1항	들어봅시다
열차	11과 1항	들어봅시다
열흘	9과 2항	준비해봅시다
엽서	13과 2항	들어봅시다
영상	20과 1항	읽어봅시다
영하	20과 1항	읽어봅시다
예약석	15과 1항	준비해봅시다
옛날	17과 2항	읽어봅시다
오랜만	1과 1항	읽어봅시다
오리엔테이션	12과 2항	읽어봅시다
오슬로	3과 1항	들어봅시다
오페라 하우스	19과 2항	들어봅시다
올리다	7과 2항	읽어봅시다
와이키키 해변	3과 2항	읽어봅시다
와인	8과 2항	준비해봅시다
외국어	12과 2항	들어봅시다
외롭다	3과 2항	준비해봅시다
외삼촌	2과 2항	들어봅시다
외숙모	2과 2항	준비해봅시다
외출하다	20과 1항	읽어봅시다
외할머니	2과 2항	들어봅시다
외할아버지	2과 2항	들어봅시다
요금	19과 1항	들어봅시다
우편	13과 2항	들어봅시다
우편번호	13과 2항	준비해봅시다
우편함	13-14과 복습	
우표	17과 2항	준비해봅시다
우회전	11과 2항	준비해봅시다
운동복	7과 1항	준비해봅시다
웃다	17과 1항	준비해봅시다
워터 파크	19-20과 복습	
원룸	4과 1항	들어봅시다
원피스	7과 1항	준비해봅시다
원하다	9과 1항	읽어봅시다
원화	13과 1항	들어봅시다
웬일	11-12과 복습	
위치	3과 1항	들어봅시다
위험하다	14과 1항	들어봅시다
유명하다	3과 1항	들어봅시다
유물	19과 2항	준비해봅시다

유턴	11과 2항	준비해봅시다
유학	1과 2항	읽어봅시다
유학하다	18과 2항	준비해봅시다
유행이다	7과 1항	들어봅시다
을지로 3가역	11과 1항	들어봅시다
음	10과 2항	준비해봅시다
음료	5과 1항	들어봅시다
음성 메시지	14과 1항	들어봅시다
음성 안내기	10과 2항	읽어봅시다
의미	7과 2항	들어봅시다
의학	1과 2항	준비해봅시다
이가/가	9과 1항	들어봅시다
이렇게	3과 2항	들어봅시다
이모	2과 2항	들어봅시다
이모부	2과 2항	준비해봅시다
이불	6과 1항	들어봅시다
이사하다	4과 1항	준비해봅시다
이삿짐센터	4과 1항	준비해봅시다
이상	13과 2항	들어봅시다
이상하다	17과 1항	들어봅시다
이용하다	19과 1항	들어봅시다
이틀	9과 2항	준비해봅시다
이해하다	1과 2항	읽어봅시다
이후	17과 1항	읽어봅시다
익숙하다	1과 1항	들어봅시다
인삼	5과 2항	들어봅시다
인터넷 뱅킹	13과 1항	들어봅시다
인터넷 전문 은행	13과 1항	읽어봅시다
인터넷 쇼핑	6과 2항	들어봅시다
인턴	9과 1항	읽어봅시다
일기	1과 1항	읽어봅시다
일기 예보	20과 1항	읽어봅시다
일정	11-12과 복습	
일주일	9과 2항	읽어봅시다
잃어버리다	5과 2항	들어봅시다
입국	10과 1항	들어봅시다
입원	16과 2항	들어봅시다
입학하다	1과 2항	읽어봅시다
잇다	16과 1항	들어봅시다
잊다	4과 1항	들어봅시다
잊어버리다	1과 1항	읽어봅시다

ㅈ

자	10과 2항	준비해봅시다
자기소개서	1과 2항	들어봅시다
자세히	1과 2항	읽어봅시다
작은어머니	2과 2항	읽어봅시다
잘생기다	2과 1항	준비해봅시다
잠시만요	15과 1항	들어봅시다
잡다	17과 2항	들어봅시다
잡지사	1과 1항	준비해봅시다
잡채	5과 2항	읽어봅시다
장갑	6과 2항	들어봅시다
장난감	2과 2항	들어봅시다
장면	17과 1항	준비해봅시다
장바구니	15과 2항	읽어봅시다
장을 보다	6과 1항	들어봅시다
장화	20과 2항	준비해봅시다
재료	5과 2항	읽어봅시다
재학 증명서	10과 2항	들어봅시다
저	10과 2항	들어봅시다
저기	10과 2항	준비해봅시다
저희	9과 1항	준비해봅시다
적다	10과 1항	들어봅시다
전공	1과 2항	들어봅시다
전동차	11과 1항	들어봅시다
전망	19과 1항	들어봅시다
전주	19과 2항	들어봅시다
전혀	9과 1항	들어봅시다
점	4과 2항	정리해봅시다
점²(점수)	12과 1항	들어봅시다
점수	15과 2항	읽어봅시다
점점	1-2과 복습	
접시	5과 2항	들어봅시다
정도	18과 2항	준비해봅시다
정리하다	4과 2항	들어봅시다
정확하다	12과 2항	들어봅시다
제시간	11과 2항	들어봅시다
조카	2과 2항	준비해봅시다
졸업하다	1과 2항	들어봅시다
종류	15과 2항	들어봅시다
종합	16과 2항	들어봅시다
좌회전	11과 2항	들어봅시다
주문하다	15과 2항	준비해봅시다
주변	19과 1항	준비해봅시다
주차	11과 2항	준비해봅시다
주차료	11과 2항	읽어봅시다
주차장	15-16과 복습	
중(에서)	5과 1항	들어봅시다
중간시험	12과 1항	읽어봅시다
중요하다	4과 1항	정리해봅시다
즐겁다	1과 1항	들어봅시다
즐기다	17과 1항	들어봅시다
증권사	18과 2항	읽어봅시다
지각하다	12과 1항	들어봅시다
지나가다	10과 2항	읽어봅시다
지내다	1과 1항	들어봅시다
지루하다	2과 1항	읽어봅시다
지키다	9과 2항	들어봅시다
직접	5과 1항	들어봅시다
직진	11과 2항	준비해봅시다
진학하다	18과 2항	준비해봅시다
질문하다	12과 1항	준비해봅시다
짐	4과 1항	준비해봅시다
집들이	8과 2항	준비해봅시다
짓다	16과 1항	들어봅시다

짜증 나다	20과 2항	들어봅시다
찍다	5과 1항	준비해봅시다
찜질방	4과 2항	들어봅시다

ㅊ

차다	16과 1항	들어봅시다
차이	20과 1항	들어봅시다
착하다	2과 1항	들어봅시다
참기름	5과 2항	읽어봅시다
찻잔	8과 2항	준비해봅시다
창문	20과 2항	들어봅시다
채소	5과 1항	들어봅시다
책장	17과 2항	들어봅시다
처음	1과 1항	들어봅시다
천문 우주학	1과 2항	준비해봅시다
천천히	12과 1항	들어봅시다
청소년	14과 1항	들어봅시다
체육관	11과 2항	들어봅시다
체크무늬	7과 2항	읽어봅시다
체크아웃	19과 1항	읽어봅시다
체크인	19과 1항	읽어봅시다
체크 카드	10과 2항	들어봅시다
초대장	8과 1항	읽어봅시다
초대하다	8과 1항	들어봅시다
최고	20과 1항	읽어봅시다
최저	20과 1항	읽어봅시다
축구화	6과 2항	들어봅시다
축하	9과 2항	들어봅시다
출국하다	18과 2항	준비해봅시다
출발하다	14과 2항	들어봅시다
출입국 관리 사무소	10과 2항	들어봅시다
충정로역	11과 1항	읽어봅시다
취소	9과 2항	들어봅시다
취소하다	18과 1항	준비해봅시다
치료	16과 2항	읽어봅시다
치맥	5과 1항	읽어봅시다
치약	6과 1항	들어봅시다
친척	2과 2항	들어봅시다

ㅋ

카페	15과 1항	들어봅시다
캘리포니아	3과 2항	읽어봅시다
컴퓨터 공학	1과 2항	들어봅시다
케이블카	3과 1항	읽어봅시다
케이티엑스(KTX)	18과 1항	들어봅시다
코미디	17과 1항	준비해봅시다
콘서트	5과 1항	읽어봅시다
콧물	16과 1항	읽어봅시다
쿠폰	6과 2항	들어봅시다
크기	13과 2항	들어봅시다
큰아버지	2과 2항	들어봅시다
큰어머니	2과 2항	준비해봅시다
클릭	6과 2항	읽어봅시다
키우다	17과 2항	준비해봅시다

ㅌ

태어나다	2과 2항	읽어봅시다
태풍	20과 1항	준비해봅시다
택배	6과 1항	읽어봅시다
톨게이트	11과 2항	읽어봅시다
통장	13과 1항	준비해봅시다
통화하다	14과 1항	준비해봅시다
퇴근	11과 2항	들어봅시다
퇴근하다	10과 2항	들어봅시다
트럭	4과 1항	들어봅시다
특별하다	3과 2항	들어봅시다
특실	11과 1항	들어봅시다
특히	6과 1항	읽어봅시다
틀리다	11-12과 복습	

ㅍ

파	5과 1항	들어봅시다
파랗다	7과 2항	들어봅시다
파스타	15과 2항	읽어봅시다
파전	5과 1항	들어봅시다
판	15과 2항	들어봅시다
팔다	13과 2항	읽어봅시다
팥빙수	15과 2항	들어봅시다
패션 잡화	6과 2항	준비해봅시다
팬 사인회	11과 1항	들어봅시다
페스티벌	5과 1항	읽어봅시다
펜팔	17과 2항	읽어봅시다
편	12과 2항	읽어봅시다
편리하다	4과 2항	들어봅시다
편안하다	19과 2항	읽어봅시다
편의 시설	3-4과 복습	
편지	1과 1항	읽어봅시다
평년	20과 1항	읽어봅시다
평소	16과 2항	들어봅시다
푸르다	3과 1항	읽어봅시다
풍경	3과 2항	들어봅시다
프라이드치킨	5과 1항	읽어봅시다
프라이팬	5과 2항	들어봅시다
프런트	19과 1항	읽어봅시다
피아노	17과 2항	준비해봅시다
필요하다	1과 2항	들어봅시다

ㅎ

하노이	3과 1항	들어봅시다
하늘색	7과 1항	준비해봅시다
하루	13과 2항	읽어봅시다
하숙집	4과 1항	들어봅시다
하얗다	7과 2항	들어봅시다
하와이	3과 2항	읽어봅시다
하차	11과 1항	준비해봅시다
학기	9과 1항	읽어봅시다

학생증	12과 1항	들어봅시다
학습	1과 2항	읽어봅시다
학원	18과 1항	들어봅시다
한	18과 2항	준비해봅시다
한약	16과 2항	준비해봅시다
한옥 마을	19과 2항	들어봅시다
할인율	13과 2항	들어봅시다
함께	14과 2항	준비해봅시다
항공권	19과 2항	읽어봅시다
항공사	1과 1항	준비해봅시다
항공편	13과 2항	들어봅시다
항상	17-18과 복습	
해년	19과 1항	들어봅시다
해산물	3과 1항	준비해봅시다
해외여행	19과 2항	준비해봅시다
해운대	3과 2항	들어봅시다
햄	5과 2항	들어봅시다
행복하다	3과 2항	준비해봅시다
향초	8과 2항	읽어봅시다
현금	13과 1항	준비해봅시다
현금 자동 인출기	13과 1항	준비해봅시다
호놀룰루	3과 2항	읽어봅시다
호찌민	3과 1항	들어봅시다
홈 쇼핑	7과 2항	들어봅시다
홈페이지	12과 2항	들어봅시다
화려하다	7과 2항	준비해봅시다
화분	8과 2항	들어봅시다
확인하다	12과 2항	들어봅시다
환기	20과 2항	준비해봅시다
환영하다	8과 1항	준비해봅시다
환영회	8과 1항	준비해봅시다
환율	13과 1항	들어봅시다
환자	16과 1항	읽어봅시다
환전	13과 1항	들어봅시다
회비	19과 1항	들어봅시다
회색	7과 1항	들어봅시다
회원	6과 2항	읽어봅시다
후추	5과 2항	읽어봅시다
훌륭하다	15-16과 복습	
휴학하다	12과 2항	들어봅시다
흔들다	16과 2항	읽어봅시다
흘리다	20과 2항	읽어봅시다
흰색	7과 1항	준비해봅시다